京的
史细节

Historical
Details
of
Beijing

陆波◎著

人民文学出版社

图书在版编目（CIP）数据

北京的历史细节/陆波著. ——北京：人民文学出版社，2024
ISBN 978-7-02-018344-9

I.①北… Ⅱ.①陆… Ⅲ.①北京-地方史 Ⅳ.①K291

中国国家版本馆CIP数据核字（2023）第221971号

责任编辑　陈彦瑾
装帧设计　刘　远
责任校对　杨益民
责任印制　张　娜

出版发行　人民文学出版社
社　　址　北京市朝内大街166号
邮政编码　100705

印　　刷　三河市宏盛印务有限公司
经　　销　全国新华书店等

字　　数　296千字
开　　本　890毫米×1290毫米　1/32
印　　张　12.25　插页15
印　　数　1—6000
版　　次　2024年3月北京第1版
印　　次　2024年3月第1次印刷

书　　号　978-7-02-018344-9
定　　价　69.00元

如有印装质量问题，请与本社图书销售中心调换。电话：010-65233595

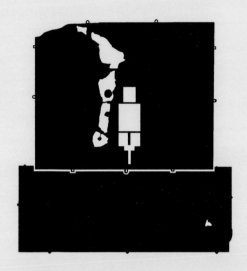

北京的
历史细节

Historical
Details
of
Beijing

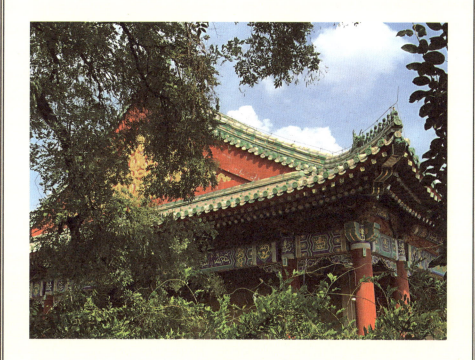

◇　多尔衮王府的三重檐　◇

◆ 皇史宬清朝牌匾 ◆

◈ 普度寺大殿 ◈

◈ 风格独特的普度寺石券窗 ◈

◆ 中央党校校园里的明朝东、西牌楼合体 ◆

◆ 颐和园后山多宝琉璃塔 ◆

◆ 颐和园四大部洲香岩宗印之阁三世佛 ◆

◈ 颐和园四大部洲 ◈

◆ 颐和园四大部洲的西牛贺洲和一个小部洲 ◆

◆ 颐和园前山盛景 ◆

◆ 颐和园四大部洲，从日台看月台 ◆

◆　颐和园四大部洲黑塔　◆

◈ 北京大学未名湖 ◈

◆　秋天的西山狮子窝　◆

◈ 智化寺藏殿藻井 ◈

◈ 智化寺转轮藏毗卢帽上的大鹏金翅鸟与龙女 ◈

◈ 智化寺地藏菩萨彩绘图是从原花市卧佛寺移来的 ◈

◈ 智化寺如来殿墙壁上的佛像 ◈

◆　智化寺精美的佛像须弥座　◆

◈ 智化寺藏殿里的转轮藏 ◈

◈ 原属于玉佛寺的缅甸玉佛，现存北海团城 ◈

◈ 香山玉皇顶 ◈

◆ 妙峰山回香阁 ◆

◆ 妙峰山金顶娘娘庙 ◆

◆　妙峰山秋色　◆

目　录

自　序

　　岁月磨洗，时间易逝，对于漫长的人类历史来说，三年、五年、十年乃至百年又算什么呢？我们所有的一切——金钱财富、文化科学、智慧经验，包括我们所受的灾苦，都敌不过宇宙时间的摩挲与涤荡。若干年后，一代代人灰飞烟灭，所有的记忆将抽象为空洞，所有累积的情绪与思索也将荡然无存。这便是时间之于人类社会的巨大力量。而所谓古迹，只能是我们在力所能及的探察范围内寻觅历史的草蛇灰线——这些痕迹或许不够清晰，或许似是而非，或许看似没有意义，但只要是历史的遗存，其简陋衣身下必有令人难以想象的内容——这正是我感兴趣并孜孜不倦愿意探寻的。我写作的出发点也正在于此。

　　这本书是继《北京的隐秘角落》《寻迹北京问年华》之后，又一本以北京的历史痕迹为写作对象的作品集，其中有部分章节是在疫情期间完成的，那时候去实地考察是一件极为困难的事情。疫情让我们深感无力，在最为灰暗的病疫折磨时刻，我在思索什么呢？感觉世界与我隔绝成为无限遥远之地，唯有写作让人意识到尚有生命的延续。如加缪所言："人生苦短，我已经没有时间去对我不感兴趣的事情再产生兴趣。"那么我们剩下来的就是无论如何也要摒弃那些没有意义的事情了。这，也是完成这本书的动力。

　　我是上世纪60年代初生人，大部分时间在古都北京生活，在这里上学、成家生子、忙碌工作，这是我熟悉且无比热爱的地方。我曾经去过世界各地许多的都城，无论是现今的首都还是史上的著名古都，我没有发现任何一座古城可以与北京媲美。譬如，近些年世界各地人士纷纷到访的日本古都——京都，它曾经的天皇御所、几大寺院，我也曾经到访过，它们是历史一脉相承的日本文化审美的集合，内敛、精致，营造的山水树木，在樱花与秋枫的氛围里，掀起各自的绚烂以及随之而来的凋敝。是的，我曾四次到访京都，几乎走遍它的古迹，与其说这些古迹是真实的历史延续，不如说它们具有现代日本人赋予的某些共性而已，它们自身的格局均有限，在追求物哀之美的道路上却大相径庭，我称之为具有强烈而单一的日本式审美的"孤独之城"。

　　而北京则反之，它具有整体性，显示了古代中国天下大一统的世界观。你在这个世界上其他地方找不到将天地人三者如此融合并恢宏构造的都城架构，即使它已失去古代城池的大部分城墙与城门——其宏大威严曾经是唯一不二的存在——但仍具有辽阔之美的属性！《日下旧闻考》卷五《形胜》篇中说："燕蓟为轩黄建都之地，辰山带海，形势之雄伟博大，甲于天下……美矣，茂矣！"大致就是这个意思。北京的建城史可追溯至西周，即召公奭建城于燕地，燕国立。至辽金，北京作为副都城，连接北方的高原与平原经济贸易与人员往来，已现蓬勃生机。至元，则为马可·波罗笔下的繁华大都。明清之后，天子守国门，都城日渐宏大，围绕紫禁城为中心点的城与市，扩散出一个有着紧密人类生活的广阔所在，同时又有着疏朗开阔的郊野风光，民居、寺庙交叉错落，古风淳厚。明末清初孙承泽《春明梦余录》对京城的"形胜"如此描写："幽燕自昔称雄，左环沧海，右拥太行，南襟河济，北枕居庸。"北京，平原的尽头，也是无尽高原俯瞰下的平原乐土。在它的西北天际线，则是不可胜数的高大山峦，直至更辽阔的高原。这不仅昭示它的地理优越，从今人的角度看来，更是平原人与高原人融合交流的一个重要点位，直接影响着一个民族的风貌与视野，也决定了古都北京在人文传承上的独特之处。

在我看来，任何宏大叙事下的北京都有一言难尽的尴尬，因为它的错综复杂的权力交替与文化融合的历史，讲述起来难免顾此则失彼，所以不如干脆静下心来查勘每一处古迹，如加缪所言："认识一个城市的最好办法，就是去认识里面的人们如何工作、如何相爱，以及如何死亡。"我非常赞同，所以我希望在我考察的古迹里，找到那些跟人类活动、言行相关的材料，思考他们做某件事情的细节，譬如修一座寺、一条古道，缘由几何？他们的激情与热爱是怎样赋予物件灵气的？他们曾经震惊世间的壮举发生在什么地点？如袁崇焕保卫京城的广渠门外，如今已是高楼林立，交通密集，当年的古战场究竟何在？几百年后，人事已改天换地，但还是有人怀念并崇敬这位民族英雄，并固守他的陵墓。古今延续的人文精神或许正是一座都城的内涵所在。

这本书的编辑工作是在疫情时期完成的，有困难也有意义，在此衷心感谢本书编辑陈彦瑾女士，她以出色的编辑水准和严谨的治学态度提出了诸多宝贵的意见及补正。也感谢我的家人一如既往对我的支持与鼓励。希望这本书的出版为众多的北京历史文化爱好者贡献一点我的拙见，以我之管窥，启众人之洞见，开拓今人不断探索、认识一座城的更大视野。

陆波

2023 年 12 月 6 日

第一辑　王朝旧迹

南池子浮生往事

一　英宗复辟线路图

我一直在琢磨一个历史细节：景泰八年（1457）正月十六，石亨、徐有贞、张轨、曹吉祥、杨善这一干人，是怎么把太上皇朱祁镇从南宫给搞到大内奉天殿里去的？这貌似一次不可能完成的任务。首先，这不是一次里应外合的政变，虽然用他们的话叫"复辟"，但的确是一个小团伙密谋使然。小团伙有的人是心甘情愿的，有的人就是投机分子，譬如石亨，亲眼所见景帝朱祁钰病入膏肓的状态，赌一把，将来邀功请赏；像徐有贞，与景帝重臣于谦素有嫌隙，想出口恶气；还有是真心爱戴英宗朱祁镇的，像杨善、曹吉祥。但英宗被圈禁八年，他们没机会叩拜上皇，太上皇长啥样都模糊了，更遑论与之密谋了。其次，囚禁太上皇的崇质宫（也称崇质殿）宫门太过结实了，最简单快捷的方式是整点炸药，但徐、石等人是靠着刀砍斧凿，费老力气凿了半天，还是没能凿开，最后是把墙垣劈开一个豁口才冲进去的。这么大动静，费时费力，还能成功，说明此地并无重兵把守。

当这一干人扑通跪倒在朱祁镇面前时，只见他枯坐灯下，一脸蒙圈，面有惧色，心想：难道那个赖下我皇位的弟弟来弑杀我不成？便颤抖着问："你们谁啊，干吗来的？"这几人齐呼："请陛下登位。"

于是"有贞等助挽之，掖上皇登辇以行"。这时原本漆黑晦暗之夜忽然"天色明霁，星月皎然"，正月十六，圆月清辉。众人至东华门前，守军阻拦被朱祁镇喝住："朕乃太上皇也！"喝令守兵赶快滚去开门。

　　一般叙述"南宫复辟"这段历史都是这样的（参见《明史纪事本末》卷三十五）。但我琢磨这些细节或许并非如一般叙述的那么简单：潜入南宫，凿门，破墙，交流复辟，再拉着太上皇奔紫禁城，这个时间磨蹭得够长了。所以我不认为朱祁镇还有闲情逸致起驾什么车辇，一是这些叛了景泰皇帝朱祁钰的人还是很心虚的，他们都算不上朝廷的实权人物，只有石亨算是个京师团指挥，可以调派一些兵士，徐有贞只是个翰林侍讲，其他人都是太监和低层小官，鬼鬼祟祟潜入南宫才是，怎么会还抬着辇子这么张扬，难道兵部尚书于谦傻了吗，聋了吗？而且抬辇子占人手，这可是政变啊，风声走漏，还不捏死他们几个？虽说死士有必死的气概，用徐有贞对家人说的话是：我要是回来呢，就还是个人；回不来呢，就变鬼了！谁有心思去抬辇子？虽说从明英宗被监禁的南宫崇质殿到东华门有一定的距离，但彼时三十出头的英宗朱祁镇，一看要重见天日拿回自己的皇权大位，还不跟打了鸡血般血脉偾张，跟着这一干人健步如飞跑向东华门，还车辇前行，太慢！据载，英宗一路不忘问东问西："你叫什么？""他叫什么？"想着这次重回宝座后，一定重赏这几个人。几个喽啰还得充分表白自己的身份——太上皇复辟后可是有赏的。其实徐有贞、石亨在朱祁镇做正统皇帝的时候都被召见过，杨善还是那个从瓦剌也先蒙古帐里把朱祁镇迎回北京城的鸿胪寺官员。只是，八年过去了，物是人非，慌乱与欢喜交织，从崇质殿到东华门、奉天殿，最短的距离却隔绝了思绪万千的八年时空。

　　是的，被圈禁八年之久的朱祁镇自己也想不到有东山再起之日。

南宫八年，虽说生了九个孩子，却不得迈出宫门一步，宫院长期没有维修，变得破烂。这且罢了，后来景泰皇帝还派人拆走一些建筑的石栏杆，大殿之外的平台没了栏杆，不小心就会跌下去，好不恓惶的太上皇囚徒。夏日，他在院子里的大树下乘凉发呆，后来大树也没了，他那小心眼弟弟说是怕树高林茂藏个刺客什么的，对太上皇不利，其实他是不是怕哥哥会爬上树去瞭望近在咫尺的大内，诅咒他赖下的皇位呢？反正，这些大树都被砍走去修大隆福寺了，朱祁镇连个纳凉的树荫都没有。

还有，整个崇质宫，没个伙房，宫门被注了铅的大铜锁锁住，只留个小门给里面送饭食。八年里，朱祁镇就是过这样的日子。因为"土木堡之变"铸千古大错，当年的明英宗被蒙古瓦剌部掠去，"北狩"了一年，弟弟朱祁钰被于谦等人推上皇位，自己被"遥尊太上皇"，回来就没机会进紫禁城大内了，直接被送进皇城东南方的南宫，去面壁反思。

赘述一通君臣合力疾行去复辟的过程，是为了确定当年明英宗朱祁镇被软禁的准确位置。它离宫城并不很远，朱祁镇可以欢快地跟着一群叛乱分子跑向宫城的大门——东华门。

软禁明英宗朱祁镇的明朝南宫（后俗称南城、小南城）就在今天南池子大街一带。原本明清两朝，这一带是皇城重地，在城墙围合之内，与宫城（紫禁城）相接，在其东南侧。民国政府建立后，皇城的围墙，北、东、西三面全部拆除，今天只剩下自天安门向东延伸的南墙，即红墙。而原本皇城内的皇家机构用房在城墙拆除后被拥入的百姓据为居所，逐渐形成胡同交织的居住区。用今天的地图来描述：出东华门东南方向，东至南河沿大街，西至南池子大街，北至普度寺，南至红墙。当然明朝那会儿没有这么明确的街区划分，那时候只是以

南池子大街入口

城墙围绕，城墙之内又有宫院形成独立区域，我用今天地图描述只是想简述一下南宫的大致范围。

二　英宗圈禁的准确位置

我在前面讲述"英宗复辟线路图"，是为了确定英宗圈禁在南宫里的准确位置。说白了，这个位置的远近或许是决定复辟成功与否的一个因素。后世有说英宗住在重华宫，有说住在洪庆宫，但事实上，英宗时期的南宫城里并没有那么多宫院，重华、洪庆等应为后建。这里我采信万历太监刘若愚的记述：英宗在崇质殿（俗称黑瓦殿），后世也称南宫，故称此次夺权为"南宫复辟"。

朱棣建造北京城的同时，也建造了作为皇家附属苑囿的所谓西苑、东苑、北苑、南苑，用于游玩狩猎。离着皇宫最近的就是东、西二苑。西苑涵盖今天的北海到中南海一带，而东苑最初建造的宫院是为皇太孙朱瞻基居住读书之用，并辅以山水花园，这一宫院在紫禁城东南，亦称南宫。东苑可以算是北京宫城项目中较早完工的。明永乐十一年（1413），当时朝廷尚未迁都，北京皇宫尚在建设中，而东苑已经搞得有模有样了。那一年端午，朱棣带王孙群臣到东苑游乐，观击球及射柳表演。所谓射柳游戏，就是把鸽子藏在葫芦或盒子里，悬于柳枝上，如果击中盒开，鸽子腾空飞起，这便很有乐趣了。（见清·吴长元：《宸垣识略》）皇太孙朱瞻基击发连连命中，朱棣喜悦，便赐宴众臣，与之同乐，还要求臣子写诗应景。第二年王直回忆这次经历，写有《端午忆去年从幸东苑锡宴》："千门晴日散祥烟，东苑宸游忆去年。玉辇乍移双阙外，彩球低度百花前。云开山色浮仙杖，风送莺声绕御筵。今日独醒还北望，何时重咏柏梁篇？"王直写这首诗的时候已回到南京，所以说北望京城。

后来朱瞻基做了皇帝，对他曾经居住过的东苑深有感情，也是精心维护。明宣德三年（1428），这位宣宗皇帝召大臣同游东苑，记录明朝翰林掌故的《翰林记》里有一段陪同大臣记录：

> 夹路皆嘉植，前至一殿，栋宇宏壮，金碧焜耀，其后瑶台玉砌，奇石森耸，环植花卉，香艳浓郁。引泉为方池，上玉龙高盈丈，喷激下注入于石渠……与殿后石龙吐水相应。池南又有台高数尺……殿陛前有二石，左如龙翔，右若凤舞，天然奇巧宛若生成……至一小殿，梁栋橼桷皆以山木为之而覆之以草，四面栏楯亦然，不加斫削。少西有路，迂回入荆扉，则有河石甃之。河南有小桥，覆以草亭，左右复有草亭，东西相望宛若台星。枕

　　桥而渡，其下皆水，游鱼物跃可观。中为小殿，有东西斋，有轩
　　以为弹琴读书之所，悉以草覆之，四围编竹篱，篱下皆蔬茹匏瓜
　　之类。（明·黄佐：《翰林记》卷六）

接下来，宣宗还命中官下网捕鱼，烹鱼煮酒，君臣尽醉而归。

　　这里所称"前至一殿，栋宇宏壮，金碧焜耀"，应该就是东苑的
主殿，但主殿的名称没有记录。从这些描述可见，宣宗时期，这里大
殿只有一座，其他为小殿辅以斋屋，而花木繁茂，池水游鱼，小桥亭
轩，奇石森耸，是一座精美的有着南方格调的好园林。如果英宗居住
八年的崇质殿也可以称之为大殿的话，是否就是这座主殿，值得进一
步探讨。话说英宗被困期间所有大树被砍掉，这让英宗记仇。复位后，
英宗对东苑进行了大规模的重建，出现了重华宫等新增建筑。明朝后
期，在皇史宬的西侧还出现了一个龙德殿，殿后有一石桥名为飞虹
桥，桥用白石建造，刻有龙、鱼等，栩栩如生。据说此桥是郑和自西
洋所得。桥南北各建牌楼，桥后垒石为山，山上建乾运殿，山后是引
水环绕的环碧殿。苑中种植了大量来自各地的奇花异木，此时东苑辉
煌达到鼎盛。

　　英宗重建东苑，其范围已经扩展到金水河向东而流的河渠，就是
我们今天的菖蒲河。有一座西洋风格的飞虹桥（讹传飞龙桥），就是
郑和下西洋搬来的外国桥，只是后来毁灭，不知什么样式。今天菖蒲
河公园有仿古小景"凌虚飞虹"，就是取材于凌虚亭和飞虹桥。也就
是说英宗重建后的东苑几乎囊括了今天东华门以东，南至金水河东段
的南池子地区的全部范围。

　　英宗对东苑的情感源自他被囚禁于此的八年时光，他将其美化为
韬光养晦、真龙潜水之地，有感念之情。

皇史宬，里面是杂乱民居

　　到了明嘉靖十五年（1536）七月，东苑又加建了一个占地8460平方米、建筑面积3400平方米的皇家档案库，存放皇家的圣训、实录与玉牒等文件资料，称"皇史宬"。这一命名由嘉靖皇帝钦定，并亲手书写殿额。他也很喜欢这个安置有档案库的鸟语花香、景致清幽的东苑。后来发生"壬寅宫变"，嘉靖帝差一点被宫女给掐死，就搬到西苑去住了。有一次抱怨说嫌住的地方小且乱不方便他修道炼丹作法等要事，想寻个更隐蔽的地方，严阁老严嵩也是岁数大了，马屁没拍好，建议皇帝去南宫修行。嘉靖皇帝肯定朝他翻了一百个白眼，心说，那地界儿圈过英宗八年，你这老家伙什么意思？说话这么不着调！这或许也算是严嵩失宠的一个小因素吧。

三　多尔衮王府旧址

当然，东苑的大美黄金期也只限于有明一代。李自成农民军攻入北京城后，原来的明东苑，除了皇史宬是石头建筑点不着，其他殿宇一概烧光、毁坏。

很快，李自成被赶走，彪悍而骄傲的多尔衮来到此地。他是清军入关的总指挥，是直接推动关外满人入主中原从而建立大清王朝的关键人物。他生前极尽尊耀，只是身后被褫夺哀荣。作为努尔哈赤第十四子，爱新觉罗·多尔衮先后被封为叔父摄政王、皇叔父摄政王、皇父摄政王。可以说，大清朝第一任皇帝顺治帝是他一手扶持并操控的，所以他生前权倾天下，不可一世。举个例子，他自己就可以决定追尊自己生母，原本为太祖妃的乌喇那拉氏（即阿巴亥）被追尊为"孝烈恭敏献哲仁和赞天俪圣武皇后"，祔享太庙。顺治七年（1650）十一月，多尔衮出古北口行猎，不慎坠马跌伤，十二月初九，多尔衮死于古北口外喀喇城（今河北承德市双滦区滦河镇），年三十九岁。当多尔衮的灵柩运回时，顺治皇帝亲临东直门外五里相迎，并连跪三次，亲自举爵祭奠而痛哭失声；他死后十七天，被顺治追封为清成宗，谥"懋德修远广业定功安民立政诚敬义皇帝"。闻所未闻一位皇叔竟可以谥号某皇帝！可见多尔衮的严威震慑得顺治帝反应不过来了。后来过了两个月，顺治帝终于相信"皇父摄政王"是活不过来了，且声讨揭发多尔衮的王公大臣纷纷站出来秋后算账，便于顺治八年（1651）二月清算多尔衮，诏削爵，撤庙享，并罢孝烈武皇后（母亲）和成宗义皇后（正福晋）谥号庙享，黜宗室，籍财产入官，并掘其墓。直至乾隆帝当朝，多尔衮才得到平反，恢复"睿亲王"封号，乾隆评价其"定国开基，成一统之业，厥功最著"，且顺治朝给多尔衮定罪的档案也基本销毁。

不过这位死后罪人多尔衮生前位高权重，风光无两，清帝住进紫禁城，他的摄政王府主殿便建在原明东苑之重华宫的基址上。有一种观点认为此地就是崇质宫原址，实为谬误。据明人吕毖从刘若愚《酌中志》中选辑的《明宫史》卷一，这个位置不是圈禁明英宗的崇质宫的位置，是英宗后来加建的中路宫殿的位置。《明宫史》记载："自东上南门迤南，街东曰永泰门，门之内街北则重华宫之前门也。其东有一小台，台上有一小亭。再东南则崇质殿，俗云'黑瓦殿'是也（景泰间英庙自北狩回所居永泰门）。再南，街东则皇史宬，珍藏太祖以来御笔实录、要紧典籍、石室金匮之书，此其处也。"这段文字对判断关押英宗的崇质宫和多尔衮所建王府位置至关重要。

重华宫旧址就是今天的普度寺，而皇史宬几百年纹丝未动，没怎么被损坏。崇质宫在重华宫偏东南的位置。有一种说法是顺治年间修建的一座喇嘛庙普胜寺，用的是崇质宫的遗址，这种说法很可能来自普胜寺创建碑。普胜寺旧址即今天的欧美同学会所在地，位于贵宾楼饭店西侧，南河沿大街西南。这个位置在明清两朝都是皇城东南角了，也在皇史宬的东南向，距离东华门较远。这一说法也值得进一步探讨。

多尔衮王府所在的重华宫旧址，是最接近宫城东华门的位置了，而且也是明东苑里中路主殿的位置，所以摄政王多尔衮肯定是挑最好地段的。据说他的府邸也造得恢宏壮丽，气势上不输皇宫。王府地基非常高，传闻几丈有余是夸张了，不过今天我们所看到的基址的确是在高台之上，俯瞰周围南池子的院落房屋都是在眼皮子底下。他的主宅王府四周绕以三十六根檐柱，檐椽为三层。而王府的范围几乎占了

紫禁城东南角的普胜寺，现为欧美同学会

半个东苑，从重华宫一直延到崇质宫一带。多尔衮掌握的是摄政王实权，举国事项，高官亲贵都是直接向他汇报请示。顺治皇帝年纪尚小，孝庄太后深知这位皇叔的权威和手腕不敢多加过问，所以他才是真正的清朝主政者，府前每日车水马龙，百官躬身议事，垂手听训，议好的事再拿到朝廷里，加个"钦此"批示。后来多尔衮嚣张到把玉玺都请回府里，这样昭告天下就太方便了。然后再将已决之议拿到朝廷去走个过场。奏折档案等干脆也放置在摄政王府。

　　意大利传教士卫匡国在《鞑靼战纪》中写道："在北京，有一次我们亲眼看到九王子（多尔衮虽为第十四子，但最初封贝勒排序为第九）出城打猎，后面跟随着很多人马，带上很多大鹰，足有一千多只，实在是太多了。"这说明多尔衮一个特点：跋扈张狂。

所以说，连皇帝都没放在眼里的多尔衮，还是觉得大王府憋屈，皇城不舒服，他这样的习惯于纵横驰骋的关外进京第一代，很难适应，所以时不时要五脊六兽心里烦闷，牵黄擎苍，弯弓盘马，暴土扬尘一溜烟到郊外撒撒野。他最后一次古北口打猎起因也是心里烦，结果生龙活虎策马扬鞭出了城，却落个挺尸躺着回来的结局。

当时的诗人吴梅村曾有诗句云："松林路转御河行，寂寂空垣宿鸟惊。七载金縢归掌握，百僚车马会南城。"说的就是多尔衮把朝廷文件直接拿回家向百官下达指令的景象。所以，这些还是让顺治皇帝和皇太后心怀不满的，多尔衮死后被削夺王爵的罪名之一就是他在府中议政。吴梅村这首诗应该写于1650年多尔衮过世之后，而前两句似乎也描述了摄政王府被收缴后这一区域的寂寥。

多尔衮死后被清算，摄政王府当然由朝廷收回，一族人被赶走。他没有亲生儿子，嗣子是过继来的多铎之子多尔博。他被清算了，多尔博便回到多铎家，直到乾隆年间恢复睿亲王封号，下诏爱新觉罗·多尔博仍为多尔衮后嗣，命其子爱新觉罗·淳颖袭睿亲王，世袭罔替铁帽子王，赐在石大人胡同新建睿亲王府。

四　普度寺

多尔衮的摄政王府上缴之后，空闲了几十年。至康熙三十三年（1694），皇室重新规划利用，在其南部建缎匹库（后来的缎库胡同前身），成为户部管理的三大库之一。王府北部，即王府主要建筑改建为玛哈嘎拉庙，供奉藏传佛教护法神"大黑天"或称"大黑神"，成为皇城内的皇家祭祀的私庙。按照《宸垣识略》的说法，原来明东苑的洪庆宫便是供奉"番佛"（也称玛哈嘎拉）的，这些佛像是原来明朝旧制。

乾隆四十年（1775）大修此庙，皇帝赐名普度寺，正殿名慈济殿，在正殿、山门两侧保留并兴建行宫院、方丈院、小佛殿及僧寮等。乾隆为大殿题额"觉海慈航"。大殿还有魏显达写的楹联"普济众生蒙佛荫，渡连圣城沐神恩"。这一点非常令人不解，魏显达这种无名之辈是遇到什么机缘而得以书写楹联？寺院大殿外有甬道，直通山门。道两旁古松林立，清静幽美，当然今天已是砖石铺地，角落寥寥几棵松树，空旷无碍。寺内原大黑天佛殿里，藏有多尔衮生前使用过的甲胄弓矢，铠甲长七尺多，黄缎面上绣龙图案，胄直径九寸多，护项亦为黄色，刀剑弓矢比寻常人的长出三分之一。这些量身定做的甲胄和兵器，说明他的身高应在一米九以上，是彪形大汉。

普度寺的建筑特点在北京寺院里也堪称独一无二，它建在高台之上，而且窗棂低矮，寺院布局完全不对称，是典型的关外满族风格建筑。尤其主大殿，在须弥座式高大台基之上，面阔九间。殿顶为黄瓦绿剪边，前厦为绿瓦黄剪边，非常讲究。檐出飞椽共三层。所谓"金銮宝殿"的太和殿，檐椽也仅为两层。而多年来我在京城所见所闻，三檐顶仅此一见。

普度寺因在皇城之内，与普胜寺一样，在清朝败亡之前保存良好，清末至民国年间已为军队或其他机构使用，只有山门、正殿、方丈院的一部分保存较好，其余建筑拆除或改建。建国后，这里为一间小学使用，周边密布搭建的民居平房。2002年至2003年，政府投资迁出小学以及寺院界内的一百六十八户居民，全面修复了台基、正殿、山门和方丈院北房，其余房屋基址在取得考古资料后回填保护，辅植绿化。如今此地免费开放，大殿及其他建筑被绿树浓荫环绕，环境清幽，因深藏南池子中北部，几乎不为游客所知。园林西侧堆积了

站在普度寺高台看南池子及紫禁城角楼

不少原建筑的石头构件及砖瓦等。漫步高台之上西望，南池子灰色的四合院群落尽收眼底，甚至还可以看到远处故宫的东北角楼，在阳光下金光灿灿。

　　"眼看他起朱楼，眼看他宴宾客，眼看他楼塌了！"高台之上，若想起这几句《桃花扇》的戏词，也算是对"恒常"与"万岁"执念的好生调侃，唯有抬头才看到风轻云淡。此景此念，明英宗、多尔衮或许都有过，可惜就算是心志高远上云霄，却也活不到天年，明英宗只活了三十八岁，多尔衮三十九岁。

　　如果你在21世纪的第十八个年头来到北京，你可以去紫禁城的东南，即原来的皇城东南部走一走瞧一瞧，除了皇史宬还不对外开放，普胜寺作为欧美同学会的办公用地不予开放，可以去幽深之处的

缎库胡同8号曾是胡适居所

普度寺高台上怀古，去菖蒲河畔看看仿古的廊亭拱桥。当然这里还有个有趣的现象，似乎是老年人相亲交友的地点，不过男多女少，一堆堆围坐，貌似家常闲谈。

更可以去当年明英宗在骄阳下发愣的崇质宫旧地——普度寺东南方向的胡同里转转，寻找历史的遗踪。如今，南池子比较大的胡同有磁器库胡同、北湾子胡同、南湾子胡同、缎库胡同等，胡同蜿蜒曲折，而房屋鳞次栉比，非常密集。其中缎库胡同清朝建立，早已不再是库房而是民居遍布，胡同口向西开，走上一段即北折，顺着走下去几乎是走出一个长方形的四边。届时，请你在缎库胡同8号院前驻留一会儿，九十八年前北京城最冷的冬月，一位二十七岁的踌躇满志的湖南青年来此地拜访新文化运动领袖胡适。那年胡适年方二十九岁，加入《新青年》编辑部，力主白话文，鼓励一代五四青年，追求个性自由与思想解放。同时，他另一个身份是已任教三年的北大教授。虽然后来不久因思想理念上的冲突，他便与陈独秀等分道扬镳，但在1920年1月15日，他与登门拜访的湖南青年谈得不错。胡适在他的日记中写道："毛泽东来谈湖南事。"他在晚年的日记里追忆了这件事："毛泽东依据了我在1920的'一个自修大学'的讲演，拟成湖南第一自修大学章程，拿到我家来，要我审定改正。他说，他要回长沙去，用船山学社作为'自修大学'的地址。过了几天，他来家取去章程改稿。不久他就回去了。"

　　两人缎库胡同分别后二十几年，毛泽东站到了距此地不远的天安门城楼上，中国社会发生了翻天覆地的变化，他们之间早就是"道不同不相为谋"。但那个北平灰蒙蒙的冬季一日，缎库胡同的围炉相谈，却是两人难以忘却的。

2018年10月4日

本文参考：

　　1.〔清〕吴长元：《宸垣识略》，北京出版社2018年2月出版。

　　2.〔意〕卫匡国：《鞑靼征服中国史　鞑靼中国史　鞑靼战纪》，何高济译，中华书局2008年10月出版。

　　3.〔明〕刘若愚、〔清〕高士奇：《明宫史　金鳌退食笔记》，北京古籍出版社1982年4月出版。

　　4.〔明〕黄佐：《翰林记》册一，卷六，商务印书馆1936年6月出版。

袁崇焕京城旧迹

一 佘家和张家，袁崇焕墓和祠

话说1630年大明朝廷斩杀袁崇焕一事，历来被视为亲者痛仇者快的一桩冤案。到了乾隆年间，由清廷史书揭示此事的历史原委，其间无不炫耀着他们女真前辈运用《孙子兵法》之高妙：他们用离间计，使貌似智慧的汉人君王偏听轻信，草率斩杀了前方大将。当然，事情并非如此简单。

被后世誉为"抗清名将"的袁崇焕因其做过十年明朝官员，与北京城发生关联。万历年间他在北京登科进士，又在工部为官，最后一场战役是"己巳之变"的京师保卫战，之后在北京下牢狱，在菜市口被磔刑，千刀万剐，血肉被围观的乌合之众蜂拥抢食，最后只剩下一颗头颅及一副骨架。好在有忠心下属偷偷取走头颅，葬于京城某地并标记守护。这位忠心下属便是佘姓义士。此后，原本南方籍的佘家再也没有离开京城，只为守护袁崇焕的最后一点遗迹。

乾隆有自恋式的明君情节，他假做好人为袁崇焕平反时，已是事隔百年之后了，啃噬过袁崇焕血肉的大明子民早已灰飞烟灭。乾隆所谓平反也并非出自对这位袁氏大将的怜惜，更多是炫耀自己的清明、客观，给臣子们上课的同时顺便颂赞祖宗的足智多谋。不过这次"平

袁崇焕墓碑，清道光十一年湖南巡抚吴荣光题写"有明袁大将军墓"

反"倒真是揭开了历史真相，"袁崇焕之死"成了汉民族三百年无从愈合的伤疤，有识之士时不时就要洒上一腔血泪。

在京城，对袁崇焕惜怜与怀念最多，并一直默默搜集其遗物的有两家。一是袁崇焕的家乡故人，定居京城的东莞名士张伯桢、张次溪父子，他们为袁崇焕建庙，集成纪念馆，呼唤后人不忘先烈，永志精神。还有一家为佘氏，即当年袁崇焕的下属佘义士，可惜他仅留其姓而不知其名。从张伯桢为佘义士写的墓志铭来看，佘义士祖籍为广东顺德，当年他将袁崇焕罹难后剩下的头颅悄悄埋葬后，发誓后代不再离开京城，要世代守护袁墓，这一守就守了十七代。最后这一代守墓人叫佘幼之，年过八旬，其唯一的儿子已去世，所以将来袁墓的佘氏守墓人也将成为传说。

佘家一直没有发迹，只是普通小户，守在袁崇焕墓地累月经年荒冢凄凉，到了乾隆年间，此地已是乱草杂芜，只有个标记。这个标记离袁崇焕最后战斗过的广渠门外不远 —— 它在广渠门内，后来逐渐聚集成为广东义园，广东籍入京人士死后多葬于此。再后来义园土地不够用了，向东寻地，再建新广东义园，即今天的龙潭湖公园西北部。今天旧广东义园这个位置为东城区东花市斜街。

乾隆四年（1739）鄂尔泰、张廷玉等校订重纂《清太宗实录》，以六十五卷本传世。乾隆四十七年（1782），皇帝下令为袁崇焕平反昭雪，从《清太宗实录》的记载中了解到原来是皇太极用了反间计，袁崇焕一案的真相才大白于天下，天下人才为之扼腕叹息。此后，人们可以光明正大纪念袁崇焕了。张伯桢先后修建了袁督师庙、袁崇焕故居，佘义士的后人也可以世代挺直腰杆继续守墓。民国初年张伯桢在修袁督师庙时，也给佘家出资，把袁崇焕墓重新修葺一番，并承诺以后的修缮费用也由他提供。自此至上世纪50年代，东花市斜街的袁崇焕墓，以及今天龙潭湖公园内的袁督师庙，张家都是尽心维护，而佘家人则坚持守墓，日月忠心。

袁崇焕墓地的情况大致为：祠有正房五间，前廊两端及室内墙壁上嵌有李济深撰《重修明督师袁崇焕祠墓碑》等石刻，屋檐下是叶恭绰敬题"明代先烈袁督师墓堂"匾额，袁崇焕手书"听雨"石刻保存完好，嵌于墙上。祠堂后为袁崇焕墓，说是葬着佘义士取回的袁崇焕的

袁崇焕手书"听雨"

头颅。墓前有清道光十一年（1831）湖南巡抚吴荣光题写的"有明袁大将军墓"石碑及石供桌。墓侧小丘为佘义士之墓。据说张伯桢还把自己早夭的一个儿子埋在此地，但今天已无标记。

张伯桢1877年出生于东莞篁村，算是东莞书香望族，读书有成，且赴日本留学五年，参加日本高等研究所的毕业考试，获第五名。同时他又是康有为门下弟子，既是读书种子，又有忧国情怀。1910年，清廷已是摇摇欲坠，张伯桢赴北京参加廷试，"钦点"七品京官，任法部制勘司主事，并在当时曾参与"宪政筹备处"起草宪政草案，任副主稿。

张伯桢自进京，便留意心目中的同乡英雄袁崇焕在京城的遗迹，起初，他住在东莞会馆。话说东莞会馆实则有两处，老馆通称东莞会馆，地址在宣武区烂漫胡同127号（原49号）。这处产业建于光绪元年（1875），由东莞人邓蓉镜经手购买原来的明代建筑 —— 相传为东莞人士张家玉（文烈）故居 —— 重新修置。上世纪60年代，周汝昌去拜访张伯桢之子张次溪，抬头看匾额题写"张文烈公故居"。此产业是东莞县明伦堂留置的公产，有民国北平政府颁发的房地契。会馆有青砖瓦房四十九间，占地两亩，原本系明代建筑，百多年一直接纳粤籍赴京人士，以低廉房租供其落脚。1956年1月，广东省会馆财产管理委员会遵照北京市政府有关规定，致函北京市民政局，决定将会馆的全部财产移交北京市人民政府。1956年东莞会馆房产随着有关规定转交北京房管局统一管理。

而东莞会馆新馆在下斜街，陈伯陶1910年购买的，据说原是雍正时期年羹尧的宅邸。年羹尧1726年1月13日被赐死，是不是死在此地不得而知，总之他这一脉家破人亡。后续此宅邸或许还是年家后人居住，因为年羹尧之罪只是牵连其父年遐龄及其兄年希尧，二人均被夺官，他的儿子虽被发配戍边，但在雍正年间获得赦免，回到京城。这座新馆于1911年建成迁入。

两座东莞会馆，分别是明清两位大将宅邸，也是巧趣。

张次溪1913年时四岁，跟随父亲进京，先是入住下斜街新馆，后来又迁入烂漫胡同老馆。现东莞文物部门收存有两枚信封旧物，一封是1912年5月16日由东莞城外脉沥洲天成昌寄出的，收信人是北京宣武门外上斜街东莞会馆的张子干；另一封是1918年经广州寄去北京，地址是北京骡马市大街烂漫胡同东莞会馆。张子干即张伯桢，说明这两处会馆张家都居住过。1968年，张次溪死在烂漫胡同的东莞会馆，周汝昌转述的说法是"悲惨离世"。

张家父子对本籍英雄深深敬慕，他们一生的住址都围绕着莞籍英烈。前文提及东莞会馆老馆为张家玉当年在京城的住所。张家玉是"岭南三烈"之一，是东莞人心目中的骄傲。他二十九岁进士进京，授翰林院庶吉士，美冠如玉，文采飞扬且正直忠贞。在抵抗清军的围剿中身中九箭，不甘被俘，投塘而亡，壮烈殉国，时年仅三十三岁。

而在客居东莞会馆时期，张伯桢已在京城寻找另一位伟大的英烈同乡袁崇焕遗踪。在张伯桢心目中，袁崇焕不仅是伟大的民族英雄，更是政治理念、人格魅力、勇气韬略皆令人仰慕的同乡豪杰。张伯桢誓言要将袁氏功绩昭彰于世，流芳后世。

张伯桢进京后很快便打听到老广东义地袁墓地址，决心出力保护，便资助佘家维护墓园。1917年，他考察了新广东义地，认为此地正是当年袁崇焕指挥"广渠门之战"的地方，袁崇焕曾经的旧居也离此地不远，便在此义地为袁崇焕修了庙，请康有为题额"袁督师庙"。此庙也叫袁祠。

袁督师庙有屋三间，坐西朝东，现在位于龙潭湖公园西北角，在

祠堂内匾额"碧血丹心"、画像与供桌

上世纪50年代初险被作为封建旧物拆除。庙门两旁，刻有康有为题写的对联："其身世系中夏存亡，千秋享庙，死重泰山，当时乃蒙大难；闻鼙鼓思东辽将帅，一夫当关，隐若敌国，何处更得先生。"两壁和两侧次间中的《明袁督师庙记》《袁督师庙碑记》《佘义士墓志铭》等石刻作品，也大多为康有为、梁启超亲笔。庙内明间正壁上，镶嵌着袁督师的石像。原本庙里藏有袁崇焕像二帧，一正面，一侧面。正面者，有清末史馆总纂东莞人陈伯陶题"袁元素先生真像"七字，由张伯桢1911年从东莞临摹获得，今天我们看到的袁崇焕像，均由此出。抗战期间，原像及袁崇焕手迹多帧沦于日本人之手，至今不知所终。

　　1919年张伯桢从东莞会馆搬出来，移居购地所建新居张园。张园的位置在新广东义园南部，即今天的龙潭湖公园南部。当年这里属于京城东南郊野，间或散落着农田、荒地、水洼还有坟地，偏北便是广东新义地。两年后张伯桢举家搬入张园。他发现此地有一栋房舍，据传正是袁崇焕的旧居。张伯桢盖了十四间半的房子，把袁崇焕故居包裹在内，加以修缮，命名听雨楼。此地算郊外，原先是砖窑取土的地方，自然形成不少洼地，日久而成湖泊。因为地处临水，草木葱茏，人烟稀薄，借着天然景致造园植树，倒也是一派闲逸舒朗的景致。加上张伯桢好交结文人雅客、同乡俊杰，张园在京城便颇有名气。在此聚集过康有为、齐白石、陈三立、章士钊、叶恭绰等人，而他们也参拜袁崇焕遗像，怀念先贤，并植松树纪念，留下大批名人即景绘画及题词。

据齐白石回忆，这里的听雨楼古迹，应该便指袁崇焕故居。园林古色古香，"虽在城市，大有山林的意趣。西望天坛森林古柏，一片苍翠欲滴，好像近在咫尺……远山近林，简直是天开画屏，百看不厌"。（齐白石:《白石老人自述》）张伯桢安排齐白石在后跨院三间西屋居住，请他夏天常去避暑。袁崇焕故居里亦有其遗像一幅，齐白石曾临摹过这幅画像。直至1946年张伯桢去世，每年清明前后张家遍请亲朋故旧——很多是京城的文化名流，前往张园袁崇焕故居和袁督师庙拜祭和纪念，并抒发情怀，写下不少激扬文字。1948年平津战役时，国民党守军驻于张园内，使建筑、花木、文物等均遭到毁坏。1958年

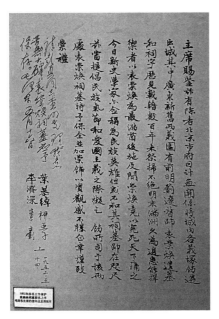

1952年四名士为保护袁崇焕祠墓联名上书毛泽东主席的信件及主席批示

张次溪将此宅及残存的文物捐献国家。1991年因建设用地，所有房舍被全部拆除，故今天已不存在袁崇焕故居一说。张园所在地属于龙潭湖公园的一部分。

国保碑（第六批）

1952年5月14日，李济深、叶恭绰、柳亚子、章士钊联名上书毛泽东主席，请求保留袁崇焕祠、墓，"以资观感"。毛泽东于5月16日批示："请彭真同志查明处理。我意若无大碍，袁崇焕祠墓应予保留。"其实，这里提及的袁崇焕祠、墓应指佘义士后人维护的东花市斜街袁崇焕墓，但袁督师庙也顺便因为这个批示而保留下来了。当然，"文革"期间这两处文物都有破坏，到上世纪80年代，政府又重新出资修复。2002年袁崇焕祠、墓等文物一并改建成袁崇焕纪念馆，因其为明至民国时期的古墓葬，已升格为国家文物，列入第六批国家级重

市保碑

点文物保护单位名单。而张伯桢建的袁督师庙则作为民国文物成为北京市级保护文物。两处文物都得到妥善保护，且向公众开放以供瞻仰。

二　广渠门之战

　　袁崇焕身后，有几位大人物为他昭雪申冤，最早是乾隆，近代有梁启超（以近代历史研究方法研究袁崇焕）和张伯桢，现当代有金庸（将袁崇焕写入武侠小说《碧血剑》），以及清代史学者阎崇年。张伯桢在其中，所做的是一些实操工作。如前文所说，他出资将袁崇焕墓地修葺整理，并应允后续的维护费用；他除了在广东义地修建了袁督师庙，又在自家张园建了一所袁崇焕故居。可惜张园在上世纪50年代交公，随着城市规划而被全部拆除，包括袁崇焕故居。

　　1914年7月2日，袁世凯设置了礼制馆，延聘通儒，分类编辑祭祀冠服，重议民国敬祀先哲名单，馆长由徐世昌担任。张伯桢借机请求在配祀武庙名单中列入袁崇焕。他起草《袁督师配祀关岳议》，联络当时十八省之将军、督、抚及北京各部、院长官，以至在京粤籍官员、名流和广东地方绅耆共二百人，提议崇祀袁崇焕于武庙，目的是"以阐幽光""壮士气而励忠贞"。他视袁崇焕为被灰尘埋没的珍珠，力促提升对袁崇焕的崇祀至国家民族级别，使袁崇焕成为与"武神"关羽、岳飞并列的千秋英烈。

　　不过袁世凯开礼制馆的本意不过是为其帝制所用，对突然冒出的"袁崇焕崇拜"并不理会。张伯桢一面极力赞成老袁称帝，一面成功"考证"出老袁是袁崇焕后裔。说是当年袁崇焕被杀，其家族后人流散。袁崇焕本身无子嗣，属于绝户了，但他弟弟袁崇煜一支先是流落福建邵武（这是袁崇焕入仕的第一个地方），后来离开说是去往广东电白，再后来不知所终，而"不知所终"便有了考证的空间。不知怎的张伯桢考证出其中还有一支落籍河南项城，这就和老袁搭上八竿子关系了。加之张伯桢和袁崇焕都是东莞人，他的考证似乎有一定可信度。这马屁拍得老袁心花怒放，便接受了这个祖宗。张伯桢请求老袁把袁崇焕追谥为"肇祖原皇帝"，并申请为他修建"原庙"。

张伯桢甚至把一句民间谶语也用上了："杀袁（袁崇焕）者清，亡清者袁（袁世凯）。"没想到如此拙劣的附会却让袁世凯动了心思，反正认为相比有人附会的袁绍，袁崇焕更可以为己所用，于是还真准备派人修建原庙。

张伯桢于是又请出老师康有为，让老师为原庙写庙额、庙联、庙诗、庙记。只可惜，袁世凯一死，袁崇焕被追谥"肇祖原皇帝"的事情功亏一篑了。后来有一叫濮一乘的人讽刺张伯桢这种攀附故事，做了首打油诗："华胄遥遥不可踪，督师威望溯辽东。糊涂最是张沧海，乱替人家认祖宗。"这是后来的笑谈，可见张伯桢为了袁崇焕的英名也是不择手段了。

百年来，袁崇焕是爱国者的心头痛，他的拥趸众多，崇敬者无数。

袁崇焕纪念馆正门匾额"明代民族先烈袁崇焕墓"

武侠小说大师级作家金庸便是袁崇焕的崇拜者，他用《碧血剑》将袁崇焕的英烈气质托现于其子袁承志之身，演绎出袁承志与其师门华山派义助闯王、夺取大明江山的江湖恩怨。或许，金庸幻想，他热爱的袁崇焕应该在他的虚构小说里逃离劫难，行侠人间，继续他未竟的壮志豪情。

张伯桢则是脚踏实地把袁崇焕在北京的遗迹一一搜寻、收集、修复、保护，并建庙堂以彰显其精神。前文已提及，今天龙潭湖公园东北角袁督师庙所在的地方，据称是当年袁崇焕的指挥所，因为在这里明军与后金兵马打了一次激烈的近地战，也就是保卫京城的"广渠门之战"。

广渠门之战是后金皇太极大举进攻北京的"己巳之变"中的一战。因后金兵临城下，险象环生，明皇室内廷忧惧震撼，影响较大。其实，这场后金进攻明朝的战争持续了四个月，后金军所到之处以及京师周边不同地点的战役大大小小有很多次。

"己巳之变"起始于崇祯二年（1629）十月，皇太极绕过宁锦防线，分兵三路从蒙古残长城破口入关，攻占遵化，山海关总兵赵率教兵败殉国。皇太极从遵化到蓟门，绕过了袁崇焕镇守的蓟州布防，直接从蓟西到三河，再达通州，然后直抵京师城下。袁崇焕的第一道遵化防线失守，第二道蓟州布防被绕过，在皇太极已到通州附近时，袁崇焕不得已日夜兼程从河西务进京勤王，才有了在京城城门下的广渠门之战。中间满桂把守的德胜门也遭遇了攻城。

皇太极撤离京城后并未直接北上出关，而是在京城南海子（南苑）一带休整军队，这期间围绕京城还有几次战斗，担当文武经略的尚书梁廷栋及满桂相继败于西直门、安定门，满桂在永定门外战死。明总兵马世龙受命指挥各路援兵保卫京师，总算稳固了形势。

这已经是袁崇焕被抓下狱之后两个月里的事情了。袁崇焕被抓，总兵祖大寿大为惊骇，率师一万五千人离京东返，后因孙承宗调度，才停军待命。

所以，皇太极这次虽然只是惊扰京师，震撼皇帝，却成功瓦解了明朝廷中坚力量"袁崇焕势力"，令原辽东将士自危而开始离心离德，为大明卖命落如此下场，实在不值。后金能取胜而改国号为清，固然因为有一批杰出的军事人才，却也和大明国不断有干将投降投靠清国有关。前有李永芳，后有孔有德、耿仲明和尚可喜（这都是毛文龙的部下），再后来有祖大寿、洪承畴、吴三桂等，他们哪一个不是才干非凡的将领？

皇太极围绕京城周边来回折腾了四个月，到来年（1630）二月才回师北上，所得永平、迁安、滦州、遵化皆令贝勒大臣率满洲、蒙古八旗驻守。至此，"己巳之变"的危机才得以缓解。

广渠门之战是崇祯二年（1629）十一月二十日明朝与后金军在北京广渠门下爆发的一场战争，震撼了登基才两年的崇祯皇帝。当时后金领袖皇太极携努尔哈赤的一众儿子们，如莽古尔泰、阿巴泰、阿济格、多尔衮、多铎等出战。大约两千兵将借着攻陷遵化的余威，趁势偷袭北京城。这并不是一次后金与明朝的大决战，而是一次骚扰或者示威，同时试探一下大明国军力到底什么底牌。所以后金只用了两千兵力，还主要是蒙古兵。当时袁崇焕驻军在蓟州，而探报说后金军绕过蓟州，直抵京城核心，当时有个布衣部下叫程本直的，这样陈述："自敌人逸蓟入京，崇焕心焚胆裂，愤不顾死，士不传餐，马不再秣，间道飞抵郊外，方幸敌未近城，得以身翼神京。"

当时撤防到广渠门一带的是八千骑兵，步兵根本来不及，所以这次战役简直就是天子眼皮底下开练。皇宫大内里的皇帝定是可以听到广渠门还有德胜门（小规模的偷袭）的厮杀喊叫，不知他何等心情。当日中午，明军在袁崇焕的指挥下，在广渠门城下一带，在西、南及西北布防，《崇祯实录》记："袁崇焕令都司戴承恩择地广渠门，祖大寿阵于南，王承胤等阵西北，崇焕公阵于西待战。午刻，有骑兵突东南，力战稍却，承胤竟徙阵南避。游击刘应国、罗景荣，千总窦浚等帅兵追虏至运河。虏酋精骑多冰陷，所伤千计。京兵亦伤失数百人。"明军与后金兵马全面正面交锋，从午时打到酉时，也就是从中午打到日落黄昏，十数回合，有时堪称肉搏血战，一度袁崇焕也亲自上阵杀敌，险些遇害。周文郁《辽西入卫纪事》记录："一贼抢刀砍值公，适旁有材官袁升高以刀架隔，刃相对而折。公或免。"最终后金队伍溃败，刘应国等追至运河，后金军急渡运河时，河面并未完全结冰，人马落水无数加之明军追杀，死伤过千人，明军也死伤数百。经过数小时的血战，明军成功击退了后金军的进攻，取得广渠门之战的胜利。

　　广渠门之战是袁崇焕的最后悲歌，此战结束后的十天他便被捕下狱，似乎他浴血勤王保护京城的搏命之战，没有给他带来任何益处。崇祯朝廷早已与他间隙深裂，甚至不承认什么"广渠门大捷"，因为作为辽东防卫大臣，竟然把敌人放到家门口，说不好听皇太极是来直捣老巢的，你袁崇焕吹嘘的"关宁锦（山海关、宁远、锦州）防线"在哪儿？当年面上时今下的"五年筑牢辽东"的海口显然是欺君的吹牛皮。况且，袁崇焕退防北京时竟然要求军队入城，以城墙为阵地，以防御抵进攻。此建议令崇祯震怒，这不成了缩进北京城的瓮中之鳖？坚拒军队入城，让他们在城外去打。而这次战役，皇太极从几个城门进攻，不只广渠门，德胜门也一度告急，满桂再次负伤，且转过年的一月满桂战死在永定门外。朝野大臣们对袁崇焕的非议甚嚣尘上，认为他勤王不力，且是造成北京危机的根本原因，外加来自后金的挑拨离间计策，以及来自魏忠贤余党对袁崇焕原有的怨恨，最终将袁崇焕置于死地。

后金的离间计是这样的，其关键人物是一个投降后金的原明朝副将鲍承先，此人为山西应州（今应县）人。他先为大明副将，跟着总兵贺世贤守沈阳。努尔哈赤攻克沈阳后，退守广宁，最后兵败投降了后金，后跟随皇太极攻明京师，屡败明军。后金本已形势大好，却逢袁崇焕率师自宁远入卫，屡败后金，阻扼后金兵于宁远一线。所以袁崇焕便成了后金头号对手。皇太极环视左右，便有鲍承先献上离间之计，致使袁崇焕被诬杀。据《清史稿·鲍承先传》记载："翌日，上诫诸军勿进攻，召承先及副将高鸿中授以秘计，使近阵获明内监系所并坐，故相耳语，云：'今日撤兵乃上计也。顷见上单骑向敌，有二人自敌中来，见上，语良久乃去。意袁经略有密约，此事可立就矣。'内监杨某佯卧窃听。越日，纵之归，以告明帝，遂杀崇焕。"这里所言"翌日"就是后金兵败广渠门的第二天，皇太极召鲍承先及副将高鸿中来密谋，然后鲍和高故意在接近俘获的俩明朝太监的地方说话，说是咱们这次撤兵是和袁崇焕那边说好的……皇上的计策肯定成功。太监杨某装着睡觉偷偷听了去。又过一天，后金把太监放回宫里，杨太监便把这离间计传到崇祯耳朵里。崇祯与其说相信一个被俘太监的话，倒不如说借着这个由头，将袁崇焕的政敌（主要是魏忠贤余孽）整的黑材料，还有他自己内心积存的对袁崇焕的不满宣泄出来，不计后果，杀个大臣倒也轻易。

三　袁崇焕之死

说到崇祯与袁崇焕的君臣关系，一开始是不错的。袁崇焕属于大器晚成类型。他万历四十七年（1619）获赐同进士出身时三十六岁，到崇祯二年冬天入狱、三年（1630）九月被杀时四十七岁。他的官宦生涯起步于福建邵武。获赐同进士出身后，他做了两年邵武知县，后由朝中东林党人引荐，觐见明熹宗朱由校，请缨出山海，抵御后金，收复辽东前线。也是因为东林党人御史侯恂的破格提拔，他直接到兵部任职。

袁崇焕上任没多久，广宁（今锦州北镇老城）失守，这与辽东总兵李成梁之死有关。李成梁威震辽东数十年，有"辽东王"的盛名。他抵御蒙古，遏制女真，在辽东大地威震四方，对建州女真也是用尽手段怀柔、离间、镇压，努尔哈赤的先人不少死于他的手下。1573年至1583年这十年间，李成梁清剿建州女真首领王杲，明万历三年（1575）王杲被凌迟处死，而王杲所率部众有一千人被屠杀。万历十一年（1583）李成梁再度发兵攻打王杲之子阿台，决心彻底肃清建州女真的不稳定势力。王杲被杀后，阿台为报父仇，辗转逃回古勒寨以图东山再起。万历十一年（1583）二月，辽东总兵李成梁以"阿台未擒，终为祸本"为由，督兵攻打古勒寨。不久阿台为部下所杀，自此王杲后人尽皆被戮。但此役，努尔哈赤的祖父觉昌安和父亲塔克世也被误杀。努尔哈赤以此责问明朝边吏："我祖、父何故被害？汝等乃我不共戴天之仇也！汝何为辞？"明使道歉说："非有意也，误耳！"此后，努尔哈赤起兵伐明檄书中"七大恨"之第一大恨便起源于此。有日本学者稻叶君山提出努尔哈赤外祖父阿古都其实就是王杲，而不是王杲之子阿台，现在众多清史学者也倾向于这一结论。

对于努尔哈赤来说，这个血海深仇在"老贼"李成梁死后是一定要报的，几十年他已经羽翼丰满。1615年，八十九岁的李成梁死于北京，三年后即后金天命三年（1618），努尔哈赤以"七大恨"讨明檄文，开始公开起兵反明，而1622年明朝辽东军事重镇广宁被攻陷。这是后金崛起、明朝趋弱的一个重要象征。明朝控制的辽东都司共有两座中心型城镇：一座是广宁，一座是辽阳。广宁是巡抚及总兵的驻地，辽阳是副总兵和巡按等的驻地。这下朝廷震撼，袁崇焕独自深入山海关内外考察地理形势，回来后主动上言请缨，"曰：'予我军马钱谷，我一人足守此。'廷臣益称其才，遂超擢佥事，监关外军，发帑金二十万，俾招募"。

或许，袁崇焕的雄心壮志是想成为李成梁式的声震辽东的一代英雄吧！他在天启年间确实打下了两场漂亮的硬仗，奠定了自己的英名。

袁崇焕胆量过人。他曾作为一位佥事执行上司指令，前往安置辽人失业者，他披荆斩棘走夜路，四更天入城。当时辽东地区夜间虎豹出没是寻常事，他的无畏勇敢受到当时的经略（高于总督的军事要地首脑）王在晋的赏识。但袁崇焕认为王在晋并无韬略和眼光，便直接上书给当时的首辅叶向高表达见解，立功之心迫切。

两年后大学士孙承宗巡边，他是自请督师，带着皇帝所赐尚方宝剑的京城大员。当时十三山（锦州凌海东）困有难民十万人，袁崇焕请示："将五千人驻宁远，以壮十三山势，别遣骁将救之。宁远去山二百里，便则进据锦州，否则退守宁远，奈何委十万人置度外？"意思是说，我们在宁远布重兵造成声势，派勇兵骁将去十三山把十万人民接出来，占据锦州，如果不出击，只是退守宁远，十万人不好安置。孙承宗同意袁崇焕的主张，但王在晋执行不力，十万人只救回六千。从此孙承宗倚重袁崇焕，袁崇焕也不负所望，安抚军民，整备边防，功劳显著。

天启三年（1623）九月，孙承宗决定镇守宁远，天启四年（1624），宁远城的修筑竣工，在满桂与袁崇焕的努力下，宁远被倚为关外重镇，将士们士气高昂，商旅百姓以及流民将宁远视为乐土。孙承宗命满桂、袁崇焕一鼓作气，在天启五年（1625），遣将领占据锦州、松山、杏山、右屯及大、小凌河等地，并修缮城防长期驻守，宁远因此成为内地，开疆复土两百里。驻守宁远，这时明朝在军事上与后金的相持中出现了一个显现优势的小高潮，其控制的土地继续向东北扩展了二百里。但胜利的喜悦是短暂的。孙承宗驻守辽东，一直上书希望增发军饷，以集结大批兵士，继续向北大举进攻。但朝廷不给批复，而说闲话的朝廷臣子说他无所作为，加之阉党魏忠贤也各种作梗，孙承宗的志向无法实现。同年十月，孙承宗极力辞官获得熹宗批准，职位由高第接任。皇帝将高第召到文华殿，赐其蟒衣玉带，令以兵部尚书经略蓟辽。其实在这前一年，高第以七十六岁高龄在兵部左侍郎职位上致仕，回家养老了，因为与魏忠贤关系好，皇帝又起用了他。

高第懦弱无能，胆小如鼠，刚一上任就把锦州、右屯等地的防御器械撤除，把两百里守军全部赶进关里。上任后，退守山海关。而努尔哈赤得知孙承宗辞职后，认为时机到来，率军大举进攻。袁崇焕抗拒高第的命令，不肯撤出宁远城。他随即写下血书，与大将满桂，副将左辅、朱梅，参将祖大寿等将士盟誓，以死守城，并依靠昔日与孙承宗做下的军事准备抵抗后金军。天启六年正月二十三日，后金军抵达宁远，经略高第和总兵杨麒拥重兵于山海关，不去救援宁远。袁崇焕一面坚壁清野，盘查奸细，一面守护粮草。

努尔哈赤将抓到的明朝百姓放回宁远，让其劝袁崇焕投降，遭到袁崇焕的拒绝。于是努尔哈赤举大军进攻宁远城，并让士兵举着盾牌攻凿城墙。袁崇焕则指挥西洋巨炮，也就是传说中的"红夷大炮"守城，说是在城墙上架了十一门。约1620年，英国东印度公司"独角兽"号战舰突遇台风，在广东阳江附近海域沉没。1625年广州府官员邓世亮命人打捞上来三十六门舰炮，将其中的二十二门送到北京，宁远用了十一门。此炮威力强大，射程在五十米到一百米，"火星所及，无不糜烂"。后金军在巨炮的攻击下溃不成军，连续攻城两天，死伤惨重，努尔哈赤于是下令退军。

　　后来有种说法是努尔哈赤在这场炮击中受重伤后，"懑恚而毙"。其实明朝和清朝的官方都没有正式记载此事。要说清朝认为是一个耻辱秘而不宣，那在明朝看来袁崇焕大炮杀死"奴酋"（明朝认为后金就是原来的辽东女真奴才造反了，称其首领奴酋），举朝上下还不欢欣鼓舞，袁崇焕也不是低调之人，这事都是不用吹的大功劳了。但两朝官方没有任何记录，说明没有直接证据。

　　努尔哈赤被重炮击伤而亡的说法来自当年一个叫韩瑗的朝鲜翻译，他到访明朝，袁崇焕挺欣赏他，就跟着来到宁远。后来朝鲜李星龄写的《春坡堂日月录》里提到了韩瑗所说努尔哈赤受伤且受辱而死的过程。韩说，战后，袁崇焕遣使带着礼物来到努尔哈赤大营，当面嘲讽："老将横行天下久矣，今日见败于小子，岂其数耶！"而努尔哈赤"先已重伤，及是具礼物及名马回谢，请借再战之期"，最后终于"因懑恚而毙"。这段记述很有趣，说是当时四十岁出头的袁崇焕，嘲笑六十多岁的老将努尔哈赤，话带过去还捎上礼物。可努尔哈赤不愧老英雄的气度，还回赠礼物和名马，虽然重伤，但根本不服气，说相约来日再战！

　　另一则"重伤而亡"说来自蓟辽经略高第的奏报，内容是：在后金军队攻城时，明朝军队曾炮毙一个"大头目"，敌人用红布将这个人包裹起来抬走了，还一边走一边放声大哭。明末清初张岱在《石匮书后集第十一卷·袁崇焕列传》中记载，红夷大炮打死敌人不计其数，还击中了"黄龙幕"（指努尔哈赤指挥部），伤一"裨王"。敌军认为出师不利，用皮革裹着尸体，一路号哭着撤退了。他认为"裨王"就是努尔哈赤。张岱的笔录大约也是来自高第的奏报。

后世盛传努尔哈赤被袁崇焕红夷大炮重创而亡，便是来自以上这两则材料。

此役后八个月努尔哈赤过世，如辽东巡抚袁崇焕向明廷报告："而四乡络绎皆云，奴酋耻宁远之败，遂蓄愠患疽死。"这个说法相对准确，也就是多年征战，辛苦忧患，加之宁远败仗，年高衰弱且心情郁闷，"遂蓄愠患疽死"。努尔哈赤精神上多少受了些打击，但真正的死因还是因为疾病。

取得宁远大捷后，当年三月，明廷重新设立辽东巡抚，由袁崇焕担任，又加袁崇焕为兵部右侍郎，子孙世荫锦衣千户。可惜袁崇焕只有幼女没有儿子。但无论如何，经此一役，袁崇焕登上了他的人生巅峰，成为朝廷倚重的辽东重臣。

前文道，宁远大捷后当年八月，努尔哈赤病死，皇太极掌权。这时袁崇焕以吊唁之名派人前往一探后金新主的情况，皇太极也遣使回报，而袁崇焕自作主张再次派人给皇太极带去一封议和的信函。这是日后袁崇焕被诟病的一个致命埋伏。照说，两国交兵，边打边谈也是再正常不过的事情，但宁远大捷后，袁崇焕在外人眼中有些恃功骄主，与合作的同事都不和气，譬如和与他一起浴血奋战的满桂合不来，与经略王之臣也不能相互协作。于是朝廷将王之臣召回，不再设立经略一职，关内外尽属辽东巡抚袁崇焕管理。

转过年，天启七年（1627）正月，皇太极同意了袁崇焕的请和，不与明军纠缠，而是举兵渡鸭绿江征讨朝鲜。袁崇焕借机加速修缮锦州、中左、大凌三城，巩固城防。朝鲜和毛文龙同时向明廷告急，明廷命袁崇焕前往救援。袁崇焕则只派遣水军增援毛文龙，又派左辅、赵率教、朱梅等人率领九千兵力逼近三岔河，不是为了真救朝鲜去作战，只是牵制而已。这时后金的主将为阿敏，一路势如破竹，连下朝鲜的义州、定州、郭山、安州、平壤、黄州、平山诸城，朝鲜国王李倧（朝鲜仁祖）逃往江华岛。然后与后金议和，结下盟誓，从此向后金开市纳币。倒向后金的朝鲜，去进攻明朝驻守皮岛（朝鲜境内）的毛文龙，被毛文龙击败，后金军跟上也被毛文龙击退，史称"丁卯之役"。这场战役明廷和后金都认为自己赢了，其实明廷只不过是毛文龙孤守一地击退敌人，暂时保住了大明的"东江防线"。但五月，皇太极从朝鲜撤下来，转过头直接杀向锦州，驻守的赵率教与纪用一方面闭城坚守，一方面派遣使者议和，拖延时间等待援军。使者跑了三个来回无果，后金军的攻势越来越猛。袁崇焕拒绝调动宁远的兵力，而让尤世禄、祖大寿率领精锐骑兵四千绕到后金军后面决战，另派遣水军从东面进行牵制，并请求蓟镇等地发兵支援。明廷忙不停地调兵遣将，将宣府、山海关、蓟辽官兵前移，甚至调动了昌平、天津、保定的兵马北上，传檄山西、河南、山东的兵马等候待命。明廷几乎调动了所有可以调动的武力，可见对后金的警惧。

而皇太极也是神勇无双，他竟然分出兵力再攻宁远！袁崇焕率将士登上城楼防守，在壕沟内排列阵营，用炮远距离轰击。但这次红夷大炮的特性已被皇太极掌握，他直接在城下与明军近距离搏战。而满桂、尤世禄、祖大寿这些武将亲自上阵与后金军搏杀，双方死伤都不少，满桂也中箭负伤。

皇太极攻不下宁远，就又返回去攻击锦州，但仍旧无法攻克，而且伤亡惨重。六月，后金军撤兵。这历时一个月的宁远、锦州保卫战，史称"宁锦大捷"。但比起"宁远大捷"，明军只是拼死抵抗，已无还手之力，勉强守住"宁锦防线"而无力追杀后金军，反而让后金军撤退路上又毁掉了大、小凌河两城。

宁锦之战，满桂、赵率教等人都得到了应有的赏赐，袁崇焕却因为魏忠贤党羽弹劾他不救援锦州，论功行赏时，只给晋升了一级官阶。七月，袁崇焕置气辞官回乡。明廷再次起用王之臣，接替袁崇焕为督师兼任辽东巡抚，驻扎宁远。实话说，宁锦之战头份功劳归不到袁崇焕身上，他的调兵遣将也无卓绝之处，本来就是一次守势抵御，他爱惜宁远如自身羽毛，从而差点丢了锦州，险被治罪。好在明朝还有赵率教、满桂、祖大寿、尤世禄等肯为朝廷流血卖命的将领，四处招架，拼死抵抗，才算击退皇太极，自此，袁崇焕的光辉便暗淡下来。

宁锦之战表面上是因朝鲜引发，实为后金与明朝争夺辽东势力范围的角逐。朝鲜经此一败，虽然还是与明朝保持宗藩关系，但开始畏惧后金，而明朝在辽东的势力已见衰弱。

十年后"丙子之役"（1637年1—2月），刚建国的皇太极大举进入朝鲜，朝鲜国王李倧再次出逃，至南汉山城，被围四十余日后出城投降，在汉江南岸的三田渡向皇太极行三跪九叩之礼，表达臣服，屈辱之极。此后朝鲜断绝与明朝的宗藩关系，成为大清的藩属国，随即清军在朝鲜军的配合下进攻皮岛，并取之。皇太极真是"君子报仇，十年不晚"。

皇太极征服朝鲜，彻底动摇了大明在东亚大陆的霸主地位，说明这个貌似强大的王朝可以被击败。袁崇焕无非是大明朝最后的血色黄昏里的一束星光，曾经让王朝和臣民眼前一亮，但终将逝于无尽天宇，留给后世一闪而过的记忆。这不是他个人的命运，是王朝的命运，是一个僵化腐朽、自己锈蚀了自己的国家机器和制度，最终败给了一个充满朝气和有着高效运行机制的新生权力中心。

　　关于袁崇焕被构陷治罪及至处死，《明史·袁崇焕传》说得尚且客观："崇焕初议和，中朝不知。及奏报，优旨许之，后以为非计，频旨戒谕。崇焕欲借是修故疆，持愈力。而朝鲜及文龙被兵，言官因谓和议所致。""文龙既死，甫逾三月，我大清兵数十万分道入龙井关、大安口。""崇焕甫闻变即千里赴救，自谓有功无罪。然都人骤遭兵，怨谤纷起，谓崇焕纵敌拥兵。朝士因前通和议，诬其引敌胁和，将为城下之盟。帝颇闻之，不能无惑。会我大清设间，谓崇焕密有成约，令所获宦官知之，阴纵使去。其人奔告于帝，帝信之不疑。十二月朔，再召对，遂缚下诏狱。""法司坐崇焕谋叛，龙锡亦论死。三年八月遂磔崇焕于市，兄弟妻子流三千里，籍其家。崇焕无子，家亦无余赀，天下冤之。"

　　也就是说一开始袁崇焕和皇太极私下议和，朝廷并不知晓，后来知道了并不同意，而袁崇焕还要坚持。后来朝鲜和毛文龙被后金进攻，朝廷认为这是议和导致的后果。再后来，袁崇焕也拿不出什么过硬的理由，便持尚方宝剑诛杀了毛文龙，实际上折损了一位牵制后金十数年的实力大将。或许他是因为看不惯毛文龙，或许就是那种虞诈争斗而不顾大局的官场习气使然。毛文龙死了刚三个月，皇太极便率大军压境，袁崇焕虽然是千里勤王，但他竟然开始要求兵士进京守城。虽然最后清军撤退，但这无疑为其政敌诉病他引兵深入京城，要结城下之盟提供了口实，加之被抓的杨太监跑回宫里汇报，这些环节套起来似乎有一定逻辑，以致崇祯皇帝深信袁崇焕背叛、暗通清人谋乱，则转过年判袁崇焕有罪，被执行磔刑。京师居民确信袁崇焕"召敌入京""献地讲和"，相信朝廷宣传，纷纷"争啖其肉，皮骨已尽，心肺之间，叫声不绝半日而止。所谓活剐者也"。目睹其惨状的江阴中书夏复苏说："百姓将银一钱，买肉一块，如手指大，啖之。食时必骂一声。须臾，崇焕肉悉卖尽。"（《明季北略》卷五）最后就剩下一副骨架和头颅。他原来的下属佘姓人士，天黑后将其头颅偷走，找地方埋葬，后世世代守护，忠贞不贰。

　　三百年来，袁崇焕一直是一个争议不断的人物，有人为他抗击后金的英雄气概折服赞叹，为清正之人被昏庸皇帝斩杀而扼腕不平；也有人认为他喜欢说大话，喜欢官场套路而陷入政敌争斗，做了诸如错杀毛文龙等匪夷所思之事，反而加速了明朝的灭亡。但实事求是说，袁崇焕是对国家忠心耿耿之人，功过是非不应招致非人的磔刑杀戮，所以有后人称之"千古奇冤"，行状似岳飞也不为过。而中国封建皇权的恐怖之处正在于君主的昏聩或难免一度陷入神志混乱、不辨是非，这种危险程度可以轻易导致大厦的基石柱梁倾覆崩塌，令国民百姓陷于万劫之境，苦难无边。

2020 年 6 月 27 日

本文参考：

1.《崇祯实录》，北方文艺出版社 2021 年出版。

2.［明］张岱：《石匮书后集第十一卷·袁崇焕列传》，上海古籍出版社 2008 年出版。

3.［明］计六奇：《明季北略》卷五，中华书局 1984 年出版。

4.［清］赵尔巽主持编撰：《清史稿·列传十九·鲍承先传》，中华书局 2020 年出版。

5.［清］张廷玉等撰：《明史·列传第一百四十七·袁崇焕传》，中华书局 1974 年出版。

三座"无依无靠"的明朝牌楼

一 大高殿前的牌楼

老北京有句俗话:"大高殿前的牌楼——无依无靠",意思是形容人活得可怜,幼年失怙,亲朋寡淡,或漂泊异乡,冷暖自知。不过,大高殿前这三座明朝大牌楼其实威风得很。它们是皇家建筑,靠山强大,因为其楠木楼柱粗壮,且深埋地下,外加抱柱石围固,所以不需要戗柱支撑。而一般的四柱式牌楼必定要配八支戗柱,前后顶着牌楼柱子,以求稳固。北京冬季七八级大风也是常有的,曾经有传言说大风把西直门都吹塌了,说得夸大了,砖石垒造的城门不至于被吹塌,但西直门门前的木质牌楼的确被吹倒过,那是万历四十六年发生的事情。

大高玄殿,清朝为避康熙帝玄烨名讳,改"大高元殿",百姓俗称大高殿,建于嘉靖二十一年(1542),为明清两朝皇家道观。其位置在北海东南,景山西,陟山门街南,紫禁城西北,建国后虽然楼宇失修但依然完整保存,出现变故的是其门外三座牌楼,就是老北京俗语里"无依无靠"的牌楼,它们历经了一段具有传奇色彩的流转故事。

话说它们原本是大高玄殿附属建筑,其功能非常奇特,有点类似今天的安全通道,在为皇家服务的前提下有限度地开放。也可以称之

大高玄殿西牌楼老照片

为一个检查审视过往人等的门岗，皇城的护卫把守此地，盯着过往百姓是否有可疑行踪。这三座牌楼实际上是围合了一块"品"字形的飞地，这块飞地南北两侧都是皇家禁地——南为紫禁城，北为大高玄殿——隶属皇室的道教宫苑。虽然两者距离很近，可大高玄殿毕竟建在了紫禁城的城外，过了护城河，又过了一条道路（非今天的景山前街，而是南牌楼与护城河之间的路）。所以大高玄殿宫苑大门之前的道路就很难处理了：如果断路，显然切断了东西城之间往来的重要通衢；如果还是寻常道路，那车水马龙喧嚣嘈杂，招摇经过皇家宫苑门口，草民接近皇家禁园，显然太不恭敬。于是便在大高玄殿宫门外建立了三座牌楼，环绕东、西、南三面，实际上围合了一块我称之为飞地的警戒区域。一般百姓只能从南牌楼南侧和护城河之间狭窄的道路挤着过去，据说路宽只有四米，过个马车什么的就挤了。当然皇室才不把这些草民放在眼里，就这么建了个"品"字堵头，管你草民会不会不小心挤到筒子河里呢。

如果皇帝要去大高玄殿活动，把道路一封，戒严。皇帝出神武门，过护城河桥，穿南牌楼，经过东西牌楼封闭的通道就可以直接进入大高玄殿了。所以说，三座牌楼围合了一块"警戒区"，平常百姓通过这一段区区几十米的外围道路，也要小心谨慎了。

因此，三座牌楼标志着这是不寻常地界儿，明、清两朝均立有警示石碑："王以下官民等在此下车马"。且在牌楼门洞安装木栅栏，便于封闭。即使一般人能通过也跟过安检似的，在卫兵的眼皮底下赶紧麻利地经过这块敏感区域。从清朝末年留下的东、西牌楼照片可知，似乎安装的木栅栏也是随时可以开启的，但在什么情况下普通人可以通行不见记录。而南牌楼与护城河之间的四米路，肯定是留给老百姓的日常通道。区区一段景山前街搞得如此复杂，显示中国王权高慢的姿态以及人民被挤压得不能再卑微的地位。

原本，这三座牌楼的制式一模一样，其中东、西两牌楼建于嘉靖二十一年（1542），南牌楼建于乾隆十一年（1746）。三座牌楼均为四柱三间九楼庑殿式，覆黄琉璃瓦顶，牌楼支柱均采用粗大的楠木立柱，柱脚埋入地下很深，足够牢固而没有使用戗柱。牌楼正中嵌有汉白玉石匾，上刻题额，据说东、西牌楼题额是嘉靖权臣严嵩的手迹。而南牌楼题额，正面（南面）为"乾元资始"，背面（北面）为"大德曰生"，是乾隆御笔，上有钤印。关于严嵩题额传闻是有可能的。嘉靖二十一年，首辅夏言革职闲住，严嵩加少保、太子太保、礼部尚书兼武英殿大学士入阁，成为一品大员，开始得势。且严嵩书法在当时朝野堪为翘楚，不少人士收藏，倒不完全是趋奉，的确是有独特风骨

大高玄殿南牌楼老照片

的好字。他在弘治十八年（1505）以二甲第二名的成绩被赐予进士出身，进入翰林院后其书法便成就声名。估计嘉靖皇帝也欣赏，所以他留在北京城内的这类榜书（以大字题署宫殿匾额的题字）特别多。除了东牌楼上榜书"孔绥皇祚""先天明境"，西牌楼"弘佑天民""太极仙林"外，景山大门上的"北上门"，朝阳门外大街建于明代的绿琉璃牌坊上的"永延帝祚"，宣武门菜市口的"鹤年堂"，前门外铁柱宫许真人庙里的"忠孝""净明"，以及京城著名的酱菜园"六必居"、崇文门的"至公堂"、原翰林院署大堂上的"翰林院署"等榜书，俱出自严嵩之手。虽然严嵩以奸臣恶名遗臭后世，但其书法造诣倒并不符合"字如其人"之说，亦未因人废字。

　　经历明末乱世，经过整个清朝风风雨雨，包括1860年英法联军入城，1900年八国联军侵扰，这三座牌楼基本没有受损，维持到民

大高玄殿东牌楼老照片

国年间。最先坚持不住的是那座南牌楼。1917年，南牌楼的木柱受损，向南倾斜，有倒塌之险，危及临护城河道路。当时大高玄殿尚属逊清皇室管辖，逊清内务府加设了支木试图稳固，但还是摇摇欲坠，这似乎隐喻大清已经倒台了，"无依无靠"的牌楼真的是无依无靠了。至1920年5月，因为考虑安全，逊清王室还是负责将此座牌楼拆除，仅余东、西两座牌楼。后因沿筒子河的道路只有四米宽，又有东、西牌楼碍事，这里成了一个交通堵点。民国政府便于1929年将大高玄殿门前两座界墙及牌楼木栅栏拆除，辟新路通过东、西牌楼。又将景山南端两侧界墙拆除，将原景山正门"北上门"划为故宫博物院之外门，原景山之第二门"景山门"改为景山之正门，形成早期的景山前街。这时期原清王室早已将紫禁城连带的附属宫院、设施统统交给了民国政府，政府才从现代生活便利的考量出发，将原紫禁城与景山、大高玄殿之间存在的这些零零碎碎的建筑，包括牌楼进行整理，东、西牌楼栅栏被拆除，人与车马可以通行。

1937年南侧牌楼照原样复建，不过拆除时木头柱子是截断的，四柱改为水泥柱刷漆，外观上倒还是原明代风貌。只不过，没了皇上，老百姓可以自由穿越牌楼门洞。虽然多少有点碍事，但鉴于当时汽车不多，主要是马车或人力车，三座牌楼还算点缀出一道漂亮的风景线呢。

二　拆除与修复

进入上世纪50年代，北京重为一国之都，人口激增，社会发展迅速，三座牌楼虽然好看但堵在道路之上，妨碍交通的弊端日益明显。1955年1月，为了改善景山前街的交通，东、西两座牌楼被率先拆除。拆除工程从1月8日开始，1月14日完工。第二年，1956年5月28日至6月10日，在景山前街道路加宽工程中，南侧牌楼及习礼亭被拆除，同期被拆除的还有已经划归故宫的原景山北上门和两侧廊房等古建筑。今天看来，非常可惜，但当时在打通交通、拓宽马路与保留文物之间，只能取此舍彼。

这里可以注意到一个细节：这三座牌楼是分两次，在相隔接近一年半的时间内拆除的。第一次拆除的东、西牌楼作为一堆废料肯定是同时放在了一个地方，或许是仓库或者某个露天料场，而这个施工单位很有可能与当时正在京城西北郊建设中央党校的施工单位有某种关联。在1960年前后，中央党校主校区主体工程基本竣工。学校中部区域挖出来一个人工湖，湖边辅以假山，种植花草树木，湖北岸正有一块空阔之地，便有美化装饰的想法。中央党校主校区建设于1955年至1963年，在当年相当受重视，总设计师是梁思成邀请进京的戴念慈，施工单位为北京市建筑工程局第六工程公司，参与校园美化并负责建筑维护的是北京市房修二公司。而房修二公司恰恰有一个古建处，不知大高玄殿牌楼是不是他们拆的，总之1960年中央党校需要美化校园的时候，古建处恰恰有拆下来的大高玄殿文物废料可供挑选。

据王秀华（中央党校行管局基建办公室资料室退休干部）《大有庄漫志》一书及其新浪博客文章回忆，她曾找到原房修二公司修复牌楼的工作人员马炳坚和他的师傅王德宸、尤桂友，并从当时负责党校校舍建设的老领导那里了解到的情况是：当时党校向有关部门打申请报告得到批准，从房修二公司古建处料场拉来了东、西牌楼的散件，同时把也是1955年前后拆除的隆福寺西碑亭的散件一并拉进校园。党校校园有足够大的空间安置文物，而美化环境也是一个比较好的由头，这些文物便幸运地得到安置。隆福寺碑亭被重新组合在主办公楼西侧的绿化带里，而两套牌楼散件木质结构破损情况严重。两套原本共计十八个门楼的牌楼，加上补充了一些新料，才勉强拼凑出一套只有七个门楼的牌楼，即四柱七楼式。顶为庑殿顶，覆盖黄色琉璃瓦，面阔三间，通宽十六米，正楼高约十米。牌楼拆除时方法非常简单粗暴，鉴于原柱子带抱柱石深埋地下，就没有深挖整体取出来，而是直接将抱柱石以上木头柱子截断，这样所有半截的木质柱子就成了废件。党校重建时也没有再去寻找合适的木材，就以水泥柱取而代之，并另配了石质莲花座抱柱石。虽然与原本面貌有了出入，但还算是明朝遗物——这就成为北京现存最古老的纯木质牌楼。而最巧妙的是牌楼石匾的选择。原西牌楼正面"弘佑天民"，背面"太极仙林"；东牌楼正面"孔绥皇祚"，背面"先天明境"。"孔绥皇祚"这种皇权字眼怎么能出现在中央党校校园？所以当然挑选了"弘佑天民"这个相对抽象、中性的石匾。果然，虽然中央党校经历了"文革"且校园一度

1960 年组装起来的牌楼，正面"弘佑天民"，背面"太极仙林"

为总参某部队使用，这座牌楼仍幸运地躲过了历次运动对所谓"封资修文物"的冲击毁损。中央党校还曾分别在上世纪80年代和本世纪初粉刷油漆精心维护，今天它依然矗立在校园的人工湖 —— 今命名掠燕湖的北岸，清新秀丽且不失巍然挺拔。

三　牌楼石匾今何在

那块落选的"孔绥皇祚"石匾至今下落不明，估计在"文革"期间给损毁了。1956年拆掉的南牌楼散料堆放在了月坛公园，如果说1955年拆掉的东、西牌楼散料也曾放置在月坛公园，"孔绥皇祚"石匾没有被中央党校选走就应该还在这个公园。但多年以后，南牌楼石匾"乾元资始"作为月坛公园里的一块小石桌台面被发现，照这个思

流落在月坛公园当石桌的南牌楼石匾

路寻找“孔绥皇祚”石匾却没有找到。而前面提到当年参与重新组装“弘佑天民”牌楼的房修二公司三位老同志明确说，拉过来的是大高玄殿东、西二牌楼的废料，没有提及南牌楼，所以也有可能东、西二牌楼散料并非放置于月坛公园。“孔绥皇祚”石匾最终遗失在某个堆放点，后来是被砸毁了呢，还是依然躲藏在京城的某个角落，就难以确定了。

　　大高玄殿南牌楼“乾元资始”石匾在月坛公园找到，说明1956年南牌楼的散件是堆放在月坛公园的。月坛原本为明清两代帝王秋分日祭夜明神（月亮）和天上诸星宿神祇的地方，自1955年建成月坛公园，向普通市民免费开放。“文革”期间其古建筑遭到严重破坏，两座天门和几处殿堂顶上的兽吻、垂戗兽被砸掉，铜锅、铁缸、大石屏被砸毁，明嘉靖九年（1530）铸的大铜钟被送到冶炼厂，大部分坛墙被拆除用作私建房屋，所以南牌楼“乾元资始”汉白玉石匾能躲过劫难，堪称奇迹。南牌楼重建，与这块石匾被重新发现有关，如果没有

2004年复建的南牌楼正面

2004年复建的南牌楼背面

这块匾，复建的南牌楼就是个新物件，失去了文物的意义。2004年，这块石匾被从月坛公园挪回来，作为文物的核心，辅以木料石材，按照原牌坊规制与构造复建。成品与原有建筑保持一致，地基和支柱则采用民国复建时用水泥浇筑的办法，施工中还挖出了民国年间的条形地基。

到此，京城这三座著名的"无依无靠"牌楼，两座有了下文。东、西牌楼在拆除五年后，合二为一，重新矗立在中央党校掠燕湖北岸，历经半个世纪，成为校区地标般的景物，湖光映牌楼，浑然自成趣。南牌楼于2004年在原址复建，将成为未来开放的大高玄殿的大门牌楼，复归原貌。而东牌楼那块"孔绥皇祚"汉白玉石匾至今被无数文物爱好者心心念念着，说不定哪天奇迹出现，它可以大白于天下。

大高玄殿的事，的确有点玄。当年万历皇帝朱翊钧的宠妃郑贵妃生了皇三子，便请求皇帝去大高玄殿设"密誓"，立皇三子为王储。皇帝照办了，并将写下的立皇三子为王储的誓词封于一个玉盒里，送郑贵妃处保存。后来百般周折，朱翊钧的母亲李太后坚持立皇长子为王储，皇帝不得已妥协了，便差人去郑贵妃那里取玉盒。玉盒封条是好好的，可打开一看，里面只有素纸几张，所谓的"密誓"只字不见，皇帝顿时毛骨悚然。

当年拆除且没有刨出来的地基中的木柱残部，它们依然留存在景山前街的马路之下，在无休止的车轮滚滚中，永远沉睡不醒。未来，它们终将腐木变泥土，如万历"密誓"一般，从"有"变成"无"，不过此非天意，只是时间的锈蚀罢了。

2018年10月23日

本文参考：

1.［清］于敏中等：《日下旧闻考》卷二，北京古籍出版社1981年出版。

2. 王秀华：《大有庄漫志》，海淀区党史地方志办公室主编：海淀村镇记忆丛书，中国社会科学出版社2017年出版。

残缺一角的西直门城墙

一　熊出没的地方

明朝弘治年间，某夏，守卫的兵士疏忽大意，有只大黑熊闯入了西直门城门。此熊在城中很耍一番威武，并搏击伤人。有两位官员预言家发话了，一位钧阳马公说，这不是好兆，是警示我们"乞严武事，备盗贼"；另一位兵部主事何孟春说，熊之为兆，"既当备盗，亦宜慎火"。果然，接着城中火灾频发，把礼部都给烧毁了。

这件事说明五百年前的京城有多么荒凉，竟然是个熊出没的地方，而说京郊人迹罕至也未过于夸张。大熊从西山一带跋涉而来，闻着人味，才寻到大城，穿门洞而入。而入清朝，不再听说熊随便入城之事了，西山下来的野狼最远也就抵达西郊海淀镇。九门城墙围固的京师已是胡同交织，街道纵横，人烟稠密，且商贾市场林立，寺庙香烟袅袅的一派城市景象。

春天里，长河（今昆玉河及长河）两岸也是一路桃红柳绿。旗人姑娘走出西直门，沿河而上，她们到京城西北郊蓝靛厂去交挑花活儿并取回新活儿样子。而河对岸，则是蓝靛厂下来的姑娘，她们或许手里是空包裹，眉梢欣喜，春风满面。她们是顺着河进城的，进了西直门就是进城了。1924年，京城开设的第一个电车站就在西直门内马相胡同西侧（今华电大厦所在地），她们要坐上那铛铛（发 diāng diāng 音）车去赶护国寺庙会，再到商业街市逛逛。虽说贫寒，年轻的旗人姑娘也有一段热闹而靓丽的青春岁月。

这幅图景展现在百年前的京城西北隅，姑娘们在河畔两岸行走，有一首流行于满族女性中的小曲，叫《酸枣棵棵》，唱道：

> 酸枣酸枣棵棵，树叶落落。
> 金盆里头洗，银盆里头卧呀，
> 给的哪一个呀，南沙河呀。
> 清早起呀，掐菜去呀，
> 打甜水呀，沏茶喝呀。
> 井台高呀，绳儿细呀，
> 天寒冷呀，没棉衣呀。
> 谁给我额娘，捎个信儿去呀，
> 望营房呀，泪涟涟呀，
> 谁给我额娘，捎个信儿去呀。

这首凄婉的满族小曲，正是营房出身的旗人姑娘的心声，骄傲而矜持，却有一股子空旷里的愁怨。"给的哪一个？"满族嫁女是一件隆重而骄傲的事情，是居高临下的"给"，旗人出老女、老姑娘，就是因为挑剔，因为骄傲讲究，给了人家，姑娘便开始思念额娘和营房。

蓝靛厂与西直门内的排排营房都是驻扎八旗兵的地方，日久年长，眷属依附，便形成旗人聚居之地。蓝靛厂的外火器营，是那些随龙入关的整齐划一的八旗兵，清乾隆年间设立营地，为八旗官兵合

上世纪50—60年代的西直门内

操、演武之地。火器营专职制造炮弹、枪药和各种战斗所需的火器，平时也演习弓箭、枪炮技术，并担负京师的警戒任务。

　　而西直门内沿城墙驻扎的兵营则以守城军为主。西直门内有一条贯穿东西的大街，以北为正黄旗安置地，以南为正红旗安置地。康熙年间开始在路北搭建排排营房，开设练兵校场，但延续至清朝末年，像大清国的国运一般，日趋没落、破败。到了上世纪初民国建立之时，兵营早已零散，这里便形成庞大的民居聚集地，穷人生计，房子破烂，环境脏污，发展成一个没落穷苦的下层社会。当时这里房子价钱便宜，大批的东、西城的败落家庭亦搬迁此处定居。穷旗人多，即使曾经有过几家皇室亲戚家的府邸，年头久了，进入民国早已被变卖分割得七零八落。据说是到了上世纪50年代，有十几间破房出租的人家还是穷得不行，有的破房子几毛钱租金一个月，租客还不一定给。

二　"穷西北套"缺一角

我描述的西直门内大街之北侧，在上世纪前半截，即把着北京城西北角的范围：西直门内大街北到城墙，这是南北；西直门城门到新街口北大街，这是东西。此地史有衰名："穷西北套"。清末民初童谣中有："北城根儿，穷人多，草房破屋赛狗窝。""穷西北套"大体形状如一南北窄东西长的长方形，而长方形的左上角缺了一块，这是因为城墙在西北角向东南倾斜之故。

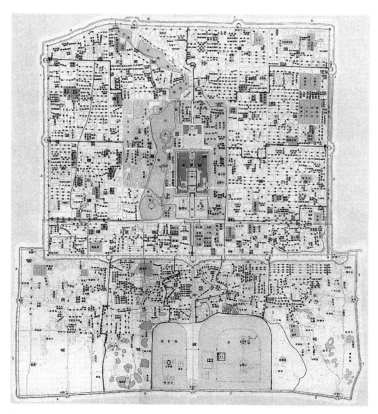

缺失西北角的北京城

在强调城廓方正的所谓"城方如印"的中华文化意识里，缺了一个角的都城不免为后世猜测。流行的一种说法是，明朝当年建造此段城墙时屡建屡塌，古人所说"天倾西北，地陷东南"的神灵之事被证实。此典故出自《淮南子·天文训》："昔者共工与颛顼争为帝，怒而触不周之山。天柱折，地维绝。天倾西北，故日月星辰移焉，地不满东南，故水潦尘埃归焉。"

建设者认为西北角走直线，不就是"天柱"吗，怎能支撑住天的重量呢？所以会塌。《淮南子·地形训》认为，天地之间，有九州八极，整个大地上有九座大山。大地的八个极端点分别有八座大山，其中在西北极的叫不周山。不周，就是有缺，不完整。所以，古人对"不周"有敬畏，对这种想象中的大自然神山，人类要放低身段，表达敬意。故建筑帝都的西北城墙时，不敢拉出象征"支撑"的直角，而是从东北向西南倾斜，以顺应"不周"。这个解释蕴含着某种城廓地理风水的神秘，而恰巧这一地带有一片水域——积水潭。当时的积水潭大约横亘了城墙的直线，为避过水域，而将城墙内缩，这是自然地理的巧合，也符合了中国人对"不周山"的敬畏之心。所以，从始建之处，京城的西北城墙便隐含了某种谦卑、顺从和收敛的意蕴。

三　旗人生计难

清末民初，时局动荡，积贫积弱之国，都城之破烂老旧景象便在这西北之隅展现无遗。因为此地从营房、练兵场扩展并蔓延开来，不算自然聚落，最初的房屋建筑格局、街道便是以营房、练兵场延伸，并分枝出叉。到新中国成立后，虽然建了一些公共机构、政府用房，但总的轮廓保持了清末、民国的格局，直至上世纪八九十年代开始缓慢地进行拆迁改造，21世纪后才提速进入整体城市规划的改建进程。今天，最后的西北套拆迁只剩下东南角，还留下一座新华书店孤零零成为最后的坚守，整个区块被围挡包围。这是最后的西北套，这片区域的除旧布新将是历史新篇章的开始，"穷西北套"将永远留在历史的记忆之中。

也就是说，"穷西北套"的历史存在百年有余，生死契阔，几代人生，炊烟几何，今天这一切将画上句号。富贵与贫穷之百态人生，仿佛百年大梦一场。

民国初建时，原满洲八旗失去了"铁杆庄稼"，没地方去领俸银俸粮，从上到下失去了维持生计的根基。一时间，几辈子不会劳作的旗人不能马上适应社会，生出挣钱生活的本领，于是变卖祖产家底成了谋生的普遍手段，甚至最后去卖祖坟地的树木。普通旗人家庭更是艰难，男人们还在家里混吃混喝摆谱，而旗人女子担起了养家糊口的生计。那时，最普遍的女子职业就是挑花补绣，有点类似十字绣，在棉布和纱布上用彩线织上各种花色图案，作为被面、枕套、桌布、服装上的装饰，这是妇女们传统的手工艺之一，她们用心灵手巧补缀了一片片苍白贫瘠的生活。

沿长河溯水而上的西直门姑娘，用细碎的脚步与秀丽的身影点缀这河边的风景。这条河今天更是京城的清丽之河，从西直门高粱桥起步，一直向西，过动物园后身，经紫竹院便向西北折去，流过半壁街汇入昆玉河，沿昆玉河继续向北，跨过长春桥便是蓝靛厂。百年前这条河统称长河，年久失修，河道淤塞狭窄，野草灌木丛生，春天的生趣与秋天的怅惘有着更多的天然景象与气息。这一趟来回怎么也有三十来里地。那时候姑娘们出城都是走路，舍不得雇车，多远也要走，这是一条她们领活儿送活儿的生计之路。

而进入西直门便是城里，即使景象贫瘠也是城市景象，没有田地，有的是街道、胡同、寺庙和商铺。这四样便是当时城市构成的四要素。哦，还有一样：水井。民国时期京城只有东直门一座自来水厂，日供水只有五万立方，管线三百多公里。西直门这里百姓取水主要靠苦井水和河水。据说西直门有一座高台阶上的水井，是甜水的，后来被某个大户圈在自家院子，成了私物，而这珍贵的甜水井便是一条胡同的缘起 —— 高井胡同。

西直门内大街在清朝是一条御道，皇室出行西郊的必经之路，每到皇室出行必要净街，黄土垫路，净水泼街。黄土必须是从城外大柳树（地名）挖来的好黄土，比较松软细腻，而水源来自街北官府统一开挖的六座水井，平素上锁，用时官家打开泼路。那种喧嚷而威风的场面，百姓只能躲起来竖起耳朵听动静。

开在大街两侧的十七条胡同（路北十三条，路南四条），以寺院及大户人家宅门为标志，各自延展，勾画出"穷西北套"的民居脉络。这十七条胡同今天基本有名无实了，玉桃园、如意里、新街口西里、国英园、冠英园（后两处在路南）等，还有一部分税务、电信、文化、学校等公共机构。如果继续改造下去，所谓的名，亦将不复存在。当年从这十七条胡同进去，便分岔出各种千回百转的小胡同。在1982年西城区政府编纂的《北京市西城区地名录》中，原新街口街道西直门内大街以北有六十四条胡同、三条大街，而今天这些胡同名称大半已消失，仅剩下的二十几条胡同很多也是有名无实。因为这三十年间，西北套经过城市拆迁改建，有些胡同被改建为大街，而众多的小胡同便消失在连片的居住小区及公共机构之间。

四　太平歌词里的新街口地名

有一首流传于清末民初的太平歌词，串起来便是西北套的胡同、街道、寺庙等名号，姑且称其为"新街口地名太平歌词"。歌词由世居西北套的老北京人孙福瑞整理（发表在西城区档案馆编纂的《西城追忆》上）：

张秃子 槐树底下乘凉，觉得有点饿，溜达到洪桥下，直奔羊肉床。吃的是烧饼、油炸鬼、面茶，多搁芝麻酱。急忙来到前桌子来把钱换，一不留神踩上屎壳郎。转身来到剃头棚把头剃，一心要到狮子庙去上香。不坐轿子骑马相，穿堂过了前后两桃园。来到了铁狮子庙，降香不小心烧着了火药局、黑塔、永泰寺，引着了草料铺，勾连了葡萄院、南北草厂。一急之下跑到了崇元观，半蹲在新街口，一屁股闷坐在蒋养房。越思越想没有新开路，一根裤腰带，五根檩上悬了梁。临死落了个吊死鬼，没有棺材，只有火匣子把他装。北广济寺、松树庵的和尚尼姑把经念，没有地方埋，来了后坑把他葬。

这韵味十足的太平歌词，由曲艺艺人在场子里来上一遍，听者便哄然一笑。这编排的故事让他们寻思着他们世居于此的地方，张秃子（实为胡同名）短暂乏味的一生，也是他们的生活写照。他们的生活就是趸摸吃食，烧个香，赶个谋生活计，活计没做好，命运多舛，世事维艰啊，结果最终落个没地方葬，一辈子在西北套曲里拐弯的胡同世界里转磨。小小太平歌词也真真是黑色幽默了一把底层人生。

　　这首太平歌词里加下划线的全是胡同、街道、地名和寺院，它们构成了西北套硬件，而生活于此，在此间穿梭奔忙的人们，已繁衍生息了几代人的烟火人生。

　　张秃子胡同名见清人朱一新的《京师坊巷志稿》，1965年并入中教场胡同。"张秃子"大约是光绪年间人物，居住于此，事迹模糊了，但在当年定是名震一方，故以其绰号命名胡同。是不是烧了一把火，最后上了吊，不得而知。民俗学者张亚群曾到此地寻访，找到了祖居新街口的金怀志。金老先生证实，张秃子胡同里曾有一处张文龙旧宅，而张文龙本人又是秃顶，所以他认为"张秃子"的胡同名是这么叫开来的。民国后谐音改称长图治胡同，雅化了。

　　槐树胡同清代始称，位于东教场胡同与中教场胡同之间，胡同内有大槐树闻名，现已消失。

　　洪桥位于赵登禹路北口与东新开胡同交界处，今天为地铁4号线站口。洪桥是横桥的讹传，此桥为元代即有的石桥，桥下便是金水河，

赵登禹路口，原为水道，有石桥，现水道和石桥埋在地下

明代称河漕，清代称大明濠、西沟。民国后，河漕改筑暗沟，洪桥埋入地下。

烧饼胡同，民国后以谐音改称寿屏胡同，又称寿瓶胡同。位于新街口六条北大街，现已无存。

油炸鬼胡同在《乾隆京城全图》中已记录，最早先称有鬼胡同，说是当年人烟稀少，白天都见不到人，晚上更是阴森森，净剩鬼了。这样随口就叫成了有鬼胡同，约形成于清初。后来此地以一种叫油炸馃，类似于今天焦圈的北京小吃出名，就叫了油炸鬼胡同。民国时改为有果胡同，为有鬼、油炸鬼之谐音。现已无存。

面茶胡同也是以北京小吃面茶出名，民国后改称绵长胡同，1965年并入西教场胡同。

桌子胡同始称于清代，民国后改称潜学胡同，是原大四条（新街口四条）西接的一条小胡同，现已无踪迹。

屎壳郎胡同，民国后雅化为时刻亮胡同。当年西北套人烟稀少，有大粪场，北边有屎壳郎胡同，东边有猪巴巴胡同（后改为珠八宝胡同）。"巴巴""屎壳郎"就是人、畜粪便和活跃在粪便里的蛆虫。时刻亮胡同已拆迁无存，珠八宝胡同尚有其名，而这里今天恰恰有万丰、万特珠宝城，是批发零售各种档次珠宝饰品的地方。今日的珠光宝气光鲜靓丽倒是很应"珠八宝胡同"的名号，而鲜有人知，这里曾经是一片大粪场。

剃头棚为一短巷子名称，后并入中教场胡同。这里起先紧邻校场，旗兵和百姓有理发需要，便形成市井间平民理发店。清朝官方规定"留发不留头，留头不留发"，要求满汉蒙各族人等一律剃头而后脑勺蓄辫子，所以剃头行比明朝时期兴盛太多。

轿子胡同又称教子胡同，清朝时便形成，民国沿用轿子胡同。

1965年改称东光胡同，在北京市结核病防治所东侧，南北走向，
尚存。

　　马相胡同是西北套一条著名的胡同，名气很大。前文提到，1924
年京城第一趟有轨电车场就开在其西侧，而今天公交车走过西内大街
亦有马相胡同一站。其原来呈南北走向，北起五根檩胡同，南至西直
门内大街，长224米，均宽10米，是居民出街的一条重要通道。明代
此地为御马监官房胡同，是一个内廷机构，掌管皇家用马等相关事
务，设掌印太监一员。到清朝，谐音称马香胡同。康熙万寿盛典时记
录为"马香儿胡同内，有庙曰关帝庙，西四旗前锋统领护军统领以下
诸臣建庆祝经坛于内"。民国以后，"香"改作"相"。2003年这里拆
迁改造，从老房基起出两千块西直门城砖，可见拆西直门城楼城墙时

马相胡同只剩下一个牌子

这里居民近水楼台先得月了。这些墙砖全部被拉走用于崇文门明城墙遗址公园的修复。这里的老住户大多被迁往西三旗，北面建起了公务员宿舍楼——玉桃园二区，马路斜对面是西内大街著名的解放军总后西直门宾馆，原为一座清王府所在地；西侧即华电大厦。今天马相胡同只剩下胡同口一用途不明的平房小屋，东墙上贴着"马相胡同"牌子一枚，好不恓惶。

穿堂是指连接马相胡同和西直门内大街的小通道，民国后称穿堂门或川堂门。早已无影无踪。

桃园在明人张爵的《京师五城坊巷胡同集》里便有标注，这一带有千株桃树，"花发时节灿若云霞，堪与东岳庙杏林比美"。后来形成三条胡同，分别称为前、后、东桃园胡同。《乾隆京城全图》分称前、后桃园胡同。现前、后桃园胡同仍在，但说不上胡同，而是玉桃园小区楼宇之间的通道，平行的东西走向，西起桦皮厂胡同，东至马相胡同。

原西北套火药局地界因有铁狮子庙一座，便以铁狮子庙为名，今称铁狮子巷，在桦皮厂胡同中部靠西，有十几栋居民楼，为玉桃园一期。

火药局指明朝火药库原址安民厂，清朝后称桦皮厂，今仍沿袭称桦皮厂胡同，位置在一进西直门路北（今立交桥东北）。明朝天启王恭厂火药库大爆炸后，因人员财物损失惨重，小太子受伤夭折，天启皇帝惊惧不已，便将火药库迁至人烟稀少的西直门地区，并取吉号：安民厂。不过安民厂在崇祯年间还是发生过一次大爆炸，震塌附近不少民居甚至寺庙，当然后果比不上"天启大爆炸"，后人关注就少一些。清初此地依然为八旗火药厂兼兵器制造。清中期后战争减少，这个机构便迁至新街口北大街的东侧。大巷子称大火药局，一条小支巷称小火药局，1965年合并一起统称光泽胡同（尚存）。此地已出了西北套范围。

黑塔胡同是因历史上有万佛寺（亦称黑塔寺）而得名。今天此胡同尚存，西起北草厂，东接新街口四条，其东南侧为结核病研究所，北为如意里小区。

永泰寺在高井胡同，位于西直门内大街西部路北，一说高井胡同5号，另说是永泰胡同11号，反正大致位置在高井胡同北段。2004年拆除。

草料铺原本在清朝时即有，此地有为牲畜提供草料的门铺，民国时期得名，在西教场胡同西端，1965年并入西教场胡同。

葡萄院得名比较晚，大约在民国期间了，位置在桃园附近，今亦

黑塔胡同老照片，南接高井胡同，曾有黑塔寺在此

消失在楼群中。

南、北草厂，明代称草厂，在新开路西侧。今天以西直门内大街分隔，有北草厂胡同与南草厂胡同，是一条南北纵向的交通干线。

崇元观，作为一个地名在横桥之北延伸到大四条，基本在东新开胡同西侧一带。明朝道观，规模庞大，但观名为崇玄观，俗称曹老公观。崇元观于1900年"庚子之变"后毁坏灭失。现东新开胡同是一条对接赵登禹路的南北走向大马路，相交的十字路口有地铁4号线新街口站。

新街口、蒋养房都是地名。狭义的新街口是指新街口北大街与南大街交会之处，也是西北套的东南端。蒋养房则已出了西北套，位于西海的南岸。相传明代年老宫女，或者有罪被废者，便打发到此地洗衣服，在崇祯皇帝眼里那个妖孽般的熹宗保姆客氏便是在此地被鞭笞至死的。

新开路特指东新开胡同。在西北套地区有两条新开胡同，除了今天被扩修为大马路的东新开胡同，在接近西直门处原来亦有一条西新开胡同，但现已无存。

裤腰带指今天的阔带胡同，也是明代安民厂故址。此地是曾经的清代八旗火药厂，后形成胡同，似口袋，民国后称口袋胡同，亦称裤腰带胡同。1965年改为阔带胡同。今天尚存，位于玉桃园小区一期，也就是原铁狮子巷的西侧，西直门立交桥的东北侧。

五根檩胡同今天仍在，也是街区之间的通道，南有第二实验小学，北侧有金泰华云写字楼，此胡同名称出现于清末。

太平歌词提到的棺材、火匣子涉及老北京殡葬业。京城的确有棺材胡同（后为光彩胡同，在承恩胡同与东智义胡同之间）、火匣子胡同（后改名小石虎胡同，东起横二条，西到西单北大街）。作为巨大

上世纪60年代的新开胡同

居住区的西北套，棺材、火匣子行当肯定是有的，但只是铺子名进而形成地名，并未形成胡同。

北广济寺原址就在今天的新街口书店及附近。2018年6月，该店橱窗张贴着拆迁甩卖文具的海报。此寺院为明朝建制，为区别于西四大街西的弘慈广济寺（今世人称广济寺），被称为北广济寺。其规模、知名度要小很多，民国期间即已荒废香火。曾开办过一所私立普仁小学，利用庙堂普及教育。

松树庵以寺庙周围多松柏而得名，明人沈榜《宛署杂记》："松树观音庵，嘉靖二十八年（1549）建。"《乾隆京城全图》标注为松树庵胡同，民国沿用，1965年改称长青胡同。已拆除。

后坑胡同位于新街口最北端，新街口七条之北。这个地方原是积水潭水面，随着明朝后积水潭大面积萎缩，这里便成为地势低洼的陆地并迁来居民。"后"是相对新街口而言，指其后，也称"后大坑"，1965年定名后坑胡同。胡同名字还在，老房屋已拆除。在居民稀少的年代，这里低洼而近水，春天里鲜花满地，绿草萌发，曾是个充满诗情画意的地方。

太平歌词里没有提及的新街口路口东北方向有一大片民居，是新街口头条到七条的范围，即今天从即将拆迁的新街口新华书店向北到北二环路（原来的城墙及豁口的位置）。这七条胡同长短不一，东西走向，其中有的胡同还衍生出一条附属胡同，形成如大三条、小三条、大四条、大六条、大七条等。与大胡同相交的还有一些非常短但有名字的小胡同，如红园胡同、骆驼胡同、阳泉胡同等。今天新街口头条到二条已全部拆迁完毕，形成规划用地。在开始新的建设之前，这一带是一大片临时性的城市森林公园。

新街口三条以北便是这一二十年不断拆迁改造的成果，胡同几乎不复存在，除了商业大厦便是居民楼宇街区。唯有三条东路口的两棵古槐，作为历史地标，在风中摇曳出旧岁月的情调。而你若找五条遗踪，看到徐悲鸿纪念馆，此地便是当年五条絜园原址。上世纪30年代国民政府官员、湖北人刘文嘉在此买房置地，将五条截断，以西的部分便成了一个叫西栅栏的胡同。刘文嘉早年留学日本学习园艺，在他家花园 —— 絜（jié，音近"菊"）园开辟了一个菊花花圃，以养菊花而闻名京城。每至金秋，总有名流前来赏菊，吟诗作画。可以说，絜园的菊花一定是品质上乘。1960年刘文嘉干脆将整个絜园交给政府，由北海公园管理。

1965年北京市进行过一次街道胡同地名整顿工作。当时西北套胡同有名字的超过六七十，而本文提及的不过三分之一。这些胡同随着百年尤其近二三十年的改造，已消失其形制，徒留名称，承载过往的记忆。

五　"穷西北套"寺庙群

胡同除了有居住之屋，也不可缺少精神活动场所。在民国之后兴起学校、医院、图书馆等公共机构之前，中国城镇百姓可以往来活动的精神场所莫过于寺庙了。西北套大大小小的寺宇庙观不下几十座，连带西内大街新街口南侧的寺庙，均夹在胡同之间。百姓出门走不了几步，便有可以寄托各种祈愿的精神场所。今人或许难以理解寺宇庙观在那个年代对平民百姓的重要性。

在"穷西北套"，与官府多少有些瓜葛且规模较大、持续时间较长的寺庙，都曾有其光鲜的过去。其中崇元观、永泰寺、北广济寺、玉佛寺、万佛寺（黑塔寺）虽已不存，却都在历史上有较广泛的影响。

崇元观

首先，地理位置最好的，是位于新街口中心地带且临街的大型道观 —— 崇元观，明朝初建时名崇玄观，清朝为避康熙帝玄烨名讳，改称崇元观，也称曹老公观，历史相当悠久。其位置在今天新街口地铁站出口北，新开路西侧，西城区教育研修院所在地。今天尚有乾隆皇帝御诗《崇元观御制拈香即事诗》石碑一通，存于北京石刻艺术博物馆。道观建筑规模庞大，从清《乾隆京城全图》上看，建筑分东西两路，东路分五进，为主殿，西路分三进，且东部还有大片空场。明清两朝，此地每月初一、十五有庙会开市，在西北部民众中是热闹繁华的市场，远近闻名。但此观自乾隆二十三年最后一次重修之后再无

法国人1909年拍摄的崇元观

修葺，到庚子年后便非常破败。虽然我们今天看到1909年法国人拍摄的庙会照片，远看山门还算完整，但民国后便彻底圮废。而流传于北京市井的一则传说“里七步，外七步，观儿倒，观儿修”，是说当年建观的老道人担心后世观毁殿废，特意在道观里埋藏了大量金银，以资后世重修。这下好了，老百姓一看观倒了，挖财宝的时机到了，便蜂拥而至来寻宝，挖地三尺到处踅摸。结果宝未寻到，这座道观倒是彻底折腾成了瓦砾。然后，民间便讪讪说是乾隆爷当年修道观已经把老道存的财宝用光了，也不懂得再给后世存下一笔……

崇元观建于明朝，是明朝遗留为宫内太监退休后的修行养老之地。在《日下旧闻考》里有记录：“有旧碑一，漫灭不可辨。”乾隆重修崇元观时，民间广泛称其为曹公观或曹老公观、曹老虎观，据说是崇祯皇帝那个“大伴”太监曹化淳所建。曹化淳诗文书画皆有通达，崇祯皇帝还是信王时便在其身边伴读，崇祯临朝后他几乎是大明末期权势最为显赫的太监，任司礼秉笔太监、东厂提督、总提督京营戎政。所以大家自然而然认为曹化淳修庙是说得通的。何况，曹化淳喜欢修庙，他在自己的家乡——今天津武清县王庆坨建造了玄帝殿和观音阁，并亲撰碑文，至今亦有遗存。

但另有一种说法是，此观为曹姓太监修建不错，但不是崇祯时期的曹化淳，而是明英宗皇帝那个参与石亨、徐有贞"南宫复辟""夺门之变"的太监曹吉祥。虽然曹吉祥后来因为父子谋反被英宗处死，但他在帮助英宗复辟之当口确实立下奇功。景泰八年（1457）正月十六，皇宫大殿之门正是被这个曹吉祥打开，早朝的大臣抬头一望满脸蒙，皇帝宝座上坐着的已经不是景泰皇帝朱祁钰了，而是太上皇英宗朱祁镇。所以曹吉祥这个"开门英雄"自然在英宗复辟成功后有过一段短暂的受宠。在出版的明朝笔记里，崇元观有早于崇祯朝的记录，如张爵《京师五城坊巷胡同集》嘉靖三十九年（1560）版，"日中坊"一项里便

1961 年的赵登禹路南口

记录有"曹老虎观"。沈榜《宛署杂记》万历二十一年（1593）版中，"日中坊"项下有"崇玄观，天顺二年建"。天顺便是英宗复辟后新年号，彼时曹吉祥正如日中天，修道观也是说得通的。

或许还有第三种可能，此观与两位曹姓太监皆有关系：曹吉祥初建，到了崇祯朝已近二百年，肯定有后世重建。曹化淳可能参与了重修工程，从民间传闻到清乾隆朝，这恐怕并非空穴来风。巧合的是，曹吉祥是"夺门之变"打开宫门的关键人物，曹化淳也被诬称给李自成农民军打开广安门，迎敌纳降，招致民间唾骂。曹化淳百般辩解称李自成破城时，自己早已回老家多年，但终被传言困扰，抱屈而终。尽管曹化淳给李自成开门是被诬陷的，他确是在崇祯皇帝殉国前六年便已回故乡养老，但问题是清顺治帝下葬了崇祯皇帝后六个月他又跑来京城，向清帝言陈崇祯帝寝陵的建造礼数规制。这一举动便给了那些投降大清的前明朝官吏们嚼舌的口实。

伏魔庵

另一座位于西北套西北部，接近原来西直门城门（现接近西直门立交桥）的小庙伏魔庵也值得一说。此庵不知建于何时，在清《雍正庙册》里记载为关帝庙，民国时记载为玉佛寺，在玉佛寺胡同8号，大约为今天玉芙胡同11号的位置。现在地图标注为"北京珠算心算协会"。

玉佛寺的最后一名住持为达圆尼师，她带领两名弟子维持并扩建这间寺院四十年，有庙房四十八间，还发展了一家下院——祇园寺。她在1915年从灵辉和尚处接手这间寺院时，灵辉和尚已将寺院整理得有模有样。当时庙基已有三十五亩，房也有三十余间，主要供佛像，同时也供关帝一尊，这是光绪二十八年（1902）灵辉和尚修建的结果。

在这之前，灵辉和尚和他的师弟明宽向清朝廷慈禧太后奉献了一尊玉佛。明宽为人活络，善于交结，与内宫大太监李连英结识。他很会找由头，光绪二十四年（1898），他以"奉旨请佛"的旗号，到东南亚一带募化。在缅甸国募化到一尊精美绝伦的玉佛，不辞辛苦运回北京，供奉在师兄灵辉和尚当时的伏魔庵小庙里。这尊玉佛之玉质犹如羊脂，润泽无瑕，左臂披金色袈裟，衣饰纹理自然精妙，佛顶上及衣饰上镶嵌红、绿宝石，光彩夺目，望之令人欣喜，是东南亚善众艺术家的极品制作。明宽通过李连英向朝廷敬献此玉佛。慈禧太后便下懿旨，赐名伏魔庵为玉佛寺，将玉佛安置在北海团城承光殿，赏给明宽白银五百两及《龙藏经》一部。灵辉用这笔资财主持修复庙宇，从此更名玉佛寺。

供奉在北海团城的玉佛庚子之乱中左臂被八国联军兵士挥刀砍伤，好在历经劫难没有其他毁损，今天仍供奉于北海团城，供游客瞻仰。

永泰寺

说到西北套历史最悠久的寺院便非永泰寺莫属。此寺始建于元代，当时的寺名现已无从考证，元末明初寺庙被毁。明正统八年（1443）修武伯、沈清等大臣出资重建，历时十四年之久，直到天顺元年（1457）建好。英宗赐名永泰，从此寺名再无改变。明朝另一次重修是嘉靖年间，有兵部侍郎谢九仪撰《永泰寺碑》，拓片内容保存，说的是嘉靖年间，掌丁库太监李朗等在此安禅，说明此寺是当时离宫退休的太监们的养老之地。

入清朝，永泰寺亦不断得到续修。在《雍正庙册》里登记，寺庙殿宇三十六间，禅房三十二间。至清中期永泰寺规模十分庞大，整个寺庙有山门、钟鼓楼、天王殿、伽蓝殿、祖师殿、大雄宝殿、讲法堂等，周围配有僧房。《乾隆京城全图》里显示，永泰寺有东、西、中三路建筑，中路为主体，山门、钟鼓楼、前殿三间、正殿后殿五间，且各有东、西配殿，是较为典型的汉地佛寺规制。而到了道光年间，这里突然改变为比丘尼寺院，成了尼庵，住持是了浚尼师。有武安侯夫人及其他贵夫人出资造法器，如铁磬等，其铭文铭片现存于首都博物馆。尼姑住持持续了一百年。1921年，最后一任住持续真尼师见庙宇实在破败，想重修翻新，没有资金，便将庙契等抵押出去筹款。但是社会不安定，庙宇被各种机构、学校使用，还款和修建均停滞不前。无奈，1932年，续真将寺院转让给五台山的金阁寺，请金阁寺帮忙还债，自己退去住持一职住到西厢房，而金阁寺住持在北平社会局登记为永泰寺住持。自此五台山僧人便入住永泰寺梵修。最后一任住持名灵澈，1945年升为方丈，他瘦高个，为人和气，老街坊经常见他出门买些日用。当时永泰寺有房子五十四间，一半用于出租，每月收租金一百二十斤小米。还开了一个织袜厂，并买了机器做煤球，开个煤栈，可见已是谋生不易，不能坐等供养了。

上世纪50年代初，西直门北大街大后仓胡同的崇兴寺被国家没收，改为西城区党校，寺里的佛像全部搬到永泰寺。佛像搬家那天引起轰动，街坊父老纷纷相告："老佛爷游街了。"随着岁月流逝，50年代后期永泰寺已沦为居民大杂院，以前的寺庙佛像和石碑均已无存。但留下永泰胡同这个地名，一般认为永泰胡同11号，或者高井胡同5号就是永泰寺原址。不过有老街坊指认后牛角1—3号也是永泰寺。2018年夏天我在此寻访，发现后牛角甲1号还在，不过只是一片待拆的围挡及临时建筑，有一些老槐树分布在此，它们也许就是永泰寺的遗存？

今天，永泰寺的唯一遗存是一口铜钟，保存在大钟寺古钟博物

有老住户说永泰寺原址在此

馆，而捐钟者乃康熙朝山西巡抚苏克济。铜钟用大字体勒刻苏克济的名字和一圈偈子："听钟声，烦恼轻，智慧长，菩提生，离地狱……"事实上，这真是个心中有鬼还想做菩萨的人，苏克济后来因任上贪赃枉法大敛钱财，到了雍正打击官员腐败之时便落入法网。最终查实他在山西任上侵吞银两达四百万两之多，于是，雍正皇帝下旨，籍没家财，以偿亏空。甚至他手下的帮凶管家赵七，也被罚没二十万银两。

永泰寺瘦高个住持灵澈一直住在大杂院直到2004年拆迁，和他同住的还有他的俗家亲戚。后来亲戚拆迁走了，老和尚没走，他和永泰寺生死不分离，拆迁寺院房屋那年便坐西往生了。

广济寺

原址为新街口19号的北广济寺，其位置曾是新街口商业最繁华的地段，大致在原北京幻灯片厂（后建有超音波音响世界）一直到新街口新华书店这个范围。新街口丁字路口西北，马路对面就是著名的新街口百货，这一带是传统老商业区。路口有过街天桥，建于上世纪80年代，如果不是因为此地商业繁华客流汹涌，是不会搭建过街天桥的。

此寺名为广济寺。北京城有三间广济寺，除新街口广济寺外还有

拆掉北广济寺后1958年建起的新华书店，写作本文时即将拆迁

西四路口西边的弘慈广济寺、什刹海东广济寺。论知名度、规模，其他两间都比不上西四广济寺。

　　根据《宛署杂记》记载，北广济寺在明弘治年间修建，到了正德年间太监马永成请皇帝赐敕号，得名广济寺，正德九年立碑以记，拓片留世。当时重兴广济寺的是梅乐禅师，他本人时任僧官，为僧录司左善事。他同时是大兴隆寺（可能在桦皮厂一带）住持，弘治年间遇到贵人，便发心建寺。后来，一群太监帮他筹措善款，完成此业。

　　进入清朝，北广济寺依然与朝廷关系密切。康熙六十大寿，为贺圣寿，礼部、刑部、国子监、光禄寺、鸿胪寺等尚书在此建诵经棚并诵经。《雍正庙册》记载，广济寺为大僧庙，殿宇十七间，禅房四十一间，住持为际平和尚。此后广济寺规模变化不大，到清末时占地面积约四亩，殿堂、配房共五十八间，有各种佛像几十尊，其中所供释迦佛及十八罗汉为泥木质，均为脱沙镂金，雕刻精美。此寺一直在临济宗僧人之间传承，光绪二十五年（1899），住持位传至慧明法师，其后他继续管理庙务四十余年。世事维艰，民国后，北广济寺逐渐荒废，香火不兴，房屋破败无力修缮。不过慧明法师手中依然保留着乾隆二十三年（1758）、嘉庆六年（1801）以来历朝颁发给寺院的僧录司登记手本，要说传承有序，广济寺倒是做到了。

1944年，慧明圆寂，他留有遗嘱将住持法位传给一个法号昌教的十九岁弟子，由此引发一系列寺院内部的矛盾。其中，昌教的师弟昌法怂恿昌教的生父母提起诉讼，反对昌教接任住持，说昌教年龄小，且年幼时即有婚约，不适格。其实，案子的幕后操控者是寺院里的"普济念佛会"会长姜子原。姜子原想多占庙里房产遭到昌教反对，便挑唆一干人挤走他。官司打了三年，到1947年昌法被登记为住持。1949年又转让昌教做住持，可昌教在当年的2月便回了怀柔县的俗家，不知后来还俗还是云游他处，寺院只剩下一个僧人即昌教的师弟昌德管理。这时，姜子原已成功鸠占鹊巢，占了大部分庙宇房屋开办了普仁小学。小学占房五十七间，姜的念佛会占了十七间，给僧人住的房子就剩下两间。这段故事可见民国时期宗教生态之衰落，以及世俗社会与宗教界之间的冲突。民国时期办新式教育机构如学校等，重点争夺的房屋资产就是寺院。

解放后此地仍为私立普仁小学。1950年，广济寺作为寺院被正式注销登记。50年代中期又先后拆除房舍，重建学校教室，建新街口小学。后小学迁出，北广济寺因破旧而被彻底拆除。上世纪80年代以来，新街口商业兴隆，这里建有音响商场、新华书店及其他商铺。如今超音波音响世界也已经拆除，新街口新华书店也即将拆除，大玻璃窗上贴满了拆迁降价出货的招牌。看样子，这家新街口的标志性建筑将永远消失在2018年。

在2018年夏天的时间点上，我回望北京城的西北角——曾经的"穷西北套"，回首它的数百年历史，目睹它在大变革时代所经历的消失与重塑。这片土地上的人们来来往往，带走回忆与传说，而新的管理者，正在重新布置他们的西直门内新街口大街。时间之河滚滚而来，冲刷过的景象不得而知，而那些发黄的历史画面，将在文字里默然封存。

2018年7月5日

本文参考：

1.［清］吴长元：《宸垣识略》，北京出版社2018年2月出版。

2.［清］朱一新：《京师坊巷志稿》，北京出版社2018年2月出版。

3.［明］张爵：《京师五城坊巷胡同集》，北京出版社2018年2月出版。

4.［明］沈榜：《宛署杂记》，北京出版社1982年4月出版。

5.中国第一历史档案馆、故宫博物院：《清乾隆内府绘制京城全图》，紫禁城出版社2009年12月出版。

6.吕敏主编：《北京内城寺庙碑刻志》卷二、卷三，国家图书馆出版社2013年10月出版。

颐和园西北部的宿云檐城关

一 承德避暑山庄宿云檐

在今天颐和园西北部,有一座姿态伟丽的古城关——宿云檐。它北接半壁桥,南通买卖街、荇桥和石舫,为沟通彼此的通道。此为乾隆时期清漪园旧物。当时,昆明湖北、西、南三面没有围墙,围墙只是从文昌阁向北到北宫门,再拉到西面宿云檐,所以这座城关就是从西部入园的门户。

乾隆在给这座清漪园西北角的城关命名时,心中必定充溢着诗情画意。他题写的"宿云檐"门额,字迹清秀精美,更是透露出朴雅旷阔的力量。乾隆书法最为推崇赵子昂,有姿之媚,飘之逸。但因帝王故,更是被端正、典丽的风格圈框着,让后人总是读出一些规整中的隽秀。虽然是"端着",放不开,但这足以写出他心中的诗情画意了。

在给城关命名之前,他在承德避暑山庄大规模加建楼堂馆舍,在他祖父康熙帝题写"定景三十六首诗"的基础上,也陆续题写了新三十六首定景诗,都是对应着他的新建设,其中一首便是《宿云檐》。

从乾隆六年(1741)至乾隆十九年(1754),皇帝对避暑山庄进行了大规模扩建,宿云檐这组建筑,完成于乾隆十八年(1753)。此宿云檐背依北山,是在由康熙年间建筑群澄观斋次第而上的更高平台上构建的。顺应地势直达北山脚下，挨着西侧宫墙成为一个独立庭院，地势高敞的平台上建有五间高阁，是文人们编纂书籍的地方。因为地势较高，抬头远望，常见云气氤氲，缥缈缭绕于山岩草木之间，高阁亦浸润其中，好似云宿檐际，有仙妙之美。这无疑触动了乾隆心中的诗意，故题额为“宿云檐”，并书联两副，其一：“云容自在舒还卷，山色何妨有若无。”其二：“窗含远景正无尽，笔点诸峰自有神。”

他的书法偶像赵孟頫恰有诗云：“宿云初散青山湿，落红缤纷溪水急。”（《题商德符学士桃源春晓图》）此等曼妙神交或许也是他对古人的致敬。

二　乾隆《宿云檐》诗

《宿云檐》诗为乾隆新三十六定景诗之第二十四首，作于1753年左右。在这首诗前，乾隆写了小叙：“平台因迥为高，远峙云表。滃浡朝飞，奇峰四起。暝归拥树，萦缭檐端。即景命名，正山中所有也。”大意是说，这处平台，远远望过去仿佛耸立云雾之上。清晨，云气升腾，四处飞散，如同奇峰高岭，傍晚时分，云雾又拥逐着林木，缥缈归来，萦绕依依于屋檐，因为这样的景致，唯山林独有奇景，故因景而命名此地楼宇为宿云檐。

《宿云檐》诗云：

出楹写雾还归宿，荟蔚常看颢气通。
却讶稚圭非至此，如何先获我心同？

前两句乾隆依旧强调的是小叙里面的意思，说是清晨出云雾，向山中散去，而晚上又归来宿于楼宇的屋檐下。此地时常弥漫着云雾景象，清新浩荡，似有天地灵气交融贯通。但后面两句说了，他的灵感和慨叹竟然与千年前的南朝人孔稚圭的美文意象契合了，并借用孔稚圭"写雾出楹"之妙语，反问：孔稚圭没有云游过此地，却为何与我发出如此相通的赞叹？

　　这是帝王的傲娇和一点尴尬感。孔稚圭（447—501）是南北朝时期南朝齐国人，其骈文如《北山移文》等对后世影响很大。他是一位具备隐士高格的文人官吏。有权贵赏识他，就出来担任官员，为世间烦琐做些事情，其社会地位和文名同样彰显。豫章王萧嶷死后，其子请沈约和孔稚圭写碑文，可见孔稚圭在上层社会的地位。但另一方面他并不沉迷世事贪恋红尘，世人称其"不乐世务，居宅盛营山水"，"门庭之内，草莱不剪"。也就是说，他入世、写文，做该做的事，但也活得随意潇洒，顺遂自然。除了写文咏志，在山水间构筑屋棚，还好酒，说是能喝个七八斗。一度，他还去剡溪（今嵊州，乃魏晋时期名士隐居之地，书圣王羲之曾隐居此地金庭山，山水诗人谢灵运也在此地修行），拜当时的名隐士褚伯玉学习修道。褚伯玉登仙了，他在太平道观里为其立碑。《后汉书》里记录他的世界观是："以天下为量者，不计细耻；以四海为任者，宁顾小节？"

　　《北山移文》是一篇讽刺文，讽刺一些强烈索求利禄官职之人却又假装孤高的隐士，如名士周颙故作高蹈而又醉心利禄，为伪君子也。这在两晋之后是一种虚伪的风气，在今天看来，其实是纠结了几千年的中国文人矛盾心态。该文在优美文辞之下，行辛辣嘲讽之意，是后世奉为经典的骈文。其中一段对山中空灵景象、日月松林及苍云荒径的描述，词语精致，意境卓绝：

使我高霞孤映，明月独举，青松落阴，白云谁侣？磵户摧绝无与归，石径荒凉徒延伫。至于还飙入幕，写雾出楹，蕙帐空兮夜鹤怨，山人去兮晓猿惊。

文章是说，假装孤高的隐士心中只想着朝廷，后来去做官，离弃了山林，结果山林中的高霞、明月、青松、白云仿佛是被遗弃的孤儿，山涧里的棚屋崩塌败落，石径小路也在空空等待。以至于回荡的山风吹进帷幕，而云雾也漫泻出房檐，这简直就是接近"空山不见人"的意境了。而南朝时代山林，比王维眼里的唐朝山林，多了夜鹤哀怨，早晨还有山猿对着人迹空绝而惊异。《北山移文》将失落山林拟人化描写，真乃千古绝篇，不负骈文之上乘美名。

而乾隆诗关于云雾韵致的表达则更有生命灵气：朝之聚首，随青山明亮而散发；夕之氤氲四合，又如倦鸟归巢，云气回归檐下。这是他对《北山移文》里"写雾出楹"的进一步诠释：那些缥缈的仙雾，怎忍离弃这高楼飞檐，晨之出，则夕之归矣。可见，乾隆和孔稚珪写出同样曼妙的云之出与归，但一个是帝王的圆满，一个是荒弃山林的哀怨。二人因身份不同，即便看到同样景色，发出的慨叹也略有不同。不过有一点趋同的是，他们或表面（如乾隆）或内心（如孔稚珪）追求的，都是人在世中而心在世外的理想境界。

在介绍避暑山庄宿云檐之前，还需要了解一下澄观斋的历史。澄观斋位于避暑山庄平原区东北角，惠迪吉门北侧，建于康熙四十二年（1703）至四十七年（1708）间，是避暑山庄造园初期的建筑群之一，由东所和西所组成，东有月亮门与宿云檐建筑群相通。澄观斋其名来自"澄心观道"，以达道家之天人交融、天人合一之意。既然要将"心"澄而静之，当然要选取灵秀之地。其北有青山，南有河渠，绿水青山，草木繁盛，属于典型的山水相依、自然灵犀之宝地。康熙建澄观斋于此，正是为了图玉宇清澄，神清气爽，心智明亮，以利从事古籍文本整理编修之事。其驻跸山庄期间，曾命皇三子胤祉和皇十六子胤禄带领精通数学的儒臣在此编纂律吕、历法、算学等书籍，又命翰林院儒臣于斋内编纂、校对他的《御制诗集》。

这样一个修编文籍之处，乾隆顺势为其功用，往更靠近北山的平台上，增建了宿云檐建筑群。更上一层楼，求得进一步的仙灵之气，并有月亮门与澄观斋相通，使这一学术研究和文籍整理区域更为完美。

清朝末期，包括澄观斋、翠云岩及宿云檐在内的这一建筑组群逐渐颓圮，房屋失修而不断有民居占据，并有一部分作为避暑山庄的后勤设施使用。后来，通过清理基址，整理轮廓，今人做出了当年的复原图，其优美园林的仙境之气跃然纸上，看来乾隆诗所描绘的并非虚妄。

如今，避暑山庄的宿云檐已是昨日云烟，只有遗址依稀，而在北京西郊的皇家园林颐和园里，却留下了它的优美意象及念想。乾隆将当年意犹未尽的诗意，留给北京城一座城关题额。作为兵士把守的关口要地，这里的宿云檐兼有诗意之美与武力之刚。

三　颐和园宿云檐城关

颐和园的宿云檐城关，没有确切的修建时间，按照现在颐和园官方的文物介绍，认为大致建于1736—1795年。这是一个很模糊的时间概念。事实上，颐和园的前身是清漪园，集中建设于乾隆十五年（1750）至乾隆二十九年（1764）。乾隆十五年，以筹备崇庆皇太后

（孝圣宪皇后）六十大寿为由头，并以治理京西水系为借口，皇帝下令拓挖西湖，拦截西山、玉泉山、寿安山来水，挖出了昆明湖，又将挖出的土石堆积增加了瓮山的体量，开始勾勒出清漪园园林的大致规模。而至于一个守园子的城关，其修建时间应该比较靠后，可以肯定的是，宿云檐城关的命名一定和避暑山庄平原区东北角宿云檐建筑群有关。乾隆皇帝把关外的诗情带回北京城，寻

颐和园宿云檐城关

找安放之处，最后寻到这座园林西北角的城关之上。

　　城关坐北朝南，方形，高达数丈。城台中开南、北向拱券门，城关两侧有马道，它恰巧把守着西湖（昆明湖）、东山（万寿山）之间的道口。城台上有垛口墙，并建有八角重檐亭式建筑，而建筑内部供奉关帝，可谓一小型关公庙，关羽主尊，胁侍周仓，皆为银铸塑像。敬奉关帝象征武功震慑，与万寿山东北的文昌阁城关恰好一西一东，一武一文，对应了文治武功，文武双全。不过，1860年英法联军火劫清漪园时，这些银塑被劫掠，不知下落。到光绪年间也未重新铸像，只立了个简单的关帝牌位。

　　关老爷自己大约也不能理解，自己镇守的城关有着如此诗意的命名：宿云檐。

　　颐和园官方对宿云檐的介绍是："宿云檐城关，始建于乾隆年间，又称'贝阙'。城上原有楼，内供关羽银铸塑像，1860年被英法联军

乾隆御题"宿云檐"

掉走。光绪年间重建颐和园时改为亭式建筑，内供关帝牌位。"也就是说，我们今天看到的宿云檐城关是光绪年间重建的，至少城关平台上，乾隆时为"楼"，而光绪年间改为"亭"。

但事实并非如此。有民间文物爱好者提到一张1870年的照片，拍摄的正是当时的宿云檐城关。说作者为汤姆逊·理查德。经我反复询证，有一位是跟"汤姆逊"沾边的，是那时期被誉为"摄影界的马可·波罗"的英国摄影家约翰·汤姆逊。他恰在1869—1872年三年之间在中国旅行，拍摄了一部分当时北京的照片。2009年的夏天，这部分照片在北京进行了展览。我翻阅了近百张作品，发现他是以拍摄当时的人物肖像而著名的，从普通百姓到名人高官，如李鸿章、奕䜣等晚清权贵，为后世留下宝贵的人文记录。不过关于北京的风景古迹，他几乎没有涉及。作为他亚洲十年摄影计划的一部分，他在中国停留了三年，而他更多的是观察一个西方完全陌生的文明里"人"的风貌。

所幸的是，这张1870年的宿云檐城关照片的右下角签署了摄影者的名字"T.Child"。开始，我并不以为这是个姓名，因为"Child"只让我联想到意指"孩童"。而这位摄影师的特别之处是，他会在自己的摄影作品上签名，有的还标明拍摄日期并编号，这为后世研究者提供了确证。

这位我们要感激的英国人就是托马斯·查尔德（Tomas Child）。他在1870年的5月来到北京，受雇于英国海关总署，负责设计北京地区军事管辖区的煤气系统，一直工作到1889年。也就是说他工作的这段时间正是1860年英法联军火劫清漪园之后，且尚未启动修复颐和园工程之前。因为修复清漪园更名颐和园的时间起点是1888年，那一年查尔德很快就要回国了，他并不知道他拍摄的西郊荒园就是后来的颐和园。

查尔德留下了这帧极为珍贵的1870年至1888年间的宿云檐城关照片。照片里的城关外观看起来，和今天我们见到的宿云檐城关几乎一模一样！除了年久失修的破败，如亭子的檐角塌垂，墙砖脱落有残等，形制上几乎没有异样。而传说中也称宿云檐为贝阙城关，是因为亭子八角檐下

查尔德拍摄的宿云檐

都有木质匾额，向南的正向匾额，书写"贝阙"二字，在照片上历历在目。

这一切说明，我们今天看到的宿云檐也是乾隆皇帝眼中的宿云檐，它的诗情画意，历经近三百年，依旧盎然。它逃过了1860年火劫，虽然丢掉了关羽周仓的银质塑像，但其外观结构，自光绪年至今没有任何改动！所以我们不必纠结今天城关上的牌子所说的"改楼为亭"，它不是颐和园重建的产物，它依然为乾隆年旧物。

对了，它还丢掉了那块木质贝阙匾，所以，让人不能理解为何它亦称贝阙城关。贝阙指珍珠做的宫殿、华丽无比的屋宇，典自"贝阙珠宫"。这是屈原创造的词汇，《九歌·河伯》里吟道："鱼鳞屋兮龙堂，紫贝阙兮珠宫。"乾隆用如此奢华绚丽的词汇为一座体现勇武的城关题亭匾，一如他的宿云檐情怀，似乎他非常满意他御宇的天下岁月静好，武力的象征也可以精致得文采飞扬，灼灼生华。

从船坞看宿云檐

　　"宿云"这个词来自唐朝诗人。唐人宋之问《早发始兴江口至虚氏村作》诗云:"宿云鹏际落,残月蚌中开。""宿"是出现在甲骨文和金文的古老文字,其构成有三部分:屋下、人、草席,其原意是人住下来过夜。但在宋之问的诗文里,将"宿"与"云"结合,指夜幕之下居无定所、飘忽不定的云雾。苏轼在《答胡道师书》中道:"道师又不远数百里负笈相从,秉烛相对,恍如梦寐,秋声宿云,了然在吾目前矣。"

　　在这些诗人笔下,夜间飘忽行走的流云似乎道出某种伤感的情怀,它们用无言的流动回应着诗人的感念,诗人们借了"宿"的黑夜含义,赋予流云以伤感情愫,借以抒怀。乾隆则将"宿云"回归古意,指云雾朝时四散,如同有灵气的生灵,跑去山岭沟涧玩耍一番,到了晚间,又兴冲冲地回到屋檐下栖息。将云雾赋予活灵活现的动感,可见那正是乾隆志得意满的岁月,在他的主观意识里其御宇天下,均是岁月平安,圆满静好。所以,连关公镇守的城关都被赋予了诗情画意。

2020 年 7 月 30 日

本文参考:

　　[南朝·齐]孔稚圭:《北山移文》,引自《古文观止》,中华书局2011年5月出版。

颐和园后山四大部洲的傲慢叙事

一 诡异的忽略

人们对于颐和园万寿山后山主建筑四大部洲（有时亦称须弥灵境），似乎总有一种诡异的忽略。漫说游客过来的不多，过来参观且懂它的人更少。自从地铁4号线开通到北宫门，进入颐和园的天下游客大幅增加，而传统上公认的公园正门是东门。过去，游客们进来，先被勤政殿的气势震慑一番，绕过殿后，大园子被山水一分为二，左看昆明湖，右看万寿山，再往西瞧，西山迤逦横亘，尤其赶上落日辉煌，洒金天际线，美景不尽言。真是借自然山水巧造园林，好一处人间匠心与天地造化完美和谐、世界独一无二的文化遗产。

这一番山水流连，对于还要跑其他北京景点的外地游客已经过于费时费力了，啪啪拍几张照片拔腿便走，很少有人再去后山观瞧。这是过去，而现如今，4号线地铁开通到颐和园北宫门，反而让公交出行的散客比从公园正门 —— 东宫门进园子更方便了。于是后山的游人开始多了起来。反正无论北宫门东宫门，进的都是颐和园的园子嘛。不过，各种奇葩困惑也来了。

某日，在后山四大部洲，我先遇到一中年男游客，兴冲冲的，一看就是饱含人文地理情怀的人，很蒙地问我："请问慈禧的行宫就在这庙里吗？这能住吗？"又一位老阿姨过来，也是一脸蒙圈，问："我三十年前来过颐和园啊，有山有水的，不是这样式儿的，山是有，湖哪里去了？"我讪讪的，这都是4号线惹的祸，它把这些散客带到了后山，纵深有限，景致稀疏，四大部洲和苏州街两大景区又都没有太大名气，如果以为颐和园就这点地儿，真是轻薄了这世界名园的盖世英名。当然作为老北京的我，一定会给他们指点翻越到前山的道儿，想必届时他们定是豁然开朗，站到佛香阁里赞叹开阔的昆明湖，一派好风光。

不过，后山不明就里的吊诡并不代表它次要，其实当年乾隆建造清漪园时对后山造景是用心良苦的，借地势，借山势，该填补的景观建筑一样也没落下。东山麓北侧造了流光溢彩的多宝琉璃塔和一组有西洋风格的建筑——花承阁，临后河还有乾隆为怀念幼时在畅春园读书时光而建造的澹宁堂。西山麓则建了赅春园、绮望轩、绘芳堂、构虚轩等精致而独立的小园林。可惜这些自1860年被焚后，除澹宁堂修复，绘芳堂修复后圈在苏州街里，其他基本为废址。而当年，这些地点都是乾隆皇帝在后山流连忘返、反复玩味的景观建筑。他尤其钟爱赅春园里的清可轩，为其题诗几十首（有说四十首，有说八十余首）还不够，此皇帝爷还到处玩摩崖石刻，里面石壁上到处都是他的御笔。如果你喜欢探幽，在清可轩遗址附近各种石头上可见他的手迹，以及环绕十八罗汉石像的摩崖佛陀石雕。而且，他还自造了一个石洞叫香岩室，里面供着佛像，有石桌石凳。据说，他每逢自己生日那天就钻进去坐禅，七十八岁那年还进去了一趟。洞顶特意留着个天窗般的小洞，说是可以透进光来让他念经。想想看，堂堂大清帝国皇帝一个人钻进洞里参禅打坐口念佛经，我信他是虔诚的佛教徒，但我更相信，他是一位表演性人格特征明显之人。他喜欢辉煌而繁复的形式主义，就如同百花不露地大瓷瓶一样，留白便是浪费。他不喜欢含蓄，他喜欢淋漓尽致的描述与表达。

前文提到后山有个叫构虚轩的地方，是在一个人造山头上搭起来的一组建筑。主楼构虚轩是一座坐东面西的三层高阁，重檐九开间，如此高台高阁，成为后河畔一个观赏景观的好地方。乾隆皇帝可以居高临下，四面流连好风景。向东，有四大部洲的雄奇壮丽；向北，俯瞰苏州街小桥流水假江南；西南，贻春园、味闲斋是他最爱的书斋静室；西北不仅有绮望轩、看云起时等精妙筑造，继续放眼瞭望，便是广阔的田畴与河流交错，西山横亘，天高地阔心境大开。所以乾隆御驾钟爱这个可东张西望之佳地。在此轩停留，喜爱张口吟诗的皇帝难免来上几句，但奇怪的是，他从不抒发对须弥灵境、四大部洲的感怀，跟随他左右的于敏中竖着耳朵听，记录下来的却是两首写构虚轩

构虚轩复原图

的诗：

> 峰顶芸轩四望舒，天光物色总如如。
> 斯时点笔欲成句，会以无形构以虚。
>
> 崇岭降且止，别冈势复抬。
> 北瞻极空阔，南眺耸崔嵬。
> 漫惜三春远，应知万景赅。
> 兴言何以构，原是自虚来。

此诗是他的观景抒怀，而且有一定的佛学哲理高度。他以为所谓天地如如不动，亘古恒定却也"原是自虚来"，这是说佛法的"空"，一切诸行无常，万物无时无刻不在此生彼灭中……

他这一学佛心得缘起于他的观景感慨。但令人不解的是，他在观望后山从下到上那一组宏伟的佛教建筑时并未特意瞩目，竟然吝啬到没有只言片字描绘它，而是四顾言他，去赞颂无比开阔的天地大视野："峰顶芸轩四望舒，天光物色总如如。"而向南看去，正是一组宏丽的自下而上一铺到顶的藏式佛教殿宇，他却只是赞美山势陡立："南眺耸崔嵬。"

《日下旧闻考》里提到此组建筑的文字也极为吝啬："桥南佛寺。三面立坊楔，内为须弥灵境，后为香岩宗印之阁，阁东为善现寺，阁西为云会寺。"只三十几个字。善现、云会两寺实为自成一体，与这组藏式佛寺并无必然关联，而香岩宗印之阁上面的四大部洲建筑群只字不提，如此惜墨如金真是不可思议到诡异。是四大部洲修建得晚吗？不是，在清漪园1750年至1764年的建设过程中，四大部洲应该建成于1755年前后，属于比较前期的建筑。

难道四大部洲这组清漪园后山最主要的建筑群不被乾隆颂赞和夸耀，是出于他难得的谦逊？

乾隆在构虚轩上看到并不予置评的须弥灵境及香岩宗印之阁，是两大部分构成的佛寺集合体。须弥灵境为汉式佛建，香岩宗印之阁为藏式佛建，两者彼此接连，视为一体，且都在1860年遭火焚。须弥灵境全部被烧光，几无复建，今天只留下一片广阔平台。而香岩宗印之阁连带之上的四大部洲基本完全复建，所以今人以"四大部洲"称呼这一系列的佛寺建筑。而今天，颐和园官方关于须弥灵境也几乎不提，在其旧址上竖个四大部洲的简介牌子，介绍也是寥寥数语，无论新老游客，对这神秘的四大部洲都相当生疏，不明就里。我总有一种感觉，这种人为的神秘感源远流长，始自乾隆。

颐和园内四大部洲简介牌

二　须弥灵境

事实上，1755年建造的这一组建筑非常恢宏，虽说主建筑香岩宗印之阁是以西藏桑耶寺邬孜大殿为摹本，但另一座佛教大殿须弥灵境，则是典型的汉地佛教建筑，其概况是这样的：

自北宫门入园，过长桥，便是其入口牌坊——慈福牌楼。因后山地势相对逼仄陡峭的地形限制，省略了山门、钟鼓楼、天王殿这些传统制式，只留下正殿和配殿。它分三个层次：从北侧牌楼进入，该牌楼应该是1980年代新修的，和原来的制式不同，没有戗柱支撑，柱子实为钢筋水泥的，一面额题"慈福"，另一面题"慧因"。进入牌楼后是一块空阔的现在称为松堂的地方。原本东、西两侧各有一牌

1980年恢复的须弥灵境北牌楼

楼，是由三座牌楼围合、中间点缀了一些松柏树的空场地。原东牌楼，两额题字"旃林""莲界"；西牌楼，两额题字"梵天""宝地"。今天，东、西牌楼已毁于1860年大火且没再修复。木牌楼烧了，但那两座牌楼残留的抱柱石还在，且修复了院墙。

　　通过这片平台上到第二层，原有建筑是两座面阔五间的二层配殿——宝华楼和法藏楼，至今没有修复。现在东侧是松堂餐厅，西侧是卫生间。

　　继续拾级而上，到第三层台地上，原先就是这组汉地佛寺的主殿——一座九开间重檐歇山顶大殿，上悬"须弥灵境"匾额，殿内供奉三世佛及其他佛像共计几十尊。但自1860年焚毁后至今没有恢复，现在是一片巨大的空场地，东、西各有一排大约是出售纪念品的仿古平房，并各有卧式石兽一尊，貌似狮子，但面貌有些古怪。据颐和园

须弥灵境原址，现在是空阔的大平台

须弥灵境遗物 —— 石狻猊、经幢

研究专家认为，此二兽实为狻猊，原本属于前山大报恩延寿寺前卧兽，后来大报恩延寿寺造了两尊石狮，便挪到后山须弥灵境大殿前。此外，东北侧、西北侧各有一座石经幢。东侧经幢上有佛像并刻录《佛说金刚三昧本性清净不坏不灭经》经文；西侧经幢同样也有佛像，而刻录经文内容漫漶不清，隐约可以看到一些咒文。

　　自慈福北牌楼至此，后山主体汉式佛寺建筑全部完成。须弥灵境的后山墙就是一面高大无比的金刚墙了，从此向上，则为藏式佛教建筑。这组建筑大小共计十九座，经过光绪年间和1980年代开始的陆续复建，2010年左右已全部修复。

　　为什么后山这汉、藏两套合一的建筑群，修复了藏式那一部分，而汉式部分，只修复了一个北牌楼呢？原因在于1860年火患，汉式佛堂基本为木质结构，被一把火全部烧光。而藏式佛殿，除了香岩宗

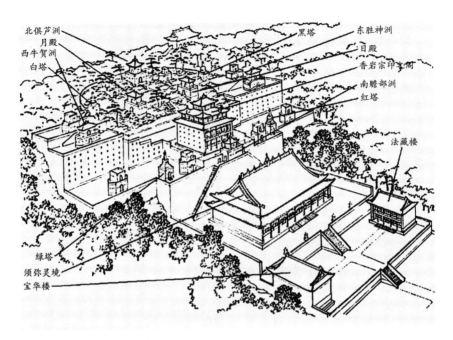

须弥灵境和四大部洲原貌

印之阁是木质被烧掉，其他建筑基本为石头、土、砖头、琉璃等材料，耐火，虽有损坏，但基本构架在那里，比较容易修复。所以在修建颐和园的光绪年间，朝廷也是首先选择修复香岩宗印之阁，这样让四大部洲得以完整，而半山之下的汉式佛殿因财力不足放弃修复。甚至到1980年，也只修复了一座北牌楼，汉式大殿须弥灵境倒是空成了大广场，给游客比较宽松的流动场地，据说，还一度成为大妈们唱歌跳舞的地方。

三　四大部洲

今天我们看到的藏式佛教建筑四大部洲，自原须弥灵境后山墙开始，两侧有多级踏步直上高台。此墙称金刚墙，砖石垒砌，上半部分刷红色涂料，坚实大气，足有近二十米之高，如平地起高台，烘托出四大部洲的非凡气质。

上到金刚墙顶部，便是一长方平台，正中为一汉式山门殿，据说里面有哼哈二将。清漪园时是一座碉房式建筑，因它其实为四大部洲中的南赡部洲。1981年改建后为面阔三间、坐北朝南、歇山黄色琉璃瓦顶的汉式山门殿。

佛教所指的娑婆世界，意为"堪忍"，即众生苦难又不肯出离的可忍之土，四大部洲便在其范围之内。《长阿含经》叙述，世界的中心是须弥山，四周有七金山围绕，七金山之外，则是浩瀚的咸海，四大部洲、八小部洲、铁围山等即分布在此。四洲中居住着不同的人

南赡部洲汉式山门殿

类，之间完全隔绝，互不相通。

我们地球上的人类，居住在南赡部洲，又名阎浮提。这座汉式小山门殿便代表南赡部洲——我们的阎浮提。在南赡部洲平台，山门殿左右分别各有一小部洲，小部洲旁分别伴有一个绿色、一个红色的藏式佛塔。继续向上，还有白色、黑色两尊梵塔。这四色塔代表佛教中的佛陀"四智"，塔身上的图案代表佛陀弘法的一生。红塔塔身上有莲花浮雕纹饰，代表佛陀的诞生，亦称"成所作智"；黑塔上的金刚杵纹饰代表佛陀成道，亦称"平等性智"；白塔上的法轮代表佛陀向众人说法，亦称"大圆镜智"；绿塔的佛龛则意味着佛陀的涅槃，亦称"妙观察智"。

南赡部洲红塔

南赡部洲山门殿几乎快挨上了四大部洲的主建筑——香岩宗印之阁，也就是六七级踏步的距离，这是因为山势逼仄的缘故。

今天的香岩宗印之阁已不是清漪园时代的样子，想看它的原样可参见承德普宁寺大乘之阁。当年乾隆建四大部洲的图纸就是普宁寺的图纸，或许是同时建造

（1755），或许稍后一点。而这个阁楼式建筑又是从西藏桑耶寺邬孜大殿复制而来。

　　香岩宗印之阁原本为一座三层阁楼式建筑，比普宁寺大乘之阁正面六层重檐更为简略，但四塔、四大部洲、日台、月台、八小部洲环绕则大致相同。因为同样是木质建筑，香岩宗印之阁没有逃过1860年大火，至光绪十四年重修时，因财力不足，则将香岩宗印之阁建成今天这种单层的汉式佛殿样式。大殿坐南朝北，面阔五间，前后出廊。屋顶歇山式，覆黄色琉璃瓦。乾隆年间，殿中供奉观世音菩萨，现在殿内正中供奉着三世佛铜像，即中央释迦牟尼佛、东方琉璃药师佛、西方阿弥陀佛，两侧供奉十八罗汉。这是对光绪年间佛像的仿造。当

香岩宗印之阁汉式佛殿歇山顶

时从前山原大报恩延寿寺移来的也是铜胎三世佛及十八罗汉（包括前文提到的两尊石头狻猊），因为按慈禧的想法，前山改建排云殿，这些佛像比较适合安置在后山佛殿。这些佛像在"文革"期间遭到了损坏并被销毁，颐和园管理处编纂的《颐和园志》有相关记载。

上述乾隆时期铜佛像在1970年被销毁时已有二百多年历史。1980年代复建四大部洲时再次做铜佛像，依旧是三世佛及十八罗汉，但当时工艺相对简陋，佛像没有背光。2011年大修，佛像不仅增加了背光，佛像、罗汉像都包了金身，仅这些贴金，就用掉了四万多张金箔。此外，四大部洲包括的十九座建筑的外檐彩画，也使用了九万多张金箔。

2011年这次大修，的确使四大部洲金光灿烂，熠耀后山。

离开香岩宗印之阁，东、西两侧均有台阶再上一个平台。这个平

从月台看东胜神洲

台是凹形的，东、西两侧分别为西牛贺洲、东胜神洲。部洲的方位是以佛的坐向而定的，它的东、南、西、北与我们自然界方向正相反，如南赡部洲是在香岩宗印之阁之北。而这里的东胜神洲建在香岩宗印之阁的西南，它的形状是个半圆形；西牛贺洲建在香岩宗印之阁的东北，它的形状是椭圆形；北俱芦洲建在香岩宗印之阁的南面，几乎是万寿山后山的最高点。

　　四大部洲的佛学思想，散见于《长阿含经》《立世论》《俱舍论》

从月台拍到的西牛贺洲

《造天地经》等诸多经典中。乾隆在万寿山后山之上修建的四大部洲，唯南赡部洲占地狭小逼仄，却能紧紧亲近香岩宗印之阁，寓意这里的人民可以得到佛陀教化，离苦得乐求得解脱。而另外三大部洲辉煌壮丽，却也不过是另外世界的美丽风景。

四大部洲中有日台、月台，亦称日殿、月殿，是在东、西两大部洲平台上用假山石垒砌建造的。从须弥灵境平台仰望，似乎悬浮在香岩宗印之阁的东、西两檐之上。离东胜神洲较近的是日台，象征日出此地，与之对应在东侧的是月台，它们代表环绕须弥山的太阳与月亮。而八小部洲则如是分布：香岩宗印之阁与南赡部洲之间中线向东、西延伸各有上下分布的两座小部洲，共四座；东、西两大部洲后侧上方各有一个小部洲；北俱芦洲两侧各有一个小部洲。八小部洲是佛教传说中的地理名词，分别为提诃洲、毗提诃洲、舍谛洲、上仪洲、遮末罗洲、筏罗遮末罗洲、矩拉婆洲、拉婆洲，环绕着四大部洲。

四　不可说的缘由

在我们仔细研究这上述十九座建筑所构成的"佛说世界"之后，可以理解，乾隆皇帝也无话可说，没有什么可添减了，只得"崔嵬""崔嵬"赞叹山势而已。因为他对佛法的敬仰已无可言说。

而另一个不可说的缘由恐怕是，四大部洲包括普宁寺的建造，似乎都与平定准噶尔叛乱有关。一方面是武力镇压，另一方面以修佛立像表达心悦与感恩，作为世俗世界的统治者，乾隆皇帝想暗自将两者结合起来。乾隆二十年（1755）二月，清朝发兵五万兵分两路，直捣伊犁，抓捕了准噶尔叛军贵族达瓦齐，平定了叛乱。冬十月，厄鲁特蒙古四部来避暑山庄朝觐乾隆皇帝。为纪念这次会盟，乾隆仿照康熙与喀尔喀蒙古会盟建立多伦汇宗寺的先例，依照桑耶寺的形式，修建了黄教寺庙普宁寺。而当时正是清漪园大兴土木之时，乾隆皇帝为平定叛乱龙心大悦，写过洋洋洒洒的长文和诗章，并刻石《平定准噶尔勒铭格登山之碑》。平定准噶尔叛乱，从他爷爷康熙皇帝到父亲雍正皇帝再到他这一朝，起起伏伏历时七十年，眼看平定了伊犁大喜过望，可又是一波三折，镇压了达瓦齐，没两年阿睦尔撒纳又叛乱了。乾隆气愤异常，再次出兵镇压，阿睦尔撒纳出逃俄罗斯。于是乾隆再作《平定准噶尔后勒铭伊犁之碑记》及《西师诗》。这些颂赞胜利、谴责叛乱的诗章刻石在普宁寺，在清漪园则刻石于大卧石碑，放置于大报恩延寿寺的五百罗汉堂（今清华轩）内。

乾隆还是很享受一个胜利者内心的愉悦安宁的。这位吟诗四万首的皇帝，难得为平定叛乱写下一首动情之诗，这就是《西师底定伊犁捷音至诗以述事》：

乘时命将定条枝，天佑人归捷报驰。
无战有征安绝域，壶浆箪食迎王师。
两朝缔构敢云继，百世宁绥有所思。
好雨优霑土宇拓，敬心那为慰心移。

乾隆平定准噶尔叛乱的胜利，可以说是三代清帝与准噶尔汗国拉锯战的完胜终结。他以各种方式表达并享受这一伟大胜利的快感，除却文字诗章，更是以兴建佛寺作为彰显天道皇权正义之举。据说当时的香岩宗印之阁供大悲观世音菩萨，须弥灵境供三世佛，这一方面体现了乾隆皇帝"兴黄教，安众蒙"、怀柔蒙古各部的政策，同时对人口众多的汉地信众也展示了温和的态度。所以，普宁寺安蒙古，清漪园抚天下，道理都是一个：所有的人天正义不用赘述，宏大的佛教建筑可以为他所用，暗示这就是他开疆拓土、坚固强大帝国的无字丰碑，他以兴建佛寺的行为具象诠释伟大君权的傲慢的正确性。

2018年9月14日

本文参考：

　　1.［清］于敏中等：《日下旧闻考》，北京古籍出版社1981年5月出版。

　　2.颐和园管理处编纂：《颐和园志》，中国林业出版社2006年3月出版。

燕园：一座园林惊心动魄的转让史

一　金寄水

金寄水应该对失去西郊燕园毫无印象，燕园是后来的叫法，如今也是北京大学校园的一个别称。当年它还属于金寄水所在家族的时候叫墨尔根园，这是满语，实际上它就是清朝廷赐予世袭罔替睿亲王家族的西郊别墅睿亲王园。

1919年睿亲王家族失去墨尔根园时，金先生才四岁，我很怀疑他一生中有没有到曾经的家族花园参观过。作为老北京，他成长、生活几乎都是在北京城区，在他去世后出版过一本关于王府生活的书，叫《王府生活实录》，里面却只字未提他四岁时家族失去这一片有着二百余亩土地的西郊园林之事。而离开他生活的睿王府府邸时，他也才十岁，所以书里他叙述的王府生活其实大多描写的是另一个王府，因为他与怡亲王世子恒殊是发小玩伴的关系，十岁后被接去怡亲王府生活。

在他稍微记事后，西郊花园的转让只是个败落引子，其后，他家族的城里王府——几百座房屋的住家府邸，以及堆成小山的金银财宝、车马座驾逐一渐渐消失。不是被打劫了，而是被一个庞大的家族消费掉了。1925年，他家的王府——位于石大人胡同的睿王府被抵债，一家人四处租住房舍，越住越小，条件越来越差。1931年他的伯父、末代睿亲王中铨锒铛入狱，则家道彻底败落。彼时，金寄水只是十六岁的青年，因已退学没有正规文凭，也无谋生技术，此后的一生便是卖文为生，清贫窘迫。就如老舍在《四世同堂》里写的："他们为什么生在那用金子堆起来的家庭，是个谜；他们为什么忽然变成连一块瓦都没有了的人，是个梦。"

所以，后来有人称他为末代睿亲王，是"随时可能接到宫里当皇上的那种人"（金受申语），这其实是理论意义上的推测。真正的末代睿亲王是金寄水的伯父中铨。而中铨袭睿亲王名号已是1915年的事情，中国已经进入民国时期，所以枉担了"睿亲王"的虚名。至于为什么说金寄水有理论意义上的继承人价值，是因为中铨无后代，金寄水是中铨弟弟中铭的儿子，过继给他继承家业的。如果清室还在，作为世袭罔替铁帽子王之一的睿亲王王位是有可能由金寄水继承的。但从中铨始，这已是黄粱一梦。1915年中铨被授王衔，完全是暂且缩在紫禁城内的逊清小朝廷毫无意义的任命，就像一个荣耀称号，甚至被世人当作一个不合时宜的迂腐笑话。被推翻的清王室不可能给他们任何实质俸禄。是的，非常可笑！一个被推翻的王朝还在余烬里自娱自乐，而遗老遗少们也没办法浴火重生，顺应时代振奋前行，因为他们除了世代袭王爵，几乎一无所长。

所以一看到有人说金寄水是末代睿亲王，我便想起《红楼梦》里"尴尬人遇到尴尬事"。恰巧金先生也研究《红楼梦》，不过他不怜惜自己的命运际遇，所以他不写贾宝玉，而是写了《司棋》——这是他生前出版的唯一著作。或许他一辈子积攒胸臆的就是那一股子窝囊气，憋屈，厌恶自己的出身没给他带来荣耀和富贵，反而像个笑话。祖上享受了多少荣耀，他就承担了多少耻辱，说文雅些便是浮云如梦，还不如大观园里的丫鬟司棋"品貌风流""高大丰壮"。所以他生前给自己写好挽联，说是："人世已无缘，漫云宿业难逃，过眼云烟休再梦；他生如有约，纵使前因未了，伤心旧地莫重来。"投胎在了睿王府却得此生不如意。

百年前的燕园不可能有今天这么美！是的，距离墨尔根园出售迄今整整一百年了！清王朝结束时皇太后特别下旨原内务府，已分配给各宗亲的房产园林归各家所有，王室不再掌控，实质上完成了彻底的"房改"。仅八九年之后，已经多年失修、破败相尽显的这处西郊别墅，已在睿亲王迫不及待的出售资产名单之中。1919年他仅仅叫价两万元，便被陕西军阀陈树藩买走。这是一片二百四十亩的园林，是原圆明园南侧众多附属园林里规模最大的一处，也就是今天北京大学校园以未名湖为主体的核心部分。而这位睿亲王大爷带着兄弟去了一趟天津，携妓游玩，铺张排场，一天就花掉了一万大洋。

睿亲王家族在失去王室供给之后依然维持庞大的支出，挥金如土。北京刚有汽车的时候，他家就拥有四辆（其实他家本有八驾马车），刚有电话的时候，他家主要房子里都要装一部。此外他们还崇尚西洋物质，吃西餐，买洋货。这样的日子大约维持到1924年，就维持不下去了。而西郊别墅根本不值钱，因为当年交通不便，地处海淀的这些园林房产多年失修，早已荒凉一片，就跟荒地相差无几，所以两万大洋就是卖了片荒地。其城里的房产，即位于东城区石大人胡同的睿王府，共计五百余间房屋也一股脑抵押给一个德国人做股东的礼和洋行，贷了十万大洋。十万块钱很快花完，便把王府里家人居住的二十多间房卖掉，一家人四处搬家，房子越搬越小。最后还把祖坟园的建筑和树木卖掉（这里有伏笔，坟墓还是他家的），坟地有数百亩，以每亩八块钱的价格卖给了看坟户。1924年，由于交不起借钱的利息，被债权人告到京师审判厅，法院便将石大人胡同王府查封。他家就将那些排场物，马车啊，汽车啊，抵给了车夫和司机当工钱。府中各种古董宝物、家具用品运出六七十车，寄放在当铺里。四十几箱绫罗绸缎衣服只开了一张二百多元的当票，后来便也没有赎回，成了死当。据说他家的古玩文物装了一百间房，满满的全是。这些古玩一下子释放出来，激活了当时古玩市场的生意。那时候古玩市场，讲的故事都是王府家的，真货不少。

最后的睿亲王，家大业大，好似《红楼梦》里的奢华家族，瞬间大厦倾覆，只有残砖碎瓦遍地狼藉。

离开石大人胡同王府时，金寄水只有十岁，还是懵懂孩童。他的父亲中铭（中铨之弟）已于1923年过世，他便过继给没有后人的伯父中铨做继子。理论上说，如果逊位小朝廷还继续存在，他将是中铨的继承人，做一个落魄的末代睿亲王。清朝世袭罔替的十二铁帽子王，睿亲王这一支是进入民国后迅速败落的典型。

金寄水八岁开蒙，由一位老先生进府给他讲学，十三岁才进小学读书，只得插班到五年级。因为他旧学底子厚，一入校便文科夺魁，进入初中后依然历史、作文名列第一。但数学、物理、化学几乎交白卷，因为老先生也不曾教过他这些。加之家道中落，而且还是原先不可一世的铁帽子王家落魄如此，难免成了世人笑柄，同学说起来都是津津乐道的闲话。这难免令金寄水烦恼，于是初中没念完就退学了。为此他感慨："无故人前遭白眼，姓铜也比姓金强。"民国后，爱新觉罗家族大多选择姓金。退学的另一个重要原因是1931年他家又发生了一桩大事，或者称之为丑闻。

前面提及中铨卖掉家里的祖坟地，一般人称九王坟，在今北京东直门外新中街附近，占地三百多亩，包括上面的享殿、朝房、宫门、围墙山子等附属建筑，还有在北方比较值钱的松柏古树。被轰出王府后的中铨带着一家老小，日子越过越差，地已经没了，上面建筑也拆卖了，值钱的树也挪走了，就剩下埋在地里面的棺椁还算是他家的。最后中铨竟然打起了"起祖坟"的念头，口头上说是迁坟，实则想借机打开地下棺椁，寻些值钱的陪葬之物。

1931年3月10日《世界日报》第七版，以"前清睿亲王墓被盗"为题，报道了一桩震惊京城的自家盗墓案，盗墓主使人就是中铨。报道渲染说"睿亲王十一世孙捕"——把中铨当十一世睿亲王，其实十一世是中铨的父亲奎斌，1915年就已经死了。更耸人听闻的是还疯传"多尔衮墓中之珍宝"被盗。其实，1931年2月7日上午8时至下午2时挖掘王爷坟的事情都是大白天进行着，指挥者中铨不是"睿亲王十一世孙"，而是第十二代睿亲王。中铨组织了一群看坟户，打开的是他爷爷睿悫亲王德长的地宫。中铨扬言是要名正言顺地"起灵"——就是迁坟移灵至别处，但明摆着就是想看看爷爷地宫里到底有什么值钱东西。人要不是被逼到穷途末路，何至于如此，但他绝对不敢去刨老祖宗多尔衮的墓，这位末代王爷还是有点顾忌的。后话是，多尔衮地宫在1943年被一百多个盗墓贼费时良久后打开，没有财宝，只见到一米多高白底蓝花瓷坛子一个，里边仅仅木炭两截。打开棺材看到多尔衮的"头"是铜质的，这是乾隆年间为恢复多尔衮名誉而铸造的。因为当年顺治帝将死后的多尔衮头颅斩掉，并鞭尸，乾隆年间才重建宝顶，补了一颗铜头。

中铨大约认为爷爷的陪葬珠宝应该不少，所以便打开了睿悫亲王德长的地宫。没想到这是违反中华民国法律的，但更有可能是因为分赃不均得罪了当地官府，便被告发。当年的京师法庭判了中铨七年牢狱，结果这位王爷只挨了五年，就死在了狱中。世袭罔替的睿亲王家族庞大家产只十几年就被败光了。而1919年西郊别墅出售，就是这多米诺骨牌里的第一张。

二　陈树藩

1919年从中铨手中买走西郊别墅的是皖系军阀陈树藩，若非政治原因，他与北京没有什么渊源。陕西是他经营的地盘，但因为需要与掌控中国政治的北京政权打交道，从袁世凯当政到段祺瑞北洋政府，他均有密切往来。也是机缘巧合，1919年他买下了破落亲王的西郊别墅，即墨尔根园，作为他在京城的落脚点。

陈树藩出生于陕西一户绸布商人家庭，时逢乱世，他颇有权谋，正是改朝换代天下大乱时期的弄潮儿。他原本是清军里的军械官员，因掌管武器库军械弹药，被革命党策反，秘密加入同盟会。1911年10月22日上午，西安起义爆发，陈树藩领着起义新军冲进军装局弹药库，取出急需的子弹和炸弹。经过一天一夜的激战，两千旗籍骑兵被歼，将军文瑞投井自杀，六营巡防兵缴械投降，护理巡抚钱能训被俘，新军胜利，西安光复。经过几年，陈树藩长袖善舞，辗转腾挪，识时务认俊杰，很会搞政治。在最终摆平了一众陕西地方势力，并使用手段制服袁世凯在陕西的代理人陆建章之后，他自己任命为陕西督军，还通电全国，最终迫令北京袁世凯政府承认他督理陕西军务，掌握陕西军政大权。虽然如此，他起家是投靠的革命党，照理来说应该反对袁世凯称帝的倒行逆施。没承想，袁世凯当道，他只是陕西一方割据势力而已，可1916年6月6日袁世凯去世，第二天6月7日，陈树藩即通电全国，取消陕西独立，吹捧袁世凯为"中华共戴之尊，民国不祧之祖"。军阀一当，初心便忘。于是他便投靠段祺瑞这一老袁的继承者，正式加入皖系军阀，成为干将。不仅成了陕西督军，还兼任省长。1920年7月，直皖战争爆发，几天之间，皖系战败，段祺瑞下台，陈树藩失去靠山。为了保住地位，他又派亲信携重礼奔走于张作霖、曹锟门下，改投直、奉军阀，保住了他陕西督军的位置，但省长让出去

陈树藩

了。同时，他又在观望南方孙中山的护法运动，为了讨好支持孙中山的靖国军，陈树藩将1918年9月诱捕囚禁的靖国军第四路司令胡景翼释放回三原。

　　乱世之时，陈树藩这种本身没什么原则也不讲古人之"义"的人，是个政治投机者，最大的信条就是保全、扩大、发展自身的权力以及攫取财富。陈树藩和北京的关系就是，无论坐拥紫禁城或总统府的人是谁，他最大的诉求就是保住他陕西王的地位。同时他有各种获取财富的手段，譬如在陕西种鸦片，并在各地投资。1921年夏秋，他彻底失势，被逐出陕西。此后几十年他辗转天津、上海、四川、杭州，靠攫取的财富做了一辈子的寓公，直到1949年去世。北京西郊花园只是他1919年众多投资中的一项而已，在象征中国权力中心的北京搞到一片土地，于商业、于政治都有意义。

三　司徒雷登

司徒雷登

1921年春天，陈树藩陕西那里的形势还看似平静。在这之前，美籍传教士的儿子，出生于中国杭州的司徒雷登，一直在中国为美国教会服务，是一名传教士并兼任希腊文教授。1918年下半年，他所属的美国南北长老会正式下达命令，令其去筹办"一所新的综合性大学"。1919年，司徒雷登接手了一间由原来几家教会大学合并而成的新大学，这所新大学为起什么名字，几个合并学校争执不休。最后由司徒雷登命名为"燕京大学"，英文为 Peking University。这是其中被合并的汇文大学早在建校之初即在美国注册的英文名称。当时北京大学为此名称问题与燕京大学交涉了好几年，因为从不懂中文的外国人的角度看，Peking University 就是北京大学。而当时任北京大学校长的蔡元培没有办法，学校的英文只能是 Government University of Peking，很奇怪的英文名字。不过，当时挂在燕园西门（燕大正门）的那块"燕京大学"的匾，恰恰是请蔡元培题写的。我想蔡先生虽与燕大有校名之争，却也乐见其成，踏踏实实亲自书写"燕京大学"四字，至少中文上不要和北京大学再混淆吧。谁也想不到，三十几年后，燕京大学又被北京大学合并了，北京大学迁入了燕京大学的燕园校址，七十年来，以中国最优秀的大学和最优美的校园著称。而在相当长的时间内（至少我在燕园求学的上世纪80年代），北京大学的英文都是使用 Peking University（当然今天已是 Beijing University）。可见两校的历史交集，也是如梦如幻。

司徒雷登着手为燕京大学筹款，他的筹款能力超强，总共筹措到了二百五十多万美元。此外他还争取到一笔接近二百万美元的个人遗产捐赠，这位大亨是当时美国的铝业大王。这笔款项在哈佛大学成立了燕京哈佛学社，建了一所燕京图书馆，迄今为止，依旧是著名的汉学研究机构。除了大亨遗产，其他捐赠基本来自美国的教会和个人，中国军阀也有出钱的，譬如孙传芳先拿出一百美金（军阀也缺外汇），后来又给了两万大洋。不过这以后，燕京大学出现了他一个儿子的身影，相当于有条件的赞助费。这个男孩学习很刻苦，也爱国，日本入侵中国后，他因从事"爱国壮举"而离开燕大。

另外，因为新学校没有像样的校园，司徒雷登需要带着助手走遍北京四郊，为燕京大学找一处理想的校址。有一次他拜访清华园的朋友时，朋友向他推荐清华园西面这一大片废弃的园子，此时产权已经从睿亲王王爷转到陕西督军陈树藩名下。陈树藩对外说是为了孝敬自己的父亲陈兴德安享晚年，园子已改名为肆勤农园。但易手两年多了，除了有些仆人看园子修理树木，陈家人并未搬来居住。因为这期间，陈树藩在陕西事务缠身，甚至很多时候内外交困，暂时顾不上了。

司徒雷登通过中间人向陈树藩表达了购买西郊花园的意向，并未被回绝，陈树藩那边也欢迎他去陕西做客。至于价格，中间人反馈陈树藩父亲的意见是二十万大洋，包括原先买价、这两年打理守护园林的皮费、中间人的好处费等。司徒雷登当时已筹到二十几万美金，他想就是二十万大洋买下二百多亩地的园子也合理，他还是有不少余钱为校园再盖一些教室和宿舍楼的。于是他真的带着二十万大洋（应该是银票）从北京出发了。

那正是1921年乍暖还寒的季节，司徒雷登带着一个仆人从北京出发。他们沿北京至汉口一线乘火车经过初春的华北平原，然后继续沿着一条正在建设的东连大海西至西安的线路（应该就是最早的陇海线）向西前行。但下火车的地方距离西安还要步行一个星期，且这个区域土匪横行。陈树藩特别派了一个班的士兵来护送他们，士兵带来一驾由两只毛驴拉着的轿子车，木头的，躺在里面很舒服，另外还有一匹马。司徒雷登喜欢骑马，而仆人得到许可也很乐意躺在轿子里。司徒雷登悠然骑在马上，眼睛四处张望着这片古老文明的秦陕大地，此时春意盎然，新生萌动。他说："这种旅行方式让我亲眼看到了未受到现代和西方文明侵蚀的土地上的朴实农家风情，这对我来说十分宝贵。"

在西安，司徒雷登因洋人身份受到了官方的热烈欢迎。关于北京西郊土地的事情谈得很顺利，陈树藩以六万大洋将地块转让给燕京大学，其中他只收取四万大洋，另外两万大洋给燕京大学作为奖学基金。当然还附属了一些司徒雷登很容易答应的小条件，譬如每个学年给陕西籍学生一定的入学名额，让陈树藩在西安建的中学（承德中学）成为燕京大学的附属中学，在校园里为他的父亲建一座别墅等。后来别墅还真建了，但陈家人再也没有回到燕园，别墅就改成了一座纪念堂。

1921年的早春，司徒雷登在陕西权力高层觥筹交错的欢宴中发现了汹涌的斗争暗流。有一回，在陈树藩督军和省长联合主持的宴会中，两人坐在了一起，看似感情融洽、气氛热烈，可是他们的食物都是各自厨房准备的，因为害怕对方会下毒。他们两人身后都跟着保镖

护卫，有个护卫的枪不小心掉在了地上，顿时，全场一片惊慌。而在
发现是一场虚惊后，大家又装得没事一般，稳稳坐好继续进行着亲切
的聊天。这其实是中国自古以来官场上经常会出现的，譬如鸿门宴。
司徒雷登在自传里写道："在中国那个动荡的年代，不管你有多足智
多谋，最终都是竹篮子打水。这些事情经历过后，我就知道与当权者
打交道的重要性了。"

　　司徒雷登与陈树藩的这笔交易做得多么及时！因为司徒雷登返
回北京后不久，就听说陕西省长推翻了督军，夺回了陕西的军权，而
陈树藩简直就是亡命般出逃四川。如果错过春天的西安之行，燕大的
购地建校计划又不知会几番蹉跎。

燕京大学建设图

　　陈树藩在1921年夏秋之后彻底失势，从此以寓公身份度过余年。司徒雷登很感恩他，陈树藩隐居天津期间，司徒雷登还经常去看他。

　　司徒雷登请来当时最优秀的设计师之一亨利·墨菲设计校园。在他最初的规划中，他竟然希望把燕京大学的校园建成紫禁城的缩小版，甚至要对原有的水系进行填埋。但毕竟土地有限，而作为一所大学，需要各式功能的建筑，不可能做到随心所欲。不过司徒雷登的建校主旨是完全做到了。他说："我们从一开始就决定按中国的建筑形式来建造校舍，室外设计了优美的飞檐和华丽的彩色图案，而主体结构则完全是钢筋混凝土的，并配以现代化的照明、取暖和管道设施。这样，校舍本身就象征着我们的办学目的：保存中国最优秀的文化遗产。"

燕京大学校园图

　　事实证明，今天从北京大学西门（当年的燕京大学正门）进入校园，一架飞虹小石桥（校友桥）越过脚下清流，前方便是开阔的大草坪，左右各有华表（它们来自圆明园）玉立。而这块巨大草坪地应为当年的校广场，当时称为方院，三面围合。两侧分别命名为穆楼和民

进入燕京大学校园后的广场

燕京大学鸟瞰

燕京大学的女生

主楼，为九开间庑殿顶建筑。正对面是行政楼，名曰贝公楼，歇山顶，其两侧为宗教楼和图书馆。这些大楼既雄伟大气又端庄秀丽，是中西建筑艺术优秀糅合的典范，一百年岁月轮转，非但毫无违和陈旧之感，反而愈加显现历史的饱满与丰厚，沧桑感中亦注入了毓秀钟灵，成为北京大学校园经典区域之一。

燕京大学的校园建设从1922年持续到1929年，先抓主体，抓必要配套，从而使燕京大学于1926年可以正式迁入校园。司徒雷登并未停止他的收购与建设，他继续收纳附近园林，相继从清王室的宗亲如爱新觉罗·载涛手上得到朗润园，并继续收购了校园西侧的蔚秀园和承泽园，面积比墨尔根园大了许多。但徐世昌家族一直占据着鸣鹤园和镜春园的一部分，直至上世纪40年代末期，徐家才退出这部分园子，把它交给北京大学。

四　金寄水与司徒雷登

在金寄水的文字里从来没有出现过什么燕京大学或者燕园，毕竟，孩提时他的家族失去这座园子了，失去了，便意味着想都不要再想。如果有人说，想当年我家祖上如何阔气，如何有这有那，说出来也是耻辱。金寄水在民国时期就是底层卖文为生的文人，或许他也可以应长春满洲小朝廷之邀，过上相对富足些的生活，但他不愿意去。后人解释为他是有气节的人，不愿为一个日本傀儡政权服务。或许，他就是个真正的淡泊人，吃喝还接济得上便在京城死守着。建国后他和金受申一样，被视为熟悉老北京掌故的文化人，被北京文联吸纳，在《说说唱唱》做编辑，然后退休，然后去世。

他最后的住址在紫竹院文联分配的宿舍楼里，天气好时可以看到西山，离北京大学所在的燕园也很近。他将居室命名为"野石斋"，自觉"晚晴无限好"。有诗为证："凤城西北有高楼，薄醉凭阑易感秋。毕竟晚晴无限好，闲云虽懒不知愁。"

他出生时已堆积了万古愁，如果还纠结着老祖宗多尔衮的墓园，还怨念曾经的西郊美园林，那就不是顺应时势的金寄水了。

司徒雷登1946年7月至1949年8月为美国政府服务，出任驻中华民国大使一职，故这三年他在南京工作和生活。国民党溃败南下时请求他前往广州，被他拒绝了，他请示杜鲁门，希望前往北平面见中国共产党的领导人。至此他兼具教育家与传教士的情怀，想把他的理念和想法与共产党人沟通，以延续与中国的联系。但杜鲁门总统拒绝了他的请求。1949年8月2日他登上一架美军运输机离开南京回国。当他被助手搀扶上舷梯时，他心有不甘地扶着舱门，回过头来，黯然神伤地望着眼前的一切。冥冥中他知道，他与中国缘尽，他再也回不去北平，回不去他亲手创建的那座有着美丽园林的燕京大学。

六天之后，1949年8月8日，新华社播发了毛泽东的《别了，司徒雷登》一文，说他是"美国侵略政策彻底失败的象征"。因为这篇文章，司徒雷登在中国甚至普通人中间都声名大噪。而回到美国的他旋即退休，默默无闻，甚至被麦卡锡分子列入"通共"的黑名单，两边均不讨好。他继而中风，贫病交加，幸亏有义子傅泾波一家照料残年。他1962年9月去世，据说来参加葬礼的都是中国人，且大部分都是燕京大学毕业生。

金寄水与司徒雷登，穷其一生也不会知道对方是何等人物，但没落家族的一方土地竟然成就了中国一所优秀大学的校园，个中曲折，令人慨叹。

2020年3月3日

本文参考：

〔美〕司徒雷登：《在华五十年：司徒雷登回忆录》，中央编译出版社2011年5月出版。

大佛寺街的大公主府

一 大公主府

　　早先北京城有一条街叫大佛寺街，晚清、民国时期都有名气。因为这里有一座气象恢宏的大公主府，原先是乾隆爱女荣安固伦公主府，规格之高不亚于亲王府。荣安公主过世后被赐予荣寿固伦公主，荣寿公主是道光帝奕字辈儿子们里第一个出生的女儿，老大，称大公主，获万般宠爱。咸丰帝在世时也喜欢她，从小就被抱进宫养，成了懿贵妃（后来的慈禧）等后妃们的可爱小棉袄。在《清史稿》中，她被记为"文宗抚弟恭亲王奕䜣第一女"。因为这么一位身份高贵的公主府邸在此，大佛寺已经有了名气，而这位公主因为年少新婚没几年便成了寡妇，年华无聊，脾气有些炸裂。说是她一出门前呼后拥，声势如虹简直了得，别说旁人百姓靠边候着，官员的轿子车马也要识趣让路，动作稍慢，大公主的家丁便鞭子抽过去，不管不顾。有传闻说她父亲恭亲王奕䜣有一次路过此地，听说公主车驾于途，也只得叹口气，让自己车马暂时转到旁边的胡同里，父女相错而过，互不相见。

　　清末年间，清政府对京师部分街巷名称重加厘定，将大佛寺街细分为大佛寺东街、大佛寺西街。大公主府便在大佛寺西街上。"文革"期间西街一度改称首创路，1973年更名为美术馆后街，因位于中国美术馆后身而得名。大公主府早被拆除运到密云县一个郊野公园里复建，其原址现在是北京中医医院。不过大佛寺东街的街名还是保存下来了。而且，虽然西街大公主府不复存在，但只相隔一条马路的大佛寺东街上却比较完整地保留了承恩公志钧宅，此宅邸正是当年的大公主的夫家。她自己的府邸和夫家如此近距离，可见当年也是刻意安排关照的。大佛寺东街在光绪时期也称大佛寺后，今天是一条东西加南北走向的拐直角的街道，东西一段是原南兵马司胡同，与东端右转的南北街巷合称大佛寺东街，"文革"期间叫高产街，现已恢复为大佛寺东街。

二　大佛寺

大佛寺，大佛寺，起初我最关心的莫过于这里曾经有过大佛寺，地名如果因庙宇而起，这庙宇自有不同气象。既然有大佛寺东，又有大佛寺西，那么两条街道夹住的部分应该就是大佛寺的庙宇范围了。经查资料记载，果然，这里曾经有一座占地面积较大的庙。起源何时已无考，在清朝时逐渐走衰，庙宇殿堂越来越少，但场地很大，曾经是百姓们的练武场，也是灾年赈济施粥的粥厂，类似今天的公共活动场所，人民可以径自聚散。解放后，佛寺房屋被逐步拆除，前半部分建了一个制铁器的工厂，后来便成大佛寺菜市场；后半部分则有一个补习学校及美术用品商店。1957年和尚被集中管理，寺庙残剩的殿宇被用在他途。1985年，尚有一座正殿和东、西配殿，其余房舍均已拆除建为楼房。2001年，仅后殿观音殿尚存，包括一大殿及东、西配殿，东侧有部分厢房。所拆部分建成大楼，为东城区房管局景山服务中心使用。

大佛寺原址的准确门牌号是美术馆后街76号、60号（原大佛寺大街50号）。现在，60号附近比较复杂，有一家连锁酒店，有一家北门涮肉店，还有一些单位用房。而76号院是隶属工商银行的一家精品酒店，地图定位是锦室大院。也就是说原来大佛寺的院落和殿堂基本上被各种建筑蚕食占据，除了大致确定一个范围，今天很难发现残迹。

据《日下旧闻考》引《析津日记》记载："普德寺俗呼大佛寺，建置岁月无碑记可考"，"寺门前有四碑，俱漫漶不可读"。此四碑年代为明代或明以前，但在乾隆时碑文即已无法辨认了。光绪十一年（1885），有《重建大佛寺碑记》，记有"光绪三年西域寺住持僧人通悟禅师募化重建"，成为西域寺的下院。光绪年间此间寺院略有起色，山门额上有石匾题"敕赐护国普法大佛寺"。中殿前有石碑两座，一为"皇帝重建大佛寺碑"，螭首方座，座雕流云，碑高3.9米，厚0.3米，光绪十一年刻，可惜碑文模糊不可辨，但说明一度还是被朝廷认可的寺院。另一碑与之大小、年代均相同，为集善粥厂碑记。额阳文"集善粥厂子"，额阴文"共成义举"，碑文为："赐进士出身都察院左副都史……英晦题额……光绪十一年七月。"说明此时便有了粥厂，而光绪三年修的庙到十一年才立碑，香火倒也未见兴旺。

民国期间赫达·莫里逊拍摄的大佛寺佛像

1937年民国政府调查寺院情况时，寺内只有一名住持僧，名纯山。寺内庭院变成练武场，可供老百姓练习摔跤。从德国女摄影家赫达·莫里逊留下的大佛寺大殿里的雕塑看，民国期间殿内佛像保存完好，雕塑技艺也是上乘，不过这应该全是拜僧人募化所赐。虽然它周围都住着皇亲国戚，竟没人好好供养家门口的寺院。

今天，大佛寺残迹难觅，仅作为北京的一个地名。不过，这地名一代代地叫下去，总会有人如我，时不时出来探寻一下它的渊源由来。

三　志钧宅

前面说大公主府被搬到百里之外的密云县做风景区点缀去了，也算是一种保护。而大公主的夫家，就是现在位于大佛寺东街2、4、6号的承恩公志钧宅，现为东城区文保单位。清人崇彝所著《道咸以来朝野杂记》载："（傅恒之侄）明瑞之第，在安定门大街南兵马司路北，共分三大宅。明之子或是孙，工部尚书博启图，袭公爵。博之子景寿，尚宣宗六公主，俗称此宅为六额驸府。景（寿）之季子志钧，袭承恩公。"前文道，南兵马司街后来并入大佛寺东街，根据上述记载，现存之大宅即为原六额驸景寿府，后为承恩公志钧府。原三大宅中，东部已全部拆除改建，西部仍保存大宅格局，前有广亮大门，自成一院。全院主体建筑均为大式硬山筒瓦过垄脊，房屋虽有拆改，但基本格局完整，建筑质量较好，尚保留有许多精致的砖雕。目前为中国器官移植学会基金会等单位使用。

这里出现了乾隆某重臣的名字：富察傅恒，令人不由想起热播剧《延禧攻略》里，那个夺走女人心的玉树临风文武双全的富察公子，

承恩公志钧府大门，西院保存相对完整，为某单位使用

乾隆帝最爱的原配——富察皇后的亲弟弟。此支富察氏乃京城望族，几朝朝中重臣，满门荣耀，门第显赫。承恩公志钧这一支是富察傅恒的亲弟弟富察傅文这一支的传承。这一支也出过为朝廷尽忠的英烈先辈，那就是富察傅文的儿子、富察傅恒的亲侄子——明瑞。他的主要成就是平定准噶尔部的第二次叛乱——阿睦尔撒纳叛乱，战功卓著获得擢升，为户部侍郎，授参赞大臣。乾隆三十三年他为保云南安定带兵进军缅甸，遭敌围困，力战无果而自尽。这是国舅爷的儿子战死沙场，乾隆帝闻之痛惜，为其在京建立祠堂，并亲临其府奠酒，谥号果烈。其后代也沐浴皇恩，一直担当朝廷要职。

　　到明瑞的曾孙富察景寿一代，富察家再次成为外戚，不是姐妹里再出皇后，而是景寿本人成为道光帝第六女寿恩固伦公主额驸，道光二十四年，赐头品顶戴，在上书房读书。次年，袭封一等诚嘉毅勇公，咸丰朝为御前大臣，属于"亲而贵"的重臣。寿恩公主并非皇后所出，她与恭亲王奕䜣同母，是静贵妃所出，但深受道光帝喜爱，本应是和硕公主而破格获封固伦公主。因妻而贵，景寿地位自然也抬高了。

　　景寿这个人性格谨慎，不出头，给人印象厚道。咸丰临终前任命的赞襄政务王大臣，即顾命八大臣，景寿是其中之一，另外七个人都是肃顺一党的。当然后来慈禧联手慈安皇后及恭亲王，发动了"祺祥政变"（亦称"辛酉政变"），顾命八大臣获败，结局很惨，肃顺被直接拉菜市口斩首，郑亲王端华、怡亲王载垣，两位世袭铁帽子王被赐死。李慈铭在《越缦堂日记》中记录："及董御史疏上，三人（怡亲王、郑亲王、肃顺）纠党忿争，声振殿陛。天子惊怖，至于涕泣，遗溺后衣。"这就是后来说的这几位自恃正根儿的爱新觉罗氏宗室，嚣张跋扈，"咆哮于室"，"哓哓置辩，已无人臣之礼"，同治皇帝吓得尿了裤子。其他四人——穆荫、匡源、杜翰、焦佑瀛，为当时五位军机

尚存的志钧府原来的大门

大臣中的四人，全是肃顺党，因此得以名列辅臣，事后均被罢官，永不录用，或流放，或于家郁郁而终，结局凄凉。

而景寿当时在热河是以额驸外戚身份陪大阿哥载淳读书的，身为御前大臣并无实权。他为人圆通，诺诺低调。大阿哥的母亲即当时的懿贵妃对景寿没有坏看法，景寿被裹挟进顾命八大臣本身就比较无奈。所以据说，景寿在现场沉着脸，任那几位宗室咆哮，他一言不发。当然事后他也被牵连免了职，罪名就是"身为国戚，缄默不言"。不过第二年，景寿就被起用，为领侍卫内大臣，管神机营事务，而且还被重新赐授"紫缰"——这是固伦公主额驸的特权，足见慈禧并不把这位咸丰的姐夫、公主额驸当外人看。而更奇的是，因为奕䜣女儿荣寿固伦公主一直在宫中慈禧身边生活，俩人情同母女，慈禧亲自为荣寿公主挑选的好夫婿就是景寿的儿子富察志端。这可真是，富察府父子二人皆为额驸，一时传为美谈。

只是，好景不长，荣寿固伦公主与志端一对小夫妻只过了五年恩爱生活，志端就生病过世了。本来志端作为长子应该承袭的家业便由其弟弟志钧接手。后来志钧光绪十二年（1886）袭三等承恩公爵，在进入民国的1921年过世，后代情况不甚清楚。不过从他家宅邸保存良好的情况看，家族应该比较平稳。

四　荣亲王府和"丁香花诗案"

此地还有一处亲王府，规格要高过志钧府的宅邸，这便是坐落于大佛寺北岔的荣亲王府，后因逐辈降级，成为公府。这位荣亲王老祖就是乾隆皇帝的第五子永琪（又是当代大热的影视人物原型，《还珠格格》里的五阿哥）。永琪从小便是好苗子，博学多才，武技颇精，品性笃正，原本是被乾隆看好继承大统的王储，可惜天不假年，二十五岁便早逝了。他的王府原本在宣武门内太平湖，到了他曾孙载钧执掌家族的时候，奉朝廷命，太平湖王府腾给了醇亲王家，后来那里诞生过光绪皇帝，所以也被称为"潜龙邸"。而载钧带领家族搬到了大佛寺北岔另立府邸。这时，他的父亲奕绘贝勒已过世，奕绘的侧福晋顾太清因为在太平湖府邸时发生的"丁香花诗案"，被逐出家门。

话说此案是龚自珍写的一首诗引起的："空山徙倚倦游身，梦见城西阆苑春。一骑传笺朱邸晚，临风递与缟衣人。"在诗后还有一句小注："忆宣武门内太平湖之丁香花一首。"太平湖畔距奕绘贝勒府不远确有一片丁香树丛，初春香气袭人，且奕绘在世时喜与文人交往，龚自珍是府上常客。因为奕绘与顾太清感情深厚琴瑟和谐，顾也是大才女一枚，很有可能与龚自珍相识。好事者望文生义，因顾太清本名"春"，也叫西林春，尤爱素衣示人，难免令心怀叵测者遐想，于是京城便盛传龚自珍与顾太清有私情。龚自珍虽然以文采名满天下，但为人孤直，文章奇诡，常被视为"奇谈怪论"，看他不顺眼的人很多。且他只是个内阁中书、宗人府主事，这下声名狼藉就辞官南下回乡了。而载钧因这位继母闹出满城风波，自觉颜面丧失，干脆就将顾太清及其儿子载钊逐出家门，让他们在西城西养马营胡同生活，没让她进大佛寺北岔的府邸。号称清代第一女词人，堪与第一男词人纳兰性德比肩的顾太清，过了十几二十年的潦倒生活，孤儿寡母，异常艰辛。

但真是天算不如人算，载钧贝子无后，无奈只得过继顾太清生养的载钊之长子溥楣为嗣子。且载钧贝子四十岁过世，降袭镇国公的溥楣传承家族，顾太清作为奶奶便被风风光光迎回大佛寺北岔大宅，安度了晚年。不过后来溥楣犯事，被褫夺镇国公位，由他的弟弟溥芸继承，这里便被称为芸公府。

民国元年（1912）隆裕太后降旨，所有原属皇家的王公府邸一概恩赏为私产，由各门户自行处置使用。猜测这家镇国公是破落了，很快，房产便卖给了外城巡警总厅厅丞治格，最后一代镇国公毓敏开始带着家眷几经搬家迁移，住过西四北七条、棉花胡同、魏家胡同、北新桥二条，十年之内净搬家了，靠着出售的祖产资金过着没落贵族的生活。后期芸公福晋与其儿子毓敏的媳妇，婆媳二人干脆搬到丰台大灰厂村北宫。那是什么地方？那是永琪之子荣恪郡王绵亿的陵寝，成了守坟户了。

芸公府，也称敏公府（因为溥芸死后其子毓敏承袭"镇国公"），在民国期间房产几经转手，最后一任主人是京城名医孔伯华，他家

大佛寺东街的东端，右转便是原芸公府，顾太清终老的地方

1945年入住，住到1950年。之后，这里为部队某单位使用至今。

　　大佛寺北岔芸公府的位置在原大佛寺东，早先这里还有一座关帝庙。关帝庙北被称为大佛寺北岔，府址为今天的大佛寺东街15—23号。原本这处府邸占地二十亩，有房屋百余间。现在除15号院是一个独立院落，其他门牌号是一个整体的大杂院，开了若干个门。怎么表述更为确切呢？只能说当年的王府几经变迁成为公府，二百多年经历了多次易手，难免各种加建、拆建、改造，虽没有彻底拆除，但拉拉杂杂成了杂居地，住户众多，已是面目全非了。

　　大佛寺这个地方很奇妙，离皇城根儿不远，佛寺的周边建有皇亲国戚的府院，但这些大户人家从未听说做过大佛寺的大功德主，与寺院有什么往来。他们是锦衣玉食的贵族，跟着清朝这艘大船招摇享受，饱览无数个风花雪月富贵平安的好年景，船漏了船沉了便四散而去。连顾太清这样的才女，出身罪人之家但幸遇良人奕绘贝勒，虽然中年受挫，但晚年亦托子孙之福，得以善终，所以也只是个迷失于现

大佛寺东街15—23号原芸公府，现已为杂院

世静好的吟诗者。这些人的生活里嗅不到大佛寺飘出来的香火烟气，也看不到那里粥厂上的贫寒饥馑，更不会和市井百姓一起在寺院场地摔跤练把式。这其实就是人世间的写照：即使偶然的缘分凑在一个区域共生，彼此也终生无缘相识。

2018年12月8日

本文参考：

1. ［清］崇彝：《道咸以来朝野杂记》，北京古籍出版社1982年1月出版。

2. ［清］于敏中等：《日下旧闻考》，北京古籍出版社1981年5月出版。

那些葬在金山口的娘娘们

　　站在颐和园万寿山顶，我常凝望的西北方向的一脉青山，就是众人所说的西山。晴空朗日在北京城内便可目力所及，众人每每欣悦：今天空气好，可以看到西山了！而准确地说，它应该称为小西山，太行山脉延续进入北京境内的部分统称为西山或者大西山。京城地理

颐和园万寿山坐拥金山之南

是"左环沧海，右拥太行"，所谓"若神京之右臂"，说的便是太行山。而小西山是大西山分离出来的一组更为低矮的余脉，靠近城市，在军庄至寨口一线与大西山有短距离的沟壑分离。从卫星图上看，如一片枫叶飘落原野。

一　三位迁进十三陵的皇后

在小西山上，埋藏着众多的京城人文史迹，有各种说道。其中金山一带，也就是从香山一路向东，快到末端继续分岔的一座山（向东北走向是百望山，向南麓延伸便是玉泉山。当然，今天地理上有五环路穿过并有狭窄的居住平地，使玉泉山已成"孤独之山"）。因有山口，也叫金山口。明史记载，这一带下葬的明朝皇后，起初总共有七位，后来有三位迁进十三陵明皇之墓，去祔葬她们曾经的皇帝夫君去了。她们之所以死后尊荣，是因为后来她们的儿子做了皇帝。虽然她们死的时候地位大多是妃位，甚至有的没有像样的名分，凄惨下世，但架不住生下了好儿子，儿子当了皇帝便追尊其为太后，并移灵先帝陵寝，因此获得身后哀荣。

刘娘娘

最典型的例子是刘娘娘。刘娘娘是崇祯皇帝朱由检的生母，也就是崇祯皇帝尊封的孝纯皇后，全称为"孝纯恭懿淑穆庄静毗天毓圣皇太后"。这位娘娘下葬时别说妃位，什么封号都没有，人称刘淑女。而且，当时她侍候的主子朱常洛只是太子爷，还没有登基做皇帝。她被偶然临幸生下朱由检，可始终不被善待。她在太子府邸是地位最低下的妾滕，朱常洛更是性情暴戾，喜怒无常。因为他自己是当年万历皇帝母亲李太后的一个婢女所生，地位太过卑微，他自小便是看着父皇脸色战战兢兢长大的。

虽说万历皇帝活下来的儿子都是庶出，但他是长兄，理应被立太子，而他的出身经历简直就是他父亲的翻版：正宫没有生下太子，庶出的第一个儿子又偏偏是地位低下的宫女所生。万历皇帝讨厌朱常洛的母亲，觉得自己偶然发春情给了一个婢女，简直难以启齿。他称自己的儿子朱常洛是"都人之子"，宫女生的，丢脸。但被自己的母亲李太后骂回去，说你自己也是"都人生"（李太后生万历皇帝朱翊钧时也是婢女）。但按照明朝礼制，朱常洛出生在先，而万历皇帝宠爱的郑贵妃生下的朱常洵在后，他整天想的就是怎么越过这个礼法，立朱常洵为太子。为此，万历皇帝和那些讲礼法的大臣闹了十五年的别

刘娘娘画像

扭，史称"国本之争"，皇帝甚至赌气疏懒了朝政。此事最后以万历皇帝妥协告终，朱常洛立为太子，朱常洵立为福王。可想而知，在父王面前如惊弓之鸟的人回到府里便成了恶鹰，性情无常。

朱由检五岁的时候，不知道刘淑女哪点出了差错，朱常洛便惩罚她，《明史》记载是"失光宗意，被遣，薨"。这几个字意味着她不是被打死了，就是自杀了。而朱常洛怕父皇知道自己府里草菅人命，可以借口拿下他的太子位，就悄没声以宫人身份将刘淑

女草草下葬西山一带。

　　朱由检长大做了信亲王，他是个心事很重的人，总是放不下自己母亲死得不明不白这件事，就问他的近侍："西山有申懿王坟乎？"近侍说："有。"又问："旁有刘娘娘坟乎？"答曰："有。"于是他偷着拿些钱让侍从去为母亲祭扫。十七岁，朱由检登基明朝大位，是为崇祯皇帝。五岁失母，母亲的模样已模糊不清，他让宫中老宫女给他描述母亲的尊容，并让画师画出来。画好后，画像由正阳门迎入宫中，朱由检跪迎于午门。老宫女们看见画像都说，就是这样的。崇祯皇帝便哭倒在画像一侧，后宫之人无不泪如雨下，哭声连绵，为那可怜的海州（今连云港）女人冤屈。很快，崇祯皇帝将母亲遗骨迁至十三陵光宗皇帝的庆陵，与光宗合葬。

　　《明史》里提到的申懿王坟在今天石景山申王府一带，好在这个地名流传至今依然使用，想必刘娘娘坟也是在这附近的。

纪皇后

　　如出一辙的还有孝慧纪皇后的故事。纪皇后原本是广西大山里的瑶族人，自幼父母双亡，幼年被贺县（今贺州）桂岭一亲戚收养。成化二年明军攻打瑶山，俘获了大批土人，这位女子也被"俘入掖庭"。进京后授为女史，因"警敏通文字"，得到宪宗宠爱，成化五年生下儿子朱祐樘，也就是后来的明孝宗。当时宠冠后宫的是那个比宪宗皇帝大十七岁的万贵妃，她自己也生了皇子，但只一岁就夭折了。结果后宫女人再生皇子便成了一件可怕的事情，包括悼恭太子早夭，大家都认为是万贵妃下的毒手。所以纪女史怀孕后便东掖西藏，百般躲避万贵妃，生下皇子之事不敢报告，放在宫外养活，终于长大到六岁，始与宪宗相认。当时那皇子的恓惶样令人落泪，这个孩子胎毛六年未剃都拖到脚上了。宪宗将他抱在膝上说："类我！"自是涕泪横流认了儿子，起名朱祐樘，总算是皇室后继有人了，纪女史也被封为淑妃。但没多久淑妃也没躲过"暴薨"的命运，后人归结为她还是没有逃脱万贵妃的魔掌。不过六岁的朱祐樘被周太后留在仁寿宫中养育，保护他不受伤害。太后并教他，无论万贵妃给什么吃的什么喝的，一律不得碰到嘴巴。果真，万贵妃让他吃东西，他说吃饱了不吃；让他喝汤，他反问：不会有毒吧？万贵妃无奈叹息道：小小年纪就这样，将来定对我不利。朱祐樘母亲在有生之年只是一位宫廷女官，后来获封淑妃，不出几个月便死掉，死后以妃子礼葬于金山。太子朱祐樘即位后，是为明孝宗，追尊生母为"孝穆慈慧恭恪庄僖崇天承圣皇太后"，史称纪皇后，遗骨从金山迁葬茂陵，与宪宗合葬。

而宪宗的至爱万贵妃，活到五十七岁那年春天去世，当时宪宗四十岁。万贵妃的死夺了他的魂魄，他悲恸欲绝，自言也活不了多久了，果然当年九月九日便病笃驾崩。但万贵妃始终是贵妃身份不得与宪宗合葬，只得葬于今天十三陵镇的万娘坟村一带。明朝是个严格遵从礼法的朝代，位分尊卑不可逾越。

宪宗下葬的茂陵里总共三位皇后，除了被迁陵过来的纪皇后，直接祔葬的是孝贞纯皇后，也就是王皇后。她是正式获封的正牌皇后，一生不受宠，平生只爱万贞儿（万贵妃）的宪宗总想废了她，立万贵妃为皇后。无奈她一生谨小慎微不犯错误，才没有让宪宗找到机会把她像废掉吴皇后那样废掉。王皇后一生少受宠幸，无子女。

祔葬宪宗陵的第三位皇后是孝惠邵皇后，她也是后迁进来的。其实宪宗死的时候，她还只是个妃子——邵妃，她自己的儿子朱祐杬被封为兴献王，但她没有被允许跟随儿子前往藩地，只得在宫中养老。但她是有好福报的，她活得足够长，宪宗死了，孝宗也死了，连孝宗儿子武宗皇帝掌权十年都死了，她还活着。更没想到武宗皇帝无后人，皇位竟然轮到她的亲孙子朱厚熜继承大统。朱厚熜就是兴献王朱祐杬的儿子，庙号世宗，通常也称嘉靖皇帝。那时邵妃不但老了而且眼睛也瞎了，她把世宗从头摸到脚，老泪纵横，喜不自禁，感叹虽然与自己的儿子天各一方，生死不得见，但亲孙子回来御宇天下了。当年十一月，邵妃崩逝，也是下葬金山，可接着世宗便尊她为"孝惠康肃温仁懿顺协天佑圣皇太后"。世宗想在第二年二月迁葬茂陵，有大学士杨廷和等阻挠："祖陵不当数兴工作，惊动神灵。"意思是说茂陵打开的次数太多了，会冒犯神灵。但世宗不听，还是将祖母葬入茂陵。也就是说，宪宗皇帝的茂陵自他自己1487年下葬后，陵寝被打开过三次，除了自己的王皇后1517年下葬，依次，孝宗把自己的母亲纪后，世宗把自己的祖母邵太后都放进去了。

杜皇后

第三位从金山迁骨的是杜皇后，她的故事虽然比不上前面刘娘娘、纪皇后那么悲惨，但她是世宗嘉靖皇帝的后宫，嘉靖皇帝当朝时间长，活得也不算短，身后庞大的后宫难免生出许多吊诡怪异的故事，被他正式敕封的三位正牌皇后没有一个有好下场。好在这位杜皇后不是正牌皇后，直到死也只是一妃子——康妃而已，得以侥幸善终。她早于嘉靖皇帝十三年去世，一生平平淡淡，皇帝对她也冷淡。她是嘉靖十年举国大选美入宫的一批美人并获封九嫔之一，但她在九嫔里排最后一位，一开始就不被看好。后来九嫔中有升皇后的（方后），有升皇贵妃的（阎贵妃），而杜氏直到生育皇子才获得妃位。而她后世封后也是因为她生下的皇子成了后世皇帝，即明穆宗朱载坖。

嘉靖皇帝先前确立的太子朱载壑十六岁便死了，后面这两个儿子——裕王朱载垕及景王朱载圳——是同年出生的，在他看来都不是很满意。他们的母亲杜妃、卢妃也不受宠。好在朱载垕命好一些，早一步生下皇孙朱翊钧（后世的万历皇帝），而景王出藩地没两年便去世了，没留下子嗣。这才确立了朱载垕的储君地位，也就有了杜妃虽以妃子礼下葬金山，但儿子登基大位后又把她挖出来葬进嘉靖皇帝的永陵这一后话。

以上便是地位低下的后宫移骨十三陵的故事。尽管这些女人地位不高甚至有的被虐待而死，生前凄苦，但她们生下了龙子龙孙，母以子贵的道理大抵如此。

二　葬在金山的四位皇后

和前述三位相比，留在金山的四位皇后则像是命运大反转。她们曾是统摄六宫的正牌皇后，是真皇后，不是后代追尊的。但她们后来遭遇不幸，都成了废后，好一点的以妃位规格下葬，有的便说不清是如何草草埋葬的了。

胡皇后

第一位葬金山的废后是胡废后，本名胡善祥。她活到四十岁，是明宣宗朱瞻基的原配妻子，锦衣卫百户胡荣的第三女。胡氏以贤德闻名，朱瞻基还是皇太孙时便已是皇太孙妃。朱瞻基即位，即明宣宗，立胡氏为皇后。说是她本性纯善，举止无媚态，大概不太会取悦男人，又只诞下两位公主，没生下儿子。而宣宗皇帝很快被另一个女人——孙贵妃迷得颠三倒四，便于宣德三年春，为立孙氏为皇后，逼胡氏以

"多病无子"为由辞掉皇后位，废为道姑。胡氏被废后另居别宫，但当时宣宗母亲张太后怜惜她，常召她居住清宁宫。内廷朝宴的时候，也命胡氏坐在孙皇后的上位，孙皇后无可奈何。宣宗死后，英宗继位，到了正统七年（1442）十月，太皇太后张氏崩，胡氏痛哭不已，次年（1443）亦崩。英宗以嫔御礼将其葬于金山，谥号"静慈仙师"。胡氏不仅张太后怜悯她，无过失而被废实属罕见，便在宫廷甚至民间几十年间也有人为她抱不平。《明史·后妃列传一》便记录："后无过被废，天下闻而怜之。宣宗后亦悔。尝自解曰：'此朕少年事。'"到了天顺六年，孙太后也崩逝了，这位导致当年废胡后的女人是英宗的母亲。英宗还是很公道的，他理解这位没有过错的皇后是因为自己母亲的排挤而失位的。他询问大臣们应该如何礼遇无过废后胡氏，最后上尊谥曰"恭让诚顺康穆静慈章皇后"，修陵寝，不祔庙。胡后所生永清公主祔葬。由此可见，明英宗仁慈公允，算是在后朝为胡废后恢复了名誉。

莫里逊拍摄的景泰陵

胡后的陵寝在金山无疑，但具体位置不详。我推测在景泰皇帝陵，即金山口附近。今天的景泰陵仍在，且得到维护，而此地地名恰为娘娘府，这里所说的娘娘应该便指胡废后。而我查阅永清公主资料时，发现有"次永清公主，未归卒，祔后葬玉泉山之阳"（《胡善祥墓志铭》）之说。永清公主很小便死了，到英宗时为抬升礼遇胡氏，令将小公主祔葬，也就是和她的亲生母亲合葬。这里提到的"玉泉山之阳"和娘娘府是两个位置了。娘娘府即景陵是在玉泉山之东北侧，如果"玉泉山之阳"在山南侧的话，二者便是相隔一座山的差距了。而在这两个地点之间，沿玉泉山西侧原来有一个村庄叫丰户营，是从"坟户营"转音过来的。说明这里住的是看坟人，属于陵寝附地。可以确定，胡娘娘的墓地就在这南北一二里地的范围之内。

吴皇后

第二位葬于金山的废后与胡废后经历有一定相似度，就是皇帝都被宠妃迷惑而废掉皇后以宠妃取代。这次遭殃的是宪宗即成化皇帝的正牌皇后——吴皇后。起初，这位吴皇后是明英宗亲自为皇太子朱见深挑选的太子妃候选人之一，当时挑了三个女子吴氏、王氏、柏氏。英宗病重临终前对钱皇后和朱见深生母周贵妃说，他认为吴氏更合适，让她们最后定夺。吴氏的舅舅曾经在曹吉祥叛乱的时候救过英宗的命，被封怀宁侯。父亲吴俊是羽林前卫指挥使，算是顺天（北京）名门了。英宗死后，钱皇后做主，立吴氏为宪宗皇后。

吴氏是新进宫的十六岁少女，天真烂漫，心思简单，她根本不知道或者知道了也不大相信她的少年天子有着世人难以理喻的畸恋。宪宗皇帝恋的女人便是他两岁起的保姆宫女——万氏。这个比宪宗大十七岁的女人此时已三十多岁，宪宗还想立她为皇后，一见来了吴后，自然不高兴。而吴后自是生气皇帝天天和一个三十几岁的老宫女腻在一起。也是少年气盛，她找了个缘由把万氏叫来骂一顿。而三十几岁老宫女哪里有怕这小姑娘的，她已经在宫里生活快二十年了，独占着宪宗也有十几年了，当然自恃有皇帝撑腰，于是便回嘴顶撞。没想到，这个小吴后竟然让人过来把万氏杖打一番，后宫女人们自是解气称快，可这小吴后算是倒霉了。宪宗皇帝看着被打趴在地的心上人怒火中烧，气势汹汹地带着万氏到皇后寝宫问罪，当着万氏的面，又下令杖责皇后，替她出气。打完之后，宪宗仍是怒不可遏，一定要废掉吴后。但这种棍子打来打去争风吃醋也不是好听好说的废后理由，干脆抓了个老太监牛玉编了一通假口供，说："当初英宗中意的太子妃人选乃是王氏，吴氏的父亲吴俊行贿于我，给了我一大笔银钱，我才假传先皇遗旨，使吴氏得以正位中宫。"行贿外加欺君之罪怎还了得，于是一道谕旨把吴氏的后位给废了。说是："先帝为朕简求贤淑，已定王氏，育于别宫待期。太监牛玉辄以选退吴氏于太后前复选。册立礼成之后，朕见举动轻佻，礼度率略，德不称位，因察其实，始知非预立者。用是不得已，请命太后，废吴氏别宫。"这件事后，宪宗便立了王氏为皇后，而万氏倒成了有功劳的了，被封了妃子。王氏眼睁睁看着这一幕便低眉顺眼成了缩头鸵鸟，做了一辈子影子皇后，再也不敢动念头与万氏叫板。

　　这样，十六岁的吴姑娘只做了一个月的皇后，还没摸清皇宫各处的门道便被废掉，打入西宫毁掉了终身，还拖累了自己的父兄。她从十六岁一直活到六十岁，成了宫院深处的孤寂身影，只是白天黑夜地熬着一时逞快招致的悲剧人生。大约再也没有机会得见宪宗皇帝。

　　不过吴氏晚年还算因祸得福。前面提到的那个纪氏宫女所生的后来成为明孝宗的朱祐樘，有相当一段时间是太后委托吴氏放在西宫养的。吴氏算是养育有功，等到朱祐樘做了皇帝后她得到善待。朱祐樘本身就是个慈悲仁善的君王，更何况养育之恩。他甚至动过念头想为吴氏平反，但毕竟当年的罪名"行贿"过重，而诬告者牛玉早被打发到南京孝陵去种菜，死去若干年了，没人为她洗清罪名。孝宗只得孝养而已，对她"命供给具如后礼"。直到正德六年，吴氏过世，这时孝宗皇帝都过世六年了，武宗皇帝毕竟和她相隔比较远了些，史书记载，宦官"刘瑾欲焚之。大学士王鏊力持不可，以妃礼下葬，无谥号"。所以这位前前朝的废后终以妃子礼下葬金山，完成了一个十六岁少女走到六十岁的人生。

张皇后

下葬金山的第三位废后是嘉靖皇帝立的第二位皇后——张皇后。前言已道，嘉靖的后宫奇奇怪怪的事情特别多，他一生立过三位皇后，不包括前面提到的杜皇后。所谓杜皇后是儿子做了皇帝追尊的，嘉靖并不青睐她，至死只是个康妃。而嘉靖自己册封的三位正牌皇后没有一个得善终的，这也是古今出名的异事。

他的第一位皇后是陈皇后，河北大名人，美貌且仪态端方，但内心好嫉妒，小心眼。嘉靖元年她选美入宫立为皇后，应是冠压群芳。当年和她同时册封的还有张顺妃等妃嫔，只能围拱着陈后这位获胜者。嘉靖七年时她正有孕在身，某日，嘉靖喝茶，在场的还有两位妃子——张顺妃、文妃一起服侍，沏茶端盏。送茶的是张顺妃，嘉靖皇帝便托着张顺妃的手仔细端瞧。嘉靖笃信道教，喜欢炼丹修仙，脑子里不免对面相、手相、采阴补阳这些事情最为笃信。一旁的陈皇后醋意大发，竟然把茶杯摔碎在地，这一下把嘉靖也是着实吓了一跳，惊了他的仙念，便起身大怒斥责。陈后被惊吓得流产了，而流产却不顺畅，导致血崩不止，就死掉了。

三个半月以后，嘉靖干脆立这位美手美人为皇后。这么得来的皇后，后人听着都觉得不吉利。有关她的事迹史书记录很少，她只做了六年皇后，这期间，嘉靖皇帝说要"尚古"，学习古代礼法，令皇后率嫔御在北郊亲手喂蚕，又命皇后率六宫"听讲章圣《女训》于宫中"。张后做皇后的时间也没超过陈后，嘉靖十二年正月初六，她被直接废为庶人。废后是大事，应该下诏说明的，可是没有，只是口头说张后"不敬不逊侮肆不悛"。朝廷官员没人敢进谏要求说明理由的，可见此时的朝廷大臣们已经接受了世宗初年"大礼议"而被棒杀无算的教训，后宫的事爱怎样便怎样吧。

虽然史书并未记载缘由，但有一种说法是，张后受皇伯母皇太后张氏（明孝宗之妻）请托，为太后的弟弟说情，因此触怒了嘉靖帝而被废。嘉靖帝是个无情的人，当初他获得这个帝位还是张太后主张的，一开始，他还尊张太后为圣母，上尊号曰"昭圣慈寿皇太后"。后来便冷淡了，并不十分礼遇，还改"圣母"为"伯母"。张太后亲自为弟弟跪地求情，嘉靖皇帝都不搭理，结果张后却来搅和这趟浑水，君王一怒，美人颓地。过了三年，嘉靖十五年（1536）闰腊月，张氏薨，年约三十岁，葬于金山，丧葬仪礼皆比同明宣宗的胡废后。

第三位皇后是嘉靖十年选美九嫔之一的方嫔，后为方德妃。张皇后被废掉，嘉靖便立方德妃为皇后，且按照礼法，特地让礼部的大臣商议讨论册封的礼节。嘉靖皇帝率领皇后拜谒太庙、世庙，相关活动超过了三天，并且昭告天下，非常正式。

嘉靖二十一年内宫发生了以宫女杨金英为首谋杀嘉靖帝的"壬寅宫变"。本来宫女们已经给嘉靖帝脖子套上绳子准备勒死他，结果慌乱中绳子打成死结怎么也收不紧，勒不死皇帝。后来有人报信给方皇后，方皇后跑来打开绳子，抓了那一群刺杀皇帝的宫女。这就是方皇后的救命之恩。但五年后，嘉靖二十六年，史书说方皇后是病死的，而民间各种记载说是被坤宁宫大火烧死的。反正嘉靖皇帝的皇后，命运都如此不可思议，诡异而悲剧。

汪皇后

第四位葬在金山的是明代宗的皇后汪皇后，她的故事就不再多讲。众所周知，代宗亦即景泰皇帝，他没有十三陵的陵寝，而是葬在金山的，具体位置叫金山口。因为他被重新登基的明英宗废为郕王，所以以亲王礼下葬，后世到成化年间才升级改造为较简陋的帝陵。汪皇后是祔葬代宗的，虽然她生前身后身份总是变化：从郕王妃到皇后，又被英宗降为郕王妃，但这个女人为人善良、正直。在英宗被瓦剌小王子抓到蒙古草原后，原来英宗的儿子即太子朱见深被代宗废掉，汪皇后还为废太子朱见深说过话。因此她得到英宗母亲孙太后、英宗妻子钱皇后及后来的宪宗朱见深的照顾，死后葬进景陵，算是好人有好报。到了明武宗时，追封她"贞惠安和景皇后"，后世敬仰。相反，景泰帝自己立的那位杭皇后始终不被明朝皇室承认，英宗甚至毁了她的陵寝。

几位废后，只有代宗皇帝的汪皇后埋葬之处明确，胡皇后因娘娘府、丰户营这些地名，今天也还可以估摸出大致地点。吴皇后、张皇后史载"葬金山"，但金山方圆几十里的范围，山前山后地域就很广阔了，没有任何标记和踪迹，连古人说的"青冢有情犹识路，平沙无处可招魂"都不如呢。

不过，毕竟她们都曾是青春美好的女人，鲜花一般盛开于世，所谓青冢一抔土，其实也可以是满目青山天地间。她们的尸骨滋养着青

在颐和园四大部洲遥看金山

山的气色，或许一棵草、一棵树，都有她们生命的痕迹。帝王的女人不是人是草芥，一旦和风不再，一俟秋风萧瑟，落叶残枝便不知如何飘零安放。她们大约也如山中之草木，逃不过一岁一枯荣的命运。

2018年2月3日

本文参考：

　　［清］张廷玉、万斯同等：《明史》，中华书局1974年4月出版。

西山狮子窝与紫禁城总管

一　太监刘诚印

我再一次在故纸堆里发现了刘诚印（也称刘德印、刘多生）的大名，经历数次在无名废寺残址听闻此人大号之后，其形象便逐渐丰满生动起来。这位十来岁从河北东光县来到京城的聪慧少年，在清朝同治、光绪两朝成为著名人物。他幼年入怡亲王府受到青睐，进而被推荐进皇宫服务四十年，又因聪慧伶俐有才识且本性敦厚可靠，被慈禧太后信任并重用为大太监，掌管三大殿玉玺及六宫事务，并最终获得恩赏三品顶戴、惠及三代的荣耀。

他就是那个弯腰低首立在太后不远处，竖着耳朵等着听喝的人。因为他通些文墨读过些书，为人谨慎不妄言妄语，太后偶尔也听他讲个什么典故趣事。但关于他的信仰，应该不是在宫廷之内可以宣扬的。他知道皇室秉承藏传佛教一脉，他一个奴才，配不上。他尊敬佛教但他信仰的是道教，是京城白云观皈依弟子，一生为白云观慷慨募资，协助全真道人开坛授戒，殚精竭虑。还有说法是他最终成为全真道第二十三代传人，也是第二十代律师。这是很奇妙的现象，晚清各色人等在信仰上分门归类，皇室贵戚信藏传佛教（黄教），汉大臣信汉传佛教，而宫内太监大多信道教去了。

这样一位紫禁城总管级别的太监，却也活跃参与众多的宫外事务。我认为他是个外圆内方的人，在宫里尽职恪守，周旋上下，均获赞许。主子面前因才干人品出挑而被重用，而到了宫外，他便为信仰奔走，不遗余力。京城四十年，宫中三十年，他竟然参与建设、重建、修葺了三十余所寺庙道观，差不多一年一座。其碑铭说是："寺观土木之工，为其营建者三十余所，殚心瘁力，无少吝惜。"可以说他将毕生的恩赏及俸银（他后期的月银大约在十两到二十两之间，收入颇丰）全部投入到这等修建之中，同时他还有足够的威信及说服力动员众多的宫中太监，一方面修庙积福，同时也为他们衰老出宫后找到休养之所。

在京城西山一带，从光绪八年到十年（1882—1884），他几乎同时重建了福惠寺和双泉寺，这里先按下双泉寺不表，单说他曾经想终老于斯的福惠寺。当时他联合了另外两位太监张诚善、张诚五，仿刘、关、张桃园三结义，也誓言同生共死。因为他们均皈依白云观道教，想着年老出宫后，同在西山共修道法，以期万缘俱澈，羽化登仙，弃掉肉身之苦，脱离人间苦海。生为太监一世，肉体与心理异于常人，他们眼中的世界定是苦涩而怪异的。

两位张姓太监是否葬于福惠寺塔院？可能性很大。因为他们没有名气，福惠寺塔院三座道士塔（据说是藏塔样式）很有可能存放了他们的灵骨，只是没有文字记录。而这三座塔已于上世纪50—60年代拆除。但刘诚印却

刘诚印在福惠寺遗迹

下葬在离此地不远的金山宝藏寺附近青龙桥镇老府村，他的事迹见《刘真人事实碑》。在上世纪50年代出土了《刘真人道行碑》。

二　狮子窝福惠寺

今天，福惠寺的寺院已不在，其塔院尚存遗迹，主要为塔院门、楹联和一些石刻，但遗址为某雷达站圈占，常人难以入内。此外，离寺院及塔院遗址不远处，一块刻有"狮子窝"的巨大悬崖，似乎成了福惠寺的标记。

在没有实地考察之前，我以为狮子窝悬崖石刻与福惠寺是一个地方，如民国著名旅行家田树藩《西山名胜记》所记："青龙山，寺名福惠寺，俗名狮子窝，为明之太平院。"在我的想象中，一座古老寺院，地处偏僻，恰好坐落于悬崖绝壁旁，一寺一崖，冷僻孤绝，是上佳的隐世之所。最好离着山涧清泉不远，晨间雾气氤氲，僧人走过石板路，

狮子窝崖壁

汲水起炊，好一幅世外桃源景象。但后来考察的结论是：悬崖石刻只是位于通往福惠寺的路边。

我偶然看到一篇文章，推测福惠寺的缘起寺院是曾经消失的明代著名大寺——中峰庵。中峰庵的确曾避过乱世，明末李自成杀入北京，城内天翻地覆，后又有清军入城，这里人竟一无所知，真乃"不知有汉，无论魏晋"之地。

2019年秋天，我数访狮子窝及福惠寺，最终得出结论：狮子窝的地理位置，准确说乃青龙山山顶南侧下的一个山谷。谷口东开，因过去洪水冲刷形成一西南向东北的浅沟，沟西北部为福惠寺址，东南

福惠寺老照片

部为塔院，即狮子窝塔院。这个小谷地便是狮子窝！ 不知哪朝哪世，大概是崇尚文殊菩萨的某位人士，感念文殊菩萨弘法犹如狮子吼，将此地命名狮子窝。

而今人所谓狮子窝，以及西山森林公园标记的狮子窝，则是特指刻有 "狮子窝" 字样的悬崖地，距真正的狮子窝谷地东南方约一华里。而狮子窝悬崖非自然天成，明显为开山辟路形成。当初正是为了修一条前往福惠寺的香道，恰巧经过这块巨石，便将其修整为一面相对平整的崖面。

狮子窝石刻在北京的民间考古圈和驴友圈非常著名。它所在的悬崖石壁位于青龙山接近顶部，下有平台，是东望旭日升起之佳地。因为附近有石磴古道，带着岁月痕迹，往往招来怀古之人流连忘返。现在，青龙山已被划入西山森林公园范围，山路已修整完善。今天登狮子窝不用披荆斩棘找古道了，有直接的防火公路，以及公园重新整修的登山步道可以直接到达。最简单就是沿防火道向 "茶棚" 行进，在距离茶棚还有百米左右的地方，注意路边 "狮子窝" 指示牌，沿指示牌走一段古香道，大约也就几十米的样子 —— 此道虽短，但已是弥足珍贵的原味古道，虽经整修但古意十足，行人不觉时光倥偬，半世伶俜 —— 倒不是哀怜我自己，而是想到古人在高山之巅隐世修行时，顿生感慨。

我观今日狮子窝石崖本身就是精美古物，犹如盆景般浓缩练达。一块石壁，前有百十平米的平地一幅，据说古时这里曾有凉亭一幢，石壁上刻字时间跨度三百余年，有数幅刻字。我把它划分为两类：一是重要的、有价值的；另一类与之相反，由某些到处留字的驴友留下。

最早的石刻是乾隆年间的，依次为十六年、三十三年、三十四年：

1. 石崖顶部有 "狮子窝" 三枚刻字作为额头，接着下方刻字："乾隆十六年僧源方住狮子窝，虽有庙基，并无房舍。自本年同穆克登额开山修道，建立庙宇。功德施主，万古流芳。健锐营施主□□□。"另有一些似乎是施主姓名的刻字，不知何故被涂抹掉，感觉这一部分施主是健锐营的人。而在其左下方是另一个地方——门头村的施主，姓名被保留下来，有赵开、泰闰、李德禄，汇成估衣甫（应为"铺"）赵德华、王兴、布甫（应为"铺"）麻应健。接着施主名字后是一副楹联："万人舍万人行结万人善缘，十方来十方去成十方功德"。

刻意抹去健锐营施主姓名必然事出有因。一种可能是后来这些施主的仇家在石壁上发现他们以功德主的身份出现，不由恨从胆中生；另一种可能是这些施主后来成了犯事的罪人，被嫌弃玷污了佛门圣地，干脆把他们的姓名涂抹掉。

无论如何，如果狮子窝的前身是明朝的中峰庵的话，乾隆十六年的修复便是中峰庵百年之后的新生——它，变成了另一间寺院。

2.到了乾隆三十三年，再次出现源方和穆克登额的名字："狮子窝太平院穆克登额修此香道，住持源方镌记"。后面刻有"道人张勇"，以及"石匠胆从亮、胆从新拙手"。石刻字迹清晰，但书法拙劣，较之乾隆十六年的铭刻，差之甚远。源方和穆克登额这两位道友似乎不是特别在意这里的彰表，只是将工程详情记录在一方修道碑上。而且穆克登额的名字不知何故也被人抠掉了，但痕迹依稀可辨。

在离狮子窝石刻不远的东茶棚处，有一块俗称修道碑的石碑，上刻"狮子窝"，中上方是较大字"佛"。围绕佛字镌刻碑文："宝相寺喇嘛蔡福寿敬施满钱伍拾吊，信士王彬敬施钱拾吊，殷毫隆银拾两。自此道口往西至念佛桥，上三家店，通天太山桥东。太平院行僧源方、弟子广达、月来助工，共修道三百六十丈。乾隆三十四年穆克登额镌记。"

由此可知，乾隆三十三年到三十四年，寺院的师徒们主要在修一条通往天台（太）山的香道，而且，此时寺院叫太平院。

狮子窝石刻

从乾隆十六年到乾隆三十四年这十八年间，源方一直是太平院住持僧，有弟子广达和月来。而穆克登额的身份不是很清楚，他不是僧人，但显然是修路最重要的办理人，很有可能是当时家住西山附近的一位颇有办事能力，且与僧人源方关系良善的施主。

至嘉庆八年（1803），出现大"佛"字石刻。在"狮子窝"额头下方，约两米见方，旁署"嘉庆八年二月庆魁重修"。因"狮子窝"三字下面有较大的空白石面，这位叫庆魁的人在这里补上一枚巨大的"佛"字，并说明镌刻年代。

此时，距离乾隆三十四年（1769）源方和穆克登额出现在石壁上已经过去了三十余年，源方住持的寺院历史已经结束。

嘉庆十年，太监魏双庆和王福喜出资将太平院大修，此事由太平院重修碑记录下来，此碑现在雷达站圈占的塔院内仆地。碑记大致内容为：西山过去有太平院，建于何时已无从考证。今逢魏双庆、王福喜两位大善人公公慷慨出资重新兴建，太平禅院殿宇重新壮丽辉煌，且修了茶棚次殿，两位公公应与西山般不朽，故勒石记述。落款是大清嘉庆十年岁次乙丑，敬撰人为张某鸿。并钤印章两枚。

太平院重修碑

　　碑文主要说的是太监魏双庆和王福喜出资大修了太平院，并将茶棚的配殿一并大修。碑文竟然声称"旧有太平院者，昉于何时建自何人皆无可考"，狮子窝石壁上有关源方和尚及穆克登额等人事迹，在这里只字未提，也是怪事。

　　但太平院的历史似乎到此戛然而止。等到刘诚印率张诚善、张诚五重修太平院并改名福惠寺（虽然称寺，但他们是道教徒），一晃而过道光、咸丰、同治，又过去了八十载光阴！

三　造寺人刘诚印

　　刘诚印大约是道光三十年（1850）由怡亲王府推荐入宫的，年龄在十二三岁。十年后（1861）怡亲王因作为咸丰帝死后顾命八大臣之一，对年轻的太后慈禧傲慢无礼肆意斥责，有说是"当面咆哮，目无君上"（见《清代档案史料丛编》里"上谕"罗列的"八大罪状"）。结果太后与恭亲王联手发动"祺祥政变"，这位亲王自是头号死敌，于京城被捕，迫令自尽。此时十几年前从怡亲王府出来的小太监，已成长为青年，作为小人物自是"脱敏"，没有受牵连。随着慈禧太后权力逐渐稳固强大，身边有些太监难免放肆，惹人厌恨，其头号宠信安德海便因此在山东被巡抚丁宝桢斩杀。之后，刘诚印便以其聪颖伶俐、善解人意且粗通文墨而胜出。据说慈禧问他话，他经常可以用些轻松的典故嘻嘻哈哈说出来，颇有道理且大家都还轻松，也算不上一个宦官干预国事。总之，他是令人舒服的又明事理又有文化的角色，各种优点使太后顺眼顺心，安德海一死他便脱颖而出，成为宫中大太监。

在同治九年（1870），他为太后办妥了一件大事情。

那一年，慈禧的母亲去世了。实话说，慈禧不是那种自己得势而令家族鸡犬升天的人，家族方面比较廉洁，没有国戚权倾朝廷之事。所以她的娘家情况，就低调神秘了许多，譬如慈禧的确切出生地，至今都没有确切的记录，甚至有五六种传闻。从《翁同龢日记》同治九年（1870）八月十七日记载，可知慈禧母亲发丧一事："昨日照公（照祥，慈禧大弟弟）母夫人出殡，涂车刍灵之盛，盖自来所未有，倾城出观，几若狂矣！沿途祭棚络绎，每座千金，廷臣往吊者皆有籍，李侍郎（军机大臣、户部侍郎李鸿藻）未往，颇忤意旨。"这则日记记录了娘家人对慈禧母亲的厚葬。而李鸿藻这等权臣竟然没有前往凭吊，而且没去也就没去，过了一年李鸿藻还被提拔为都察院左都御史，加封为太子少保，看来也没人记他怠慢"皇姥姥"丧事的小账。

而这位"皇姥姥"的停灵法事还出了一些状况。当时派出宫办事的刘诚印先后找了一些佛寺。佛寺办超度法会、停灵柩在过去是通行做法，何况清廷是以崇信喇嘛教著称的。他找到法源寺、广济寺等京城大寺，不知为何，住持们态度并不那么积极。如果是小人行事，些微使用些权势，住持们应该是不敢怠慢的。而慈禧并不通过官方执掌宗教事务的僧录司直接处理此事，而是让亲信太监自行寻找，或许是为表公私分明。刘诚印自是理解主子的苦心，便全凭一己之力把事情办好了。

他找到了白云观。其实早在二年前，他"因奉差至白云观，适南阳张律师（张宗璿）阐教，观中一见相洽，殷勤展拜，执弟子礼，甚恭，此师皈依道教之始也"。因其为白云观弟子，与道长一说便得到大力支持，"皇姥姥"的法会办得既隆重又周全，更是宽慰了慈禧太后的心。

以上传说，也在《太上律脉源流》中得到印证："道教全真龙门派高道张宗璿庚午（1870）再请传戒，时值皇亲照公府太夫人灵寄观中，师为虔诵《血盆经》。一藏百天之久，靡有怠容。蒙慈禧皇（太）后，恩赐紫袍玉冠，捐金助坛开大戒场，伯子公侯，接踵而来，请谒声名，播于远方。"自此，刘诚印在慈禧座前更为得宠，曾受"园亭骑马乘舟回寓，疾时加赐黄金药品"。就是他可以从皇家园区骑马乘船回家，他重病时（大约在1892年）慈禧还特别赐予药品及黄金，多次询问病情，听说还落过泪，对其悲悯有加。

刘诚印皈依白云观，的确掀起了晚清太监崇信道教的风潮。他的宫外修寺建庙活动正是从这开始，且愈演愈烈，至1895年他辞世，平均每年一处"寺观土木之工"，"为其营建者三十余所，殚心瘁力，无少吝惜"。"凡见有荒庙废祠，无不力任筑削，务使气象重新，计共修寺观三十余所，宏恩观其尤卓卓者也"（《刘真人事实碑》）。我所听闻他主建或参与的著名遗址除本文福惠寺，还有蓝靛厂立马关帝庙、双泉寺山双泉寺、钟鼓楼后豆腐池胡同宏恩观、青龙桥金山宝藏寺，等等。

而福惠寺是1872年开始兴建，也就是"皇姥姥"事情办好之后的两年，这算是刘诚印早期建庙的倾心尽力之作。他们看中西山深处一处隐蔽的废寺，把它重新建好，取名福惠寺。从1901年留下的老照片来看，寺院规划相当完整，布局合理，因地制宜，从山门到主殿，并配有静房和宗祠，有仙人洞、望仙楼等道家修行者的标准配置，甚至还有一条长廊，据说刻画了《聊斋志异》里面的因果故事。

过福惠寺南侧泄水沟便是其塔院，当年塔院的老照片今天可以见到一张，是一位德国建筑师恩斯特在1906—1909年间拍摄的。今天，福惠寺已不存建筑痕迹，只有一方"青龙山福惠寺"石门额留存。而塔院却留下了更多遗迹，包括可以印证老照片上漂亮拱桥的拱桥残部。还有前文提到的嘉庆十年太平院重修碑，目前扑倒在地，留下一款刻字，上书"素云道人"——这是刘诚印的道号。最为完整的是其山门，饰有暗八仙石雕，两侧楹联："三生慧石无量净，万古灵风窣堵波"。有门额："狮子窝塔院"，并注"光绪壬辰冬月""龄昌敬书"。这说明塔院完工于1892年（光绪壬辰），也就是福惠寺建成后

塔院大门

的第二十年。龄昌为正蓝旗满洲人，礼部郎中。

塔院建成后的第三年（1895），刘诚印就死了。虽然福惠寺及其塔院这长达二十年的工程期间，他忙里忙外又做了许多事情，但后人记起时，只是赞叹：建了如此多的寺院，无人能比刘大善人！而他人长什么样等其他事情，并无记载。刘诚印死后为何不葬在已经建好的福惠寺塔院，而是葬在金山宝藏寺？这其中的因缘更不为人知。

福惠寺单拱桥老照片

在京城，只要跨进某个清朝末年的民间寺院，如果偶闻刘诚印的名字，不必惊异，那就是他。除去太监总管之职，他就是个造寺人，

福惠寺单拱桥现状

福惠寺门额、楹联

增禄，又字德印。

而一切的一切，或许是企盼修个好来生，或许，坚信人间苦海无边，誓言永不再来。为了这些目的，他便努力去修寺造庙，将其视为慈航普度，其实是在为人间苦人建造他的理想乐土。

注：本文提及刘诚印、张诚善、张诚五，均是他们入道后的法名。其原名分别为：刘多生、张善圃、张用五。刘诚印曾赐名

2020年1月8日

本文参考：

1.《清代档案史料丛编》，上海书店出版社2019年3月出版。

2.［清］翁同龢：《翁同龢日记》，上海辞书出版社2020年1月出版。

3.田树藩：《西山名胜记》，西山八大处柳溪山房1943年7月出版。

第二辑　市井迷踪

朝内大街81号谜案

一　69号院最后的故人

朝内大街81号院，因坊间盛传的种种离奇可怕的传说，被打上了"京城四大凶宅之首"的烙印。但事实上，院主人朱德蓉（也有称朱德容）女士连同她十九岁的保姆——西四姐姐房胡同的李文娴，无缘无由地消失在了1957年的夏天，这才是朝内大街81号最大的谜案。

拥有法国籍的朱德蓉，原本是下定决心终老于自己私宅——朝内大街81号（时称69号院，1965年进行门牌号整顿，才变成81号）的，却在七十三岁高龄那一年，没有办理诸如居住人口注销登记、房产处置等任何事项，就和十九岁的保姆李文娴一起，无声无息地从这个世界消失了，这非常离奇。一种可能，她凭借法籍身份回到了法兰西（但照料她生活的北京姑娘李文娴怕是走不成的），这恐怕是她唯一的出路了。作为法国人，住房已被收走，只持有与当时中国没有外交关系的法国国籍，且无儿无女，年逾七旬，她的大多至亲基本离世，除了回原籍国家，朱女士怕是别无选择。

之所以引发这一推测，源于当时另一位法籍人士的选择。1954年，贝家花园主人——法国籍医生贝熙业给当时的执政高层写信，希望留在大半生生活并当作家乡来热爱的北京，但没有被批准。按照当时的政策，要么你放弃原国籍加入中国籍，要么你以侨民身份生活，但必须有本国领事的批准文件。于是，八十二岁高龄的贝熙业，携他年轻的夫人——北京女子吴似丹，离开北京回到法国。

同为法国籍的朱德蓉与贝熙业情况相似。她应该算朝内大街69号院最后的故人。她的离开，标志着69号这个院落结束了一个时代。

二　从69号院到81号院

我们先按时间顺序讲述这座院落的历史，以1965年作为时间点，之前称为69号院，之后称为81号院。

它最初应该是清朝末年的一片普通民宅院落，在1910年发生了一次产权转移。

1904年，距离朝内大街81号西南三里地外，今天王府井大街与甘雨胡同交会处正在兴建一所辉煌的天主教堂——八面槽天主堂，

朝内大街81号门牌及外观

也就是今天的东堂。教堂由法国和爱尔兰合建。其实这座教堂在清朝早期顺治年间便已存在。当时有两位欧洲传教士懂西方天文历法，会一些机械机巧，皇帝很新奇，便优待他们。其中一位叫安文思的葡萄牙人，通晓天文学、算学、地理学，精通机械制造技术。他很会想办法生存并传教，便日夜不息制造各种新奇好玩的西洋器物，呈给皇帝。皇帝龙心大悦将他留在宫中，任职钦天监。顺治十二年（1655），清世祖福临赐给他们一所宅院和一块空地，也就是今天王府井东堂的位置。俩传教士便在空地上建起一座教堂，这就是最早的东堂。东堂内曾保存有多幅宫廷画师郎世宁所绘的圣像。康熙年间，传教士安文思依然受眷顾，他向康熙皇帝进献了一个亲手制作的自鸣钟。这个钟每小时报时一次，每次报时伴有一首音乐，时间不同演奏的音乐也不相同。音乐快要结束时就像万炮齐鸣，渐渐地，声音越来越低，直至消失。他还为康熙皇帝造了一个自动行走的机械人，能够自己行走十五分钟，右手拿着一把出鞘的剑，左手拿着盾牌。这些新奇玩意，的确让东方人开眼界。

1677年，安文思病故后，康熙皇帝特降旨哀悼："今闻安文思病故，念彼当日在世祖章皇帝时营造器具，有孚上意；其后管理所造之物，无不竭力……"康熙五十九年（1720）京城地震，东堂塌毁，次年，由奥地利传教士费隐主持重建，于1721年落成。重建后的东堂是更壮观的欧式教堂，有自鸣钟楼，楼下有日晷石一对，还有一个三层楼的观星台。内置多种西洋仪器，也有郎世宁画的壁画，当时人称"此堂置于罗马，亦无愧色"。传教士们为他们在东方的成就无比骄傲。

但到了嘉庆皇帝登基大位，他不喜欢西洋人，留在北京的传教士越来越少。嘉庆十二年（1807），东堂的传教士想把书籍藏在一个稳妥的地方，但担心白天搬运引人注目，就在夜间偷偷搬运，结果不小心灯火倒在书箱上，引起火灾。这一把火，把东堂烧得徒剩四壁，房顶也塌了，屋子也毁了。这样，安文思建造的东堂，历经一百五十年便结束了它的历史。

到了1904年，法国和爱尔兰又遣传教士利用"庚子赔款"，在东堂原址上再建教堂。这一次建筑的形制是在西方古典主义建筑风格上，融入了中国传统建筑的元素，创了个中西建筑融合的模板，宏丽壮观，延续至今，今天更成了王府井大街一个重要的网红打卡地。

三　传闻与真相

说了半天东堂，它与三华里开外的朝内大街81号有什么关系呢？真有关系！

今天关于朝内大街81号的各种惊悚传闻中，其一便是该宅的地下室有秘密通道，直通东堂地下！据说下去地道的人，有去无还……81号宅内的确有地下室，但这座住宅并不对外开放，尤其自1994年之后这里一直作为危楼被锁住大门，结果越锁越神秘，离谱的传闻也越多。可以说近三十年，能够进入宅内了解其结构的人不多，各种语焉不详反而增添了其神秘感。

话说下地道后有去无还的事还是近些年盛传的呢。说是2000年的时候，81号院隔壁有一个在建楼房。有一天几个工友晚饭酒喝多了，就去楼房地下室方便，打个打火机黑灯瞎火走着，有人一头撞到一堵墙上。其中有一老工人说，当初盖咱们这个楼挖地下室时就挖到了一个地道口，朝着隔壁（81号）院的，老板让拿砖头堵上了。另外三个年轻人听了，借着酒劲说扒开砖头进去看看，那老院宅有地下室，说

今日81号院内

不定藏着啥宝呢。四个人走进通道，发现是无尽的黑暗，而且这个通道并没有连接楼上住宅的出口，而是一直无限延续下去 …… 老工人吓得一身白毛汗，反身原路跑回他们自己的地下室，而另外三个随着荧荧火机光亮，还在执意向前走去。

老工人回到地面上，看见隔壁原本漆黑的宅子二楼某窗户突然闪烁了几点光，不过很快就恢复到原先的死寂。在月光下，西洋建筑的轮廓有些突兀怪异，这在京城一板一眼方方正正的楼宇之间尤为特别。老工人以为这仨人终于找到了进入81号的出口，带着打火机进入了二楼某房间。但是，这仨工人再也没有回到工地，他们消失在了那个夜晚。

这个传闻引发人们的猜测就是，81号地下室有暗道，而且直通王府井东堂地下室。

这种推测有其合理性，因为在1904年盖好东堂后，1910年在英国伦敦会倡议下，传教士买下朝内大街69号院地皮，盖了一些房子，一部分作为教会职员休息住宿的房舍，另一部分便用来开办了一所学校，供来华传教士进行汉语培训。1913年，该校正式成立，是为华北协和话语学校（North China Union Language School）。

在此我暂且把叙述跳跃三十八年，到了1948年，又是天主教会的人购买了这所院落，作为王府井天主堂的下属教堂。所以，69号院与东堂一直存在联系，有没有可能神父们担心战乱动荡，或者从嘉庆年间搬运经书引发灭顶火灾汲取教训，而修建某种秘密通道？这种推测是合理的。如果存在这条通道，取直线也有三里地之远。那么，工人们真的误入这条暗道，走到王府井大街的璀璨灯火中，便是可以炫耀的玩趣。只可惜，传闻中他们都不知所终了。

再说回1910年，学校和教士的休息所在69号院建好了。该学校最早由英国伦敦教会的瑞思义（W. Hopkyn Rees）博士负责。然而，没过多久该博士便被召回英国，之后便由其他传道士短暂负责。六年后，美国传教士裴德士（W. B. Pettus）来到该校任校长，逐渐把一个很小的语言学校扩大成当时较有影响力的中国研究中心。1925年，裴德士游说洛克菲勒中心基金会等组织出资三十万美元，在朝阳门内九爷府以西选定地址，兴建起一座美式校园（今址为朝内大街头条203号）。30年代，日本侵占北平，学校资金募集困难，该校停办。1945年后该校又恢复开课，直至1949年完全停止。

有众多与中国渊源深厚的人士如司徒雷登、费正清、西德尼·戴维·甘博、史迪威等，都与这所学校发生过联系。其中1931年夏天年仅二十四岁的费正清来中国考察，学习中文，就曾进入这间学校。在北平四年，他结识了北京大学校长胡适，建筑学家梁思成、林徽因夫妇，哲学家金岳霖，政治学家钱端升和物理学家周培源等，与中国知识分子建立了深厚的人脉关系。

在华北协和话语学校新址主楼门前的合影，后排左四为裴德士

　　难以想象吧，这位哈佛大学终身教授、著名历史学家、美国最负盛名的中国问题观察家、美国中国近现代史研究领域的泰斗、"头号中国通"，曾在一个起源于所谓"凶宅""鬼屋"的学校学习中文，也是一段茶余闲谈。

　　那时，69号院还住着另一对异国夫妇。丈夫是担任过平汉铁路总工程师的法国人普意雅（G. Bouillard），妻子是一位来自广东的知识女性朱德蓉。

　　普意雅1862年生于法国，1898年三十六岁时受清朝政府聘请，二十余年一直为中国铁路建设做事。1906年他升任平汉铁路全路总工程师，至1927年卸任，1930年9月去世。他的一生一半在法兰西度过，一半在中国度过。他是出色的工程师，尤其擅长测绘绘图，曾编绘《中华民国国有铁路沿线地图》，其中有多幅北京地图、北京四郊地图。他还绘制过北京东交民巷使馆分布图、京师华商电灯股份有限公司拟从西便门到石景山新厂接修线杆图。1927年辞去平汉铁路全路总工程师职务后，他又在1928年绘制出京兆地方分县图、新测实用北平都市全图、北平附近地图等等。在实地勘察测绘的同时，他还是一名出色的北平风貌摄影家，给后人留下大量清末民初的纪实资料。

这是一位热爱中国、热爱北京的法国人，即使他从铁路公司辞去职务，还发挥余热，奔走北平城郊，给政府提供了不少有关道路供水等市政建议。他在1920年前后认识了中国知识女性朱德蓉并结婚，俩人都已是中老年了，所以没有子嗣。但普意雅仍不失法国人的浪漫、艺术气质及对生活的憧憬，因有优厚的薪资积蓄，便买下占地面积约有半个足球场大小的朝内大街69号院，并修葺装修原有建筑。

他们修建房屋的时间应在1925年左右，语言学校已经搬走。今天我们可以看到院子内东、西两侧各有一座漂亮的三层西洋式建筑，环绕建筑，开辟了花园。这两座砖石结构小楼，为典型的20世纪欧美折中主义风格，地上三层带地下室，顶层有阁楼，覆以法国"蒙萨"式双折屋顶和拱形装饰窗。这在盛行低矮灰色四合院风格的当年的北平城，的确突兀，一看就是洋人建的。

普意雅夫妇成为这个大院子的主人，他们共同度过了短暂而美好的时光。两栋相连的洋楼、四亩宅基地、五十八间房，再加上欧式花园围绕，那也是这个院落最为华美绚丽的盛年。

进入1930年，秋天，普意雅去世，朱德蓉女士靠着先夫的遗产和房租过起了漫长的寡居生活。

1932年10月朱德蓉将普意雅拍摄和收藏的以北京为主、以平汉铁路沿线地区为次的地方社会生活照片，捐赠给国立北平图书馆（今中国国家图书馆）。这批照片大部分拍摄于1900年至1910年间，少部分为此后至1930年代以前拍摄。国立北平图书馆为此举办接受捐赠仪式，袁同礼馆长代表国立北平图书馆接受捐赠。1933年3月，国立北平图书馆举办普意雅所赠照片展示会，袁同礼馆长及胡适、翁文灏、朱德蓉、法国驻华公使等三百多人出席。

普意雅画像

这是朱德蓉难得的公众活动记录。更多的时间，她是在69号院过自己的生活。1937年后她的生活开始艰难，学校停办了，日本人占据北平八年，一度也探听了这座豪宅主人的身份。如果是美国人的资产，恐怕她会被扫地出门，因为当时被德国占领的法国成立了一个伪政权"维希法国"，日本人作为德国盟友认可它的合法性，所以朱德蓉以法籍身份得以保全自己的宅院。

四　所谓凶宅的唯一神秘事件

时光流逝，时局动荡，货币的积蓄一落千丈，朱德蓉倒是靠着硬通货——房产，过着出租婆的生活，不过，打理这么大的院落以及房屋维修，也需要不菲的开支。1946年，朱德蓉将院内的西楼一层出租给天主教奥斯汀修女会，在此设立了普德诊所。

1948年5月5日，爱尔兰天主教味增爵会的司铎孔文德（译音）

由爱尔兰筹到一笔资金，换成当时的国币十亿元，向朱德蓉购置朝阳门内大街69号院落及房屋。其实这笔钱只够买半个院落，但孔文德与朱德蓉达成的协议是：在西楼设立天主堂并安置教友居住，而今后朱德蓉的一切生活开支，直至终老及后世料理，均为教会承担。作为天主教徒的朱德蓉同意了这个条件。

教会入驻后，将建筑功能进行了调整。进入大门是占据院落前广场的花园，花园北侧为东楼，东楼东侧为花窖。东楼的东北角为教友居住及朱德蓉使用的瓦房。院落的西南角也有供教友居住的平房。进入东楼向西开的大门，右侧为会客室，其余的一层房间仍由朱德蓉使用。二层全部由神甫住用，三层为工友住用。从东楼到西楼之间有过廊连接，西楼北侧有二层楼的诊疗室。西楼另有一个坐北朝南的大门，进入大门后有施诊所和药理室。西楼二层全部为教友居住，三层是宽敞明亮的圣堂——这就是前文提及的王府井东堂的分堂，也叫朝阳门天主堂。这是1948年秋天到1953年期间，这里的基本使用情况。

1953年煤矿总局文工团进来了，租用了这里的十六间房，并以此为基础，将东北煤矿文工团与华北煤矿文工团合并，成立了中国煤矿文工团。不久文工团部迁入北京东郊大黄庄，教堂的房屋则成为他们的家属宿舍。

1953年到1957年夏天这段时间，天主堂、教士、教友及个别杂役、朱德蓉，以及文工团职工，共同生活在这里。天主堂不再接受外国津贴，过去由东堂爱尔兰遣使会支取的费用遂告终止。朝阳门天主堂失去了经济供养，日子一天不如一天，负责人宋静山不得不辞去教堂的所有佣工，自己一人维持教堂运作。过去教徒们及家属无偿居住，现在也要支付一些租金，但租金少得可怜，教堂难以为继。

到了1957年夏天，中国政府成立了天主教爱国会，所有教堂被收归国有，因此，最初外籍传教士对朱德蓉的种种承诺成了空头支票。

也就是说，1957年夏天，朝内大街69号院产权再次转移，从朱德蓉到天主堂，到收归国有，某国家单位搬进来使用。而朱德蓉和保姆李文娴便悄然消失了。

1965年，政府整顿门牌号，69号改为81号，此时这里已经变成了大杂院。

改革开放之后，为落实国家的宗教政策，中央统战部、国家宗教局等部委联合下发文件，要求各单位腾退强制占用的宗教房产。但由于经济补偿问题，院中居民的腾退工作进展缓慢。直到这一地区启动了拆迁工作，院中的房屋才被腾空，两栋小楼年久失修，已成为危房，不具备继续使用的条件。1994年7月，北京市天主教爱国会终于取得了朝内大街81号的房屋所有权证。

大杂院期间，人间烟火，沸腾嘈杂，哪里会有鬼故事？ 倒是居民搬离干净以后，杂乱物品没人收拾，天主会也没有力量管理维护，一度园子更是荒芜杂乱。偶有流浪者躲进屋子居住，没有水电，晚上便有人点着蜡烛，远看，原本就是异国风情的残破建筑再透出些荧荧光点，不觉让人浮想联翩。关于81号的鬼故事，便是从这之后开始花样翻新，传得绘声绘色。

但这些鬼故事，除了前面提到的民工消失说，其他的都比较老派，像是老一代人编造的传统鬼故事。最典型的一个传说是，朝内大街81号是英国人的教堂，后来被国民党军官占用，其姨太太上吊自杀后，这楼里就出现了奇怪的事情，每当到了风雨交加的夜晚或月圆的晚上，房间里就会传出哭声、摔玻璃瓶的声音……2014年上映了一部电影《京城81号》，其灵感大致源于此。电影讲的是民国初年，

墙外露出屋顶的东楼

位于北京八大胡同的青楼头牌陆蝶玉貌美如花，倾城倾国，与京城朝内大户霍家三少爷霍连齐暗结情愫，几经波折，嫁入霍家。怎料新婚之夜新郎却变成刚刚过世的死人霍家二少爷，冥婚后不久陆蝶玉离奇怀孕，一时鬼胎传言四起，家族上下不安，不久便惨遭灭门，留下阴宅一座。百年后，霍家后人许若卿重返朝内81号，在这座阴宅内目睹了百年前发生在这里的惨案。同时，她的出现也意外唤起了朝内81号内尘封已久的孤魂蓄怨。

　　死人、吊死鬼、红衣女鬼、索命鬼、披头散发的人影、密室通道、因果报应，这些鬼故事要素在影片里用得足足的，但过于离奇而逻辑脱落，如果了解这座院落的真正历史，会看出其中的荒诞。

　　曾有好事者想方设法去咨询朝阳门派出所管片儿民警，得到的答复是没有发生过传闻中所说的2000年装修工人失踪事件，以及所谓探险者在楼内死亡事件。由于81号院多年无人使用，早年一些社会闲散人员在其中过夜，使用火烛造成了所谓鬼火的谣言。而随着81

号院在网上被热炒，探险者们经常翻墙而入，制造一些声响和光亮，其实不过是自己吓唬自己。等跑出来以后，更是渲染自己的神奇经历，博个好事者眼球罢了。

其实，相比京城更多神秘所在，81号院是一个历史很清晰明了的院落，没有姨太太也没有秘密失踪，只有公开的失踪者，就是朱德蓉和李文娴，她们消失在1957年的夏天。在户籍管理已经比较严格的当时，她们的消失才是一桩神秘事件。如果不是走入深山老林自生自灭，极有可能，就是法籍人士朱德蓉以遣返回国的方式，永远离开了这里。

2022年7月11日

本文参考：

1. 北京市规划委员会、北京市文物局：《北京市优秀近现代建筑保护名录（第一批）》，北京市文物局2007年12月19日颁布。

2. 高一丁：《民国华文学校旧事》，《北京晚报》2022年3月2日。

3. 北京市档案馆：《档案揭秘朝内81号"鬼宅"之谜》，见北京市档案信息网。

火器营传说里的一段旧案

一　火器营传说

　　我十几年前搬家到万柳，没事走访附近地理地貌，沿昆玉河畔，看流水清清，感叹又回到了童年熟悉的地方。我在十来岁可以一定范围内离家游历之时，就到过此地，那是某个夏天，在颐和园南如意门外看河看风景。这条河叫作京密引水渠，有很多附近乡人戏水游泳，以解暑热，有六郎庄的、巴沟村的，孩子、青年居多。护堤为呈四十五度的泥土坡，说陡不陡，说缓也不缓，不会游泳的不小心出溜下去也还能挣扎一会儿——不至于很快出溜到底。但那时我便听说，每年这水渠都有淹死人的，倒不是出溜下去的，而都是会游泳的发生意外。漏斗形河床一滑到底都是水草软泥，且堤岸也是泥土没抓没落，甚是危险。

　　万柳在南如意门更向南约一华里，中间以西北四环路火器营桥分割，此为跨河立交桥，浑厚的钢筋水泥倨傲横跨于河流两岸。那时我便听说火器营桥有烈女投河殉情的故事。故事很是批判传统礼教的套路，说是火器营的姑娘爱上了兵营里的一个旗兵，因为门第差异还是怎么着，有情人被拆散，姑娘想不通，便在月黑风高夜一猛子扑通从桥上跳下去了。后来说是小伙子也跟着跳河殉情了。当时想，火器营这地界，听着就火力旺，原来就是清朝的兵工厂，后来又成了旗兵营，青春阳盛，故事少不了。可这悲壮的双双跳河惨剧听着真是太贞烈了，起码可以追赶个罗密欧与朱丽叶、梁山伯与祝英台，虽说没有高贵门第没有风雅情致，也算个质朴淳厚乡野版吧。

十年一晃而过，偶然听到一个小乐队唱一首民谣小调《探清水河》，里面主唱叫张士多，还有鼓手和吉他手，这几位脸上还挺羞涩，些许暧昧状，仔细一听，唱的不就是当年跳河的火器营姑娘吗？有朋友们听了，相当肯定地说，这小曲儿是大东北的土匪之歌！有说杨子荣唱的，有说"一撮毛"唱的，有说栾平唱的。电影《林海雪原》里还真是杨子荣唱的与土匪接头的"窑子调"："说起那宋老三，两口子卖大烟。一辈子无有儿，生了个女儿婵娟，女儿啊她年长二八一十六，名儿字叫大莲。"不唱黄腔、说黑话，怎得匪里匪气走江湖？杨子荣唱的调子和北京流行的《探清水河》无锡景调有些差别，应该是二人转的曲调。我找来东北二人转《宋老三卖大烟》歌词一看，大致意思也是说的京西蓝靛厂姑娘投河的故事，不过重点在姑娘与情郎的幽会描述，趣味低级，所以在东北叫窑子调。即便如此，说明《探清水河》在民国年间，已在北方广泛流行。

北京这边是德云社里张云雷唱出的版本，还有一个歌声好似春江水的师蓓希小姑娘，以及前面提到的那个尬尬小乐队。大家唱的是一个版本，文辞不伤大雅，演唱者字正腔圆，曲调却并非北京或者华北曲艺的调子，而是"无锡景"——一种江南小调。不由让人猜想，这小调开始是不是从京城的歌伎班子里传唱出来的呢？因为清末民初，京南城八大胡同里的"清吟小班"里擅长词曲的姑娘不乏来自江南，听来如此动情的故事，难免哀叹奴家身世，难免泪沾衣襟，便把这歌谣传唱起来。后来，东城打磨厂印书局把曲谱印成了册子，便更广泛传播，几乎成了街头卖唱女都会唱的曲子。只要有歌女在街头卖唱，听众都会点这首小调。京西蓝靛厂、火器营，卖大烟的松老三，姑娘松大莲，情郎哥哥佟小六，故事有头有尾，真真切切，算是声名远扬了。

二　姑娘投河

我十几年前来到万柳，听到的第一个火器营传说就是姑娘投河，可知当地人口口相传至今。于是一根筋如我，开始搜罗传说资料，虽然几个版本略有出入，但"姑娘投河"，并不虚妄。有记录说当时北京有一份小报《大新闻》报道此事，标题就很劲爆："松三烟馆妙龄女殉情"！可见是轰动一时的社会新闻。民间小调《探清水河》讲的是，

河水过长春桥分流向东便是历史上所称"长河"部分

故事发生在清末，外火器营正白旗住户（也有说正黄旗的）松三（请注意，他姓松，不姓宋，传唱到东北就讹传为宋。松姓是满族松加拉氏、步固斯氏姓氏而来，不算大姓，也没出过什么显赫人物）家，两口子开大烟馆，算是富裕户，只有一个独生女儿叫大莲。据说这大莲长脸高鼻，面皮白净，眼睛水灵，是个在旗美人，加之性格大方，为人活泼，独生女儿难免娇纵，在火器营蓝靛厂一带颇有芳名。爹娘光顾着卖大烟了，疏忽给她说人家，而旗人家庭大女嫁人是挺普遍的现象，很多人二十大几三十来岁才出嫁，用一般老百姓话说："旗人挑！"挑着挑着就错了芳龄。这大莲也是春心早萌，十六岁，爹娘不张罗，自己恋上了个村里的穷小子佟小六。有说这小六是卖水的，有说是帮人拉骆驼的，总之，穷光蛋一枚。俩人日久生情难免腻在一起，结果被松三两口子发现，小六子跑路了，大莲则被带冷水的皮鞭暴打一顿，惩罚其辱没旗门门庭。未料，这大莲竟是刚烈性子，跑出去，一路跑跑跑，跑到颐和园绣漪桥，从那最高的拱顶一猛子扎到河水里——幸亏她是朝南跳的，投的是长河，若朝北边跳，就成了投昆明湖了。小六子回来后便天天拿着纸钱沿河呼喊哀哭，后来也没了影踪（寓意是也追随大莲而去了）。

最开始我听闻的是火器营桥投河，现在冒出来个绣漪桥，而张国庆《老北京忆往》里记的，松大莲投的是长春桥。好吧，火器营大致范围在今天空军指挥学院，我猜测原本方圆几里地跨河桥就这三座，所以都在传说里出现了。这三座桥今天都还在，除了长春桥、火器营桥为现代化的钢筋水泥立交桥，绣漪桥自乾隆建清漪园二百多年来没发生过任何改变。

抽丝剥茧，真相耐不住有心去探寻，后来我在定宜庄《最后的记忆：十六名旗人妇女的口述历史》书里，读到有关火器营旗人出行的

颐和园绣漪桥

讲述。说当年过河是没桥的，要坐船到巴沟村，从巴沟村上岸向东才能走到海淀镇。也可以向南走约两里路过长春桥再往北折去海淀镇，这样里外里要多走四五里地。若是过绣漪桥则要向北绕弯子，何况有个园子的大门拦着，应该不是一般百姓能随便走的。这么看，松大莲奔长春桥投河是合理的。

三 殉情还是谋杀

在上世纪五六十年代，北京人张国庆走访了祖居蓝靛厂西门外北上坡的堂伯父家。堂伯父的父亲，也就是张国庆的三祖父，是比松大莲、佟小六还大几岁的同辈人。当时三祖父已经不在了，但他把这个故事讲给了自己的独子，也就是张国庆的堂伯父听。这个故事讲出来令人震惊，它颠覆了所谓烈女殉情的说法，根本就是一出谋杀案：当年营子里有一个有权势的头头，叫戈儿达（或许是官职名嘎伦达，即翼长），看上了开烟馆的松家独生女儿松大莲。而大莲已经有了穷小子意中人佟小六（不是卖水的，是个帮人拉骆驼运煤出苦力的孩子），两个人你恩我爱便偷吃了禁果，大莲有了身孕。戈儿达知道了便要把小六抓起来，他找来松大莲的舅舅（是个远近闻名的无赖，几顿大酒便被收买）帮着去抓佟小六，结果不知怎么走漏了风声，佟小六颠丫子跑了。而大莲被困在家里且有了身孕被父母发现，被一顿暴打，大病一场。这阴损的小舅子就给姐夫松老三出主意，让大莲堕了胎嫁给戈儿达，没想到大莲坚决不从，一心等着小六回来，想着既然生米做成熟饭，爹娘碍着脸面也不得不应了。戈儿达知道大莲怀了孕也不肯堕胎嫁给他，实在恼羞成怒，便威逼大莲的舅舅设计害死大莲。说是一个初冬的雪后晴日，这舅舅骗大病初愈的大莲出门散散心，大莲妈陪着，三人上了长春桥看雪景。坏舅舅看四下无人，一把把大莲往河里推，大莲翻下去时双手还抓住桥栏，人悬在半空。这舅舅竟然上脚踩在大莲的手上，推开企图拉女儿一把的大莲妈，说："这伤风败俗的东西不如死了干净！"大莲跌落冰水，便被激流冲走了。这桩亲人杀人案，自家不报官，说是没了脸寻短见，官家也没人管，大莲尸首下落不明没了下文。后面的故事和《探清水河》里唱的一样，小六子闻讯回了家，整日挎个篮子，里面装着烧酒纸钱，沿着河唤大莲，连烧纸带洒酒，一段时间后，河边也不见小六子了。

堂伯父是当地人，他讲述的故事或许更接近事实，营子里的人也大多相信这个说法。营子里还有一种说法，说是大莲被推下去后"没死透"，求生欲望强烈的她扒着岸边要上去，结果被松老三的兄弟，也就是大莲的叔伯拿竹竿给压回长河里了……总之，亲杀亲，是营子里的普遍说法。关于小六子的结局也有好几种版本，一种说小六子回来为大莲报仇，杀了坏舅舅和戈儿达等坏人，被官府抓了发配新疆；第二种说法是小六子离开家到城里打工谋生，而且说得很具体是在东城豆芽菜胡同，在一个绱鞋铺当学徒，出师以后终身不娶；第三种说法是经年过后，小六子回到家乡，就在火器营居住到老，没有成家，做个小买卖维持生活。我认为第三种说法最为悲怆苍凉，这佟小六陪伴清水河终生终世，也算是为大莲守护了一辈子真感情。

不过后世里火器营有姓佟的不服气了。他们声称火器营佟氏是满族八大姓之首的佟佳氏，历代荣耀贵气，他们都是最显赫的佟养正这一支的后人，属于正儿八经的镶黄旗，身世体面。康熙的母亲、顺治的皇后——孝康章皇后，就是佟养正的孙女儿，她的幼弟——国舅佟国纲更是扈驾三征噶尔丹，第一征便阵亡于乌兰布统的英雄。当然，二百多年过去，佟氏分枝散叶，保不齐有沦落到卖水或者卖煤靠

这大概就是松大莲落水的老长春桥

出卖体力为生的后人，但佟氏的血统总比转为汉姓松氏的松加拉氏、步固斯氏要高贵得多！松氏卖大烟还嫌贫爱富，如果佟小六是佟大爷，那松家肯定还要到处冒五彩泡呢。倘若这故事的真相是亲人下黑手，就不仅是松家，更见出当时社会的愚昧与野蛮。

关于长春桥，从老照片看它原是一座石桥，当时水面比今天要窄许多。桥下的运河自元朝郭守敬开挖后，几朝都有荒废和重整疏浚。乾隆年后成为一条皇家御游水道，可从高梁河倚虹堂码头上船，一直泛舟至昆明湖。乾隆在自己的诗作里称其为长河，老百姓就随便称之河，小曲里则叫它清水河。今天这条河总称京密引水渠，只不过颐和园以南到玉渊潭这一段十多公里称为昆玉河，拓宽并深挖了许多。在长春桥向南不远分岔，转弯向东流去的河，仍称为长河或者南长河。

历史上的蓝靛厂镇便在长春桥西侧，河水西岸。当然所谓以染布闻名的明朝大作坊蓝靛厂，早就不存在了。清朝时只是就着这个地

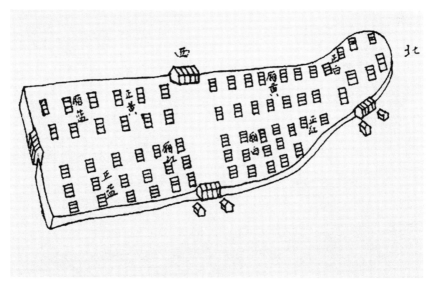

民俗专家严宽手绘的外火器营八旗营房草图

名，形成了一个商铺林立，开集贸易，有著名的关帝庙、西顶娘娘庙的京西重镇。而其北半华里，就是称为火器营的地方。它原本是外火器营。清朝最初设了两个制作兵器的火器营，一个在城内，叫内火器营；一个在蓝靛厂北，叫外火器营，后来就只保留了一个。据《日下旧闻考》，"乾隆三十五年奉旨创建，拨八旗火器营官员兵丁驻此"。大营设计形状像个大船，北部正白旗和八旗档房的突出地如船舵，南部正蓝旗关帝庙内的那根旗杆犹如高大的船桅。内建房有一千七百余间，驻扎着由满蒙两族组成的正红、正黄、正蓝、正白和镶红、镶黄、镶蓝、镶白八旗营兵及眷属万余人。营房排排整齐，四周修有四公里长的厚围墙，墙外是排水的壕沟，东南西北各设一个营门，像今天的军队大院（如今这里恰巧坐落的是空军指挥学院）。当然到了清末民初，这里逐渐凋零，墙倒屋塌，加之旗人没了"铁杆庄稼"固定饷

原银燕小学门口的古槐，此地曾是火器营东门一带

银，这里便比蓝靛厂荒凉许多，有道是："鲜酒活鱼蓝靛厂，死猫烂狗老营房。"日军占领北平期间，这里的北四营被强征，营房全部拆除，建了日军兵营。

回到松、佟两家儿女恋爱之时，他们算是近邻，松家正黄旗，佟家镶黄旗，都属于兵营的西部。当年火器营留下的痕迹，除了这个传说，还有今天银燕小学（现为人大附小银燕小学）入口处的几株古槐树，怡丽南园小区的几棵古树（有一棵贴红标牌的三百年老树，属乾隆年间），和一座老宅 —— 永山宅了。

物质的遗迹终将灭失，而一首民歌百年来在民间传唱，定格了一对少年男女的悲剧爱情。最让人心疼的是松大莲，我相信她是渴望生的，她渴望在清水河畔，和爱人过足平淡安稳的一生。但愿《探清水河》传唱下去，大莲永远定格在十六岁的花季。

2019 年 2 月 14 日

本文参考：

1. 张国庆：《老北京忆往》，北京燕山出版社 2015 年出版。

2. 定宜庄：《最后的记忆：十六名旗人妇女的口述历史》，中国广播电视出版社 1999 年出版。

东四三条的完颜格格

一　最美格格

京城东四三条67号和65号曾经住过两位大美女，住65号的是人称"冬皇"的京剧名伶孟小冬，上世纪20—40年代京城赫赫有名的京剧须生，加之与梅兰芳有过五年婚姻，后又嫁给上海滩大佬杜月笙，

东四三条67号完颜立童记故居

是位事业姻缘皆出彩的女人。而隔壁67号住着一位晚清遗族格格，美貌、身世俱是上等，可与"冬皇"相比，其人生却是满盘皆输。

这位美貌、家世、教养礼数俱足的女子名完颜立童记，汉名王敏彤，是庆王府毓朗贝勒的外孙女，金朝皇室完颜氏直系后人。她离世那天是2003年的2月28日，阴历正月二十八，死亡原因是在养老院吃饭时，被一枚饺子噎到。养老院给家属死亡通知上的姓名是：王敏彤。从1913年出生到2003年过世，有一半的时间，她叫完颜立童记，一个有着骄傲的皇室血统的姓氏，另一半时间，她用王敏彤这个名字行走世间。

她九十岁的漫长人生没有工作过一天，没有结婚，更没有靠男人生活。据说她在五十几岁的时候专门到医院检查过妇科，开了一张处女证明。今天的人不要感到可笑，实际上，这张证明对于她来说只是贞洁的象征。出身高贵且有着非凡美貌的她某种程度有完美主义癖好，在她看来，她的身体、尊严都是纯粹无瑕、无懈可击的。她是有价值的。

她就是如此骄傲，被世人称为最美晚清贵族格格。她的父亲完颜立贤，亦名王静庵，金世宗完颜雍第二十五代孙。不过他没有出仕，也没有工作过，对于他的记录非常稀少，只有他的家世和他曾经上过朝廷贵胄学校一事。在很年轻的时候他就罹患精神病症，百医无效后只得另外租

完颜立童记

房休养，而他的夫人则带着他们的两个女儿——完颜立童记与完颜碧琳回娘家生活。

夫人恒慧的娘家也不是等闲门户，是位于今天西四缸瓦市一带的定亲王府，占地四十余亩，有房四百余间。今天剩余用房为九三学社使用，西墙地界有著名的京城老字号饭庄砂锅居。恒慧是"最后的定王"后裔毓朗的长女，当然毓朗的父亲溥煦已经是定郡王，毓朗更降一级，袭的是贝勒。但怎么说，这是乾隆爷直系的一支，完颜夫人又是毓朗正房福晋赫舍里氏嫡出，是位能干的女人。在溥仪《我的前半生》里提到的介绍过谭玉龄的"立夫人"就是她。因为她丈夫叫完颜立贤，所以称"立夫人"。

父亲家完颜氏是前金贵胄，虽然父亲完颜立贤早早得病，一生无功名，但完颜立童记的曾祖父完颜崇厚是内阁大臣、直隶总督，外祖父毓朗贝勒这边更是了得，是乾隆帝长子定亲王永璜的后人，正根儿的爱新觉罗氏皇族。这样的家世，再加之生得貌美如花，完颜立童记的人生程序是笃定的，只需静等着嫁个门当户对的人家，生儿育女花团锦簇，享受祖荫惠泽。妹妹完颜碧琳这样描述她们的幼年生活："在那种家庭中是以礼貌来过分要求小孩子的，尤其是女孩子。姐姐是被一切长辈所宠爱着，她永远跟着母

儿时的完颜立童记与完颜碧琳，后立者为表哥郭布罗·润麒

亲，吃饭也与大人一桌。因为她既驯顺又生得白皙漂亮，但我却是一个黄毛丫头，在后院一个人吃饭，平常不叫出来见客人，怕错了礼法招人笑话，只有在生日节日一些的日子才被打扮好了出来见世面。"

但该着完颜格格没有那份命。十七岁时，的确定了一门亲，对方亦是皇族某支系的爱新觉罗子弟，只可惜这位公子哥迷恋上了天津的某京剧名伶，闹出绯闻，搞得满城皆知。原本，完颜家大人还是希望亲家管教一下这个好玩的子弟，尽量维护这桩婚姻，毕竟，要讲门当户对家世对等，他们选择联姻的范围非常有限。怎奈完颜立童记有股子宁为玉碎不为瓦全的狠劲，坚决接受不了这位未来的夫婿如此荒唐，闹着要退婚。结果婚是退成了，但这无疑是一件倒霉事，原本自己没有过错，但为了这个退婚，无端地给完颜格格减了分。

二　与"冬皇"为邻的日子

今天的我们无法理解百年前的女人，一桩婚姻就是她最重要的价值。是的，那时代的女人就没有价值，只是去婚配男人，去依附男人，这与你出身多么高贵没有关系。天津风波闹完了，完颜夫人带着完颜立童记和完颜碧琳回到北京，住在东四三条27号（今天的67号）。很快她们发现，隔壁住的是京剧名伶孟小冬。而这时候的孟小冬刚刚与梅兰芳离婚，回到娘家居住。25号住的是孟家人，他们一直住到1968年房子充公，孟小冬住在26号（今天的65号），紧邻着完颜姐妹。

从留给后世的几张照片得知，完颜立童记与孟小冬结交了友情。孟小冬大七岁，这时候也就是二十四五岁，两位正是美若春花的年龄，一起结伴出游，一起着戏装拍照，也着旗装拍照，今人看这些照

完颜立童记与孟小冬旗装合影

片都煞是养眼。完颜立童记正是在这时候向"冬皇"学下了几折戏。除了未嫁，这个姑娘几乎完美。结交孟小冬的那段光阴，可以说是完颜立童记最美好的生命时光。

1931年至1945年期间，两位美人互为芳邻，美丽韶华，交相辉映。完颜格格在等待佳婿，而与梅兰芳离婚后的孟小冬心灰意懒，不在意男女之情了。当时的《立言画刊》如是描述："冬皇无一日，无一时不为艺术而奋斗。素日对任何事均颇消极，遑论婚事。曾一再表示个人志愿每谓绝以演戏为终身职业，抱独身主义孝母养亲，不作其他之想矣。此种清高之人格，实良可钦佩。今日鬼蜮之社会，求诸如孟之伟大女性，鲜矣！"

两人真是鲜明的对照。孟小冬事业如日中天，总能获得大把男人的仰慕，如杜月笙。1945年9月杜、孟二人正式同居，杜家特意在京城置业，孟小冬便离开东四三条娘家，搬到贡院顶银胡同杜宅去住了。

而完颜格格，最大的事业就是门当户对的婚姻大事，这件事不需要她去读书，也不需要去增长什么技能，只需要合乎旧式妇女的道德规范和贵族小姐的行为礼仪。而她也始终不认为，女人需要经济上的独立，她自小生活在锦衣玉食的王府，不知金钱为何物。靠工作或技能赚取金钱以支撑生活，这种生活方式是别人的，不是她完颜家大格格的。相反，她的妹妹完颜碧琳则是跨进新时代的女性，她改名王涵，

完颜立童记与孟小冬

读协和医学院，抗战时期作为进步青年投奔重庆，一直以职业妇女的
身份安身立命，属于撕开旧家庭藩篱破茧而生的新女性。

三　错失的姻缘

很快，1935年待字闺中有些焦急的完颜格格迎来了另一次结婚
契机。这一次是伪满小朝廷的溥仪命令他的弟弟溥杰尽快结婚。溥杰
原有配偶，是端康太妃（光绪的瑾妃）的侄女唐怡莹。她是个敢爱敢

恨、性情开放的女性，性格霸道，与溥杰不睦。当时，由于日本人试图给清皇室注入基因，极力撮合满日联姻，要给溥杰配个日本妻子，唐怡莹还是个挡箭牌。但后来两人关系不好，溥仪要求溥杰离婚，并希望赶在日本人前头在京津满蒙亲贵家庭找一位般配的女子，迅速完婚。完颜立童记这一年二十二岁，成为合适人选。于是溥仪派他妹妹韫龢亲自到北京相看，双方长辈非常满意这门亲事，完颜立童记便与母亲前往长春会亲，筹备婚事。

　　遗憾的是，1935年的这次天赐良缘还是被日本人阻挠了，溥杰娶了日本女人嵯峨浩。完颜立童记心灰意冷，她的青春至此终结。不过，这次会亲她见到了溥仪，也即是她表姐郭布罗·婉容的丈夫。上一次见面是十三年前，在1922年溥仪和婉容的大婚盛典上。那时候

完颜立童记（前排左二）十一岁，右二为表姐婉容

完颜立童记只有九岁，懵懂而有点小大人似的学着规矩出席了盛会。而这次见面，离成为溥仪的弟媳只有一步之遥，可以想见，抱憾而归的完颜立童记心灰到什么程度。

婉容大婚，左一为九岁的完颜立童记

再次见到溥仪，是二十几年之后了。1959年，溥仪作为战犯被释放回归社会。经历一生的惊惧动荡尤其是苏联监狱生活，这位五十三岁的中年人已像疲惫衰弱的老人，完颜立童记这时也四十六岁了。这位末代皇帝生活能力极差，不能料理日常，急需有位太太照顾，而完颜小姐蹉跎到这等年纪还待字闺中，这是她最后的机会了。

这时那位毓朗长女、完颜立童记的母亲王老太太尚在，她们托亲戚请溥仪来东四三条做客。完颜格格和她的母亲都是没有工作没有任何收入的人，自毓朗死后，几十年里她们靠变卖旧物为生。但为了溥仪这次到访，她们准备了丰盛的一桌酒菜。

那场家宴也是完颜格格一生中少有的欢愉时刻，宾主推杯换盏，吃着可口的老北京饭菜，溥仪也非常高兴，不断说笑着。可惜的是，这位把盏劝酒的迟暮美人并未让他动心。溥仪是想结婚的，但他决意要在新社会改造自己，从一个末代皇帝变成自食其力的普通公民，他不想在遗族圈子里打转了——这会让他永负着改造的阴影，他想找个普通妇女，有工作的妇女。后来溥仪偶遇在医院工作的李淑贤，虽然李淑贤结过至少两次婚还有过舞女经历，但这些都没有动摇他娶平民女子为妻的决心。

完颜立童记很不甘心，所以她做出了去医院开证明，证明自己依然是处女的傻事，还通过不少亲友去做溥仪的工作，溥仪就厌烦她了。1962年，溥仪跟李淑贤结了婚。完颜格格的结婚希望最终破灭。不过，说也奇怪，她还是迷恋这个她九岁时初见的男人。1965年，溥仪患病住进了医院。完颜立童记每天都拿走唯一一张探视牌子坐在溥仪床前，一坐就是一下午。李淑贤只能在外面生气地等着。溥仪厌烦极了，对她毫不客气地下了逐客令："我不想见到你，你给我滚出去！"溥仪正骂着，碰巧溥杰的夫人嵯峨浩进来看他，当时场面极为尴尬。嵯峨浩以为溥仪在骂自己，等完颜哭着走了，溥仪赶忙给嵯峨浩解释原委。

溥仪1967年秋天死了，不知那个秋天完颜格格得到死讯后做何感想。溥仪是她一生唯一真心喜欢且还倔强追求过的男人，可能上天注定给她的男女情缘就这一次，让她的情感在中年之后彻底爆发。1967年北京城因为"文革"已变成一个躁动而亢奋的城市，这个遗族格格躲在东四三条破旧的小院里，每日对着天空发呆，充耳不闻时代碾压的轰隆声。

她家的东西被彻底洗劫一空，她被轰进一间破旧的小偏房。王老太太也过世了，她孤家寡人过着连自己都厌弃的生活。

话说醇亲王载沣有三个儿子：溥仪、溥杰、溥任。不知又是哪般造化弄人，这三人都和完颜立童记发生过瓜葛。1971年，溥任的妻子过世了，不知是他自己还是亲戚们怜惜，又有人过来想撮合完颜立童记与溥任结合。其实，这是一个不错的选项，对于她而言是最后一次真正走入婚姻的机会。但五十八岁且贫困潦倒的她，靠着给街道做

玉兰树下的完颜立童记

点零散针线活计为生，她只想缩成一团，不想再和这个世界、和外人，哪怕是熟识的亲友打任何交道了。她是这么回绝的："他（溥任）年龄比我小，再说也不能一辈子在北府（指醇亲王府）兄弟的圈子里打转啊。"这句话听着淡定，也可以理解为她对这个世界的失望，是对自己人生极度失败的结语。

　　"文革"结束后，她拿政府给的每月三百块钱生活费度日。她唯一的亲妹妹完颜碧琳（汉名王涵）的后人接她去天津生活过一段时间，有一张她和天津亲戚的照片，看着像是已走入另一个世界的人。后来天津亲戚家里也出现了困难无力供养，就把她送回北京。她的表哥郭布罗·润麒（婉容的弟弟）来看她，见家里破败得跟要饭的差不多，人住的屋子里有三分之一的地方堆着蜂窝煤，里面很脏、很冷。表哥就劝她，说："我做梦了，梦见了你的奶奶（实为她的妈妈，满族人称呼），她不放心你，让我劝你，改变改变生活，跟大家一块生活。"

1985年，七十二岁的完颜立童记

她听了直摇头，不信，说梦是心里想，实际没那回事。

她有一个祖上传下来的乾隆时期的瓷瓶，是唯一躲过"文革"浩劫而保留下来的，有人出价八十万买，她非要一百万，其实就是不想卖。后来从台湾来了一位完颜家的亲戚，她就把这个瓶子白送给了亲戚。这时候外人说她头脑已经混乱了，总是怀疑有人要来害她。已经是快九十岁的人了，一生孤寂郁闷，难免陷入老年抑郁的病苦中。但她把瓶子给完颜亲戚这个举动，却证明她很清醒。一生没有婚姻没有子嗣的她，希望把这个对祖宗的念想继续留在完颜家族里，这似乎就是她考虑的唯一一件身后事。

亲戚实在是可怜且不放心老病缠身、头脑糊涂的完颜立童记，说服她去养老院，她同意了。养老院条件很好，有人照顾吃住，可以洗澡，冬天有暖气，似乎是个好归宿。可惜住了不到一年，就发生了前面说的一枚饺子卡住喉咙的事，她终于谢天谢地离开了这个她早已厌弃的人世。

郭布罗老人总结说："我这个表妹呀，不知道是个什么命。我有时候就想，如果她不改变环境，不离开她的破房子，不离开她的宝贝瓶，不去养老院，可能还会活一些年，也许还死不了的。"

子非鱼焉知鱼之乐，知鱼之乐焉知鱼之痛。曾是如此完美的完颜立童记就因为婚姻蹉跎，迈不进家庭，更迈不进社会。她九十年光阴里满眼都是别人的人生，喜怒哀愁却也热闹，唯有她自己，始终是个站在边缘的旁观者。别人看她，就是怪异，就是一个关于老姑娘的谈资。

好吧，啥也不说了，虽然时代不同了，这位完颜格格的故事，也许仍在提醒今天集颜值、智慧和练达玲珑于一身的现代女性们：丢掉对自己美貌的迷恋，丢掉对男人的幻想，一本正经去踏实过好自己的人生才是靠谱之事。

2017 年 7 月 18 日

注：

本文素材部分来自王敏彤妹妹王涵的后人——"天津小石头"新浪博客。另外笔者上世纪 80 年代中后期在中国社会科学院法学所工作，有幸与在该所做编译工作的郭布罗·润麒老人同事二三年，空闲便喜欢和同事聚到他的办公室听他讲故事。譬如他家与孟小冬有很深的交往，亲戚还找她学戏。大表妹王敏彤的身世也是他常常感慨之事，那时王敏彤也是七十几岁。他们表兄妹相差一岁，王敏彤享年九十去世（2003 年），四年后（2007 年）郭老以九十五岁高龄去世。

梅兰芳：生死一座万花山

一　万花山梅氏墓园

　　初冬，我想着去香山玉皇顶看看静福寺的修缮情况，半路经过梅兰芳家族墓地，就照例盘桓瞻仰一番。有些年没来此地，正赶上"煤改电"在香山一带的村子里施工。北辛庄村依旧保持整洁干净的高贵气，不愧是当年健锐营遗留的村庄，透着一股严明的军队气。但原本幽静的西营却春笋般冒出不少违建房。出了北辛庄下坡，很快就走在奔往西营的路上，这条路的起点便是万花山，而梅氏墓园就在此山麓上。梅兰芳字畹华，与"万花"谐音，终隐万花山也是因缘使然吧。

　　当初，往西营这条路是沿山小路，僻静。万花山退居路北也就几十米，山不高，曾有碧霞元君庙（娘娘庙）一座，始于康熙年，有进士李枝长题碑，历代多次翻修，直至民国初年。民国后期逐渐零落，今天已全无遗址。上世纪20年代末，梅兰芳购置家族茔地时，这里香火已熄，他请人平整出墓园，后来不少京剧名宿的墓地也安置于此，名气最大的是马连良。一百年过去，人间自有大变故。今天的香山，成了郊野行步的好去处，健锐营形成的各村落非但没有凋零，反而越发膨胀，是外乡人的租住地。而梅氏墓地也不复早先清静，俯瞰眼前就是一座小型停车场，很多徒步登山爱好者喜欢从城里开车至此，有心者会顺便瞻仰一下京剧大师的墓地，譬如我。

这一次，看到大师墓前增加了新冢。大师的两位子继父业的儿女——女儿梅葆玥、儿子梅葆玖也已下葬此地。

1929年，梅兰芳的结发妻子王明华第一个下葬此地。那年她病殁于天津，得年三十七岁，临终时身边没有故人。梅兰芳原本安排当时最大的儿子梅葆琪以王明华孝子身份到天津接灵柩。但葆琪患了白喉，改由年仅三岁的梅葆琛接替，由管家刘德君抱着他打幡，总算为这孤零之人尽了孝子之礼。梅兰芳、福芝芳夫妻用贵重的金丝楠木棺材装殓，将其葬入万花山墓地。

王明华的孤冢在万花山足足守候了三十二年，直至1961年夏末梅兰芳去世。本来按照当时他的政治待遇——享有人民艺术家的地

万花山梅兰芳之墓

位，政府给予他国葬礼遇，天安门和新华门均降半旗志哀 —— 他应该被火化并安葬于八宝山烈士公墓瞿秋白墓旁的墓穴。夫人福芝芳不同意火化和进八宝山，她请求政府将梅兰芳安葬在万花山自家茔地，与王氏夫人合葬。当时用的阴沉木棺材实际上是1925年准备装殓孙中山的，后来苏联人送来了水晶棺，这副好材就没用上。政府同意梅家以四千块钱购买给梅兰芳用。福芝芳亲自验视，把1929年已下葬但保护完好的装殓王明华的棺木挖出，与梅兰芳的棺木一并下葬，旁边备下一个空穴，留给自己百年之用。1980年冬天，福芝芳过世，家属也是不惜代价在民间寻找棺木，将其下葬于那个空穴。这三位生于清朝末年的旧式人，情缠一生，还是以旧式奠仪完成了人生的终结。

梅兰芳光风霁月般美妙的京剧生涯辉耀了北平城二十年，他经典的青衣形象如冰轮初上，如春花新蕊，虽不足以照亮人间的黑，虽注定风扬尘灭，却在无数观众的内心播撒了温暖的柔情。从1911年名列菊榜探花到1932年离京赴沪，好人好光景，他风华绝代的舞台姿影给京城一代人留下隽永的美好。

1917年《顺天时报》已捧梅兰芳为"伶界大王"。而佐助梅兰芳成为头牌名伶的有"梅边三杰"：对梅兰芳的财力资助离不开有钱有势的银行家冯耿光；剧目挑选、剧本创作上离不开戏剧文学家齐如山；艺术表演上离不开旦角名宿王幼卿。人红，则跟随者众，形成了当时最大的粉丝助力团 —— 梅党。

1922年春，有梅党五人春风得意前往香山踏青，他们是萧紫亭、齐如山、梅兰芳、王幼卿、李释戡。那时香山距离北京城这四十里地不像今天交通那么方便，既然来一次往往他们会住上两天。而民国时期的香山也就是清朝静宜园遗址，不是如今天圈起来的收费公园，基本疏于管理。军阀财主等可以买块地皮盖别墅，大多数名胜景点被封闭，而有些人就专挑在原来"静宜园二十八景"之残址上盖房，沾沾前朝皇族遗下的富贵气。那次五人便是住在香山雨香馆遗址上某富人家盖的私人别墅里。一日，他们在附近山间闲逛，无意在蛤蟆峰发现一块没有刻字的大石头，这在香山是很难得的"童石"。因为稍微有些尺寸和造型的大石头几乎都逃不脱乾隆皇帝的法眼，都被他占据做各种涂鸦。而这方巨石，两米高有余，矗立葳蕤草木中，石形端正、天然。梅兰芳对这天作的仙石甚是喜爱，便在巨石上写下一个"梅"字。此字高 1.95 米，宽 1.9 米，笔势清丽方正，下方署名"兰芳"。右下则刻有李释戡的题记，全文为："壬戌三月二十有四日，萧紫亭、齐如山、梅兰芳、王幼卿、李释戡同来，兰芳写梅，释戡题记。香山游者虽多，未必遂登此石，亦足以自豪矣。"题记下方有"齐如山监制"五个小字。这大约是说齐如山找来工匠，将题字勒刻，李释戡还用扫帚蘸了白粉，把"梅"字刷了白。

有游客如冯武越在石前的照片登在了当时的时尚画报《北洋画报》上，算是一档雅事。人称"五君子刻石"，石头也叫"梅石"。

即使在今天，很多去过香山公园无数次的老游客也未必见识过这方梅石，因为它实在隐蔽。隐蔽在九十五年前那个春光四溢的刻石日子，就如同一代名伶隐蔽在岁月的册页里，任由尘封。

其实，梅石与梅墓的距离不很远。梅墓所在的万花山只是香

《北洋画报》上登出的冯武越与梅石合影

香山上的梅石

山这一岭向南延伸出去的余脉，恰似美若春花的生命走向它的末端，也就是苍茫时空之一刹那，结为终点。春光明媚下笑语欢颜的刻石日子，他们五人曾有怎样的笑谈与高论，不可得知。只是那一刻，他的生命如此鲜活美好，如此光耀人心，点亮岁月。在20世纪前半叶战争残酷、生活贫困的苦难日子里，他的艺术慰藉人民的精神并激励为美好的期许坚忍求生。而日月星辰役昏昼，四十年后，他也没有离开这座山，他终于归宿于这座山。

二　无量大人胡同梅宅

梅兰芳可谓少年出名，但并非一夜爆红，也是自己一台戏一台戏演出来的盛名。他1894年生于京剧世家，1904年8月17日在北京广和楼戏馆第一次登台。1911年各界举行京剧演员评选活动，最终张贴菊榜，梅兰芳名列第三名探花。他是得天眷顾的人，聪明、刻苦、嗓音清丽，扮相俊美，为人温和谦虚，情商很高，必然得到观众喜爱、贵人赏识。在名列探花之后他与当时的京剧头牌、老生谭派创始人谭鑫培同台出演《桑园寄子》。其后至1932年他举家迁居上海，是他最为辉煌的作为中国京剧头牌人物的二十年。他出演了大量剧目，勇于改良旧戏、尝试新戏，将京剧艺术推向巅峰。

　　起初，王明华夫唱妇随，是梅兰芳的得力助手。她在服饰装扮上很有品位，因为年龄略长梅两岁，她不仅是相夫教子的旧式妇人，也是梅兰芳事业的好帮手，身兼梅兰芳的"经纪人"和"造型师"。1919年，梅兰芳成为有史以来中国戏曲界首位到日本演出的艺术家，王明华帮助料理幕后的琐碎事项，如化装、发型、服装和画样等，事无巨细打理得当。她手巧，会梳一手好发式，她亲自给梅兰芳做假发，放在木匣子里，据说编织精美得连梳头师傅都赞叹。梅兰芳上台前只要把假发套上，妆容画好，便是活脱的古装仕女。王明华也是梨园世家出身，旦角王顺福的女儿、武生王毓楼的妹妹，容貌清秀，性情沉静。两人不到二十岁成亲，很快便诞下一双儿女，正是春风旭日一双璧人，世界崭新，挡不住的好。当时，王明华算是京城里的讲究夫人，颇有品位，她经常穿着时尚的镶着花边的小袄和垂至脚面的长裙。京城有名的金店首饰楼有了什么新款式的耳环、花别针、项链、手镯和戒指等，也不时差人送到梅家任她选购。王明华作为梅府的女主人，富贵端庄又讲究时尚，颇受宾客好评，是民国初年美丽而时髦的妇人。可是，一旦太好，无常便至。随着梅兰芳成了角儿，戏也叫座，拥趸成群，家里经济也好了起来，王明华只是一心想着专心贤内助，不想再生育，便做了绝育手术。可没想到的是一双儿女竟然被麻疹夺去性命。旧时女人，生儿育女传宗接代是不二职责，加上梅家男丁稀疏，梅兰芳大伯家没有男丁，梅兰芳是兼祧两房的独生子，不用梅兰芳责怪，王明华自己也陷入深深的悔恨之中。她娘家曾建议过继她的侄子王少楼为子，但才二十五六岁的梅兰芳没有同意的道理，他当然希望能生养自己的亲生骨肉。

　　1920年梅家搬进了由两个四合院连为一体的大宅子，即无量大人胡同梅宅。无量大人胡同就是"文革"后改名的红星胡同，今天都

梅兰芳（"四大名旦"之首）

拆没了，建了一条奢侈品商业街——金宝街。梅兰芳好客，梅宅接待过印度文豪泰戈尔、瑞典皇太子古斯塔夫。当时外国人来北京，以参观故宫、到访梅宅、品尝梅家菜为三大时髦乐事。他代表的京剧是中国文化的名片，加上对人客气有礼，温和谦逊，文雅风趣，自然各类朋友众多，包括蔡元培、胡适这些文化名流也是梅府座上宾。每天梅家高朋满座，流水席不断，门前车马络绎不绝，连仆人也要嘀咕：梅大爷就算再有钱，天天这么吃也得吃穷了啊。

1920年到1932年，是无量大人胡同梅宅最热闹的年代。这里成了京城著名京剧文化社交沙龙，但对于王明华而言，她不再是唯一的女主人了。1921年，梅兰芳迎娶了福芝芳为妻。福家是旗人，虽贫寒但是正经人家，要体面，提出要明媒正娶，不是做小，嫁过去要和王明华同等地位。第二年，1922年，福芝芳便诞下一子，很懂事的她主动把儿子抱到王明华屋里，算作她的儿子。敦厚女人福芝芳将王明华当姐姐相待，彼此倒也尊重。说也奇怪，王明华、福芝芳总共为梅兰芳生了九个孩子，头五个全部夭折。所以，王明华不单单是自己苦怨，福芝芳生的头三胎也是早夭，已经是京城名角儿的梅大爷甚是苦恼。但世上总有不可思议之事，某天他听说有一对双胞胎老爷子活到九十五岁，那时节这是人瑞了。而俩老爷子一个名葆琛，一个名葆珍，梅大爷也真是着迷了，就给自己俩儿子直接取了这俩名字。后面的女儿和最小的儿子就顺着"葆"字，起名葆玥、葆玖。没想到名字也是冥冥中暗合了注定的命数，这几个儿女都"葆"（保）下来了，顺利长大成人，并各有成就。

王明华虽然与福芝芳关系尚好，但毕竟是十八岁嫁给梅兰芳的结发妻子，人又能干、讲究，

梅兰芳练功照

难免是要强的心。所以一双儿女早夭及自己糊涂做了绝育这些事总是生出愁怨折磨着她，身体就垮下来了，得了肺病，过了几年也养不好，便带着个用人独自去天津养病。那年代肺病很难养好的，1929年便去世，第一个下葬于梅家墓园。

三　鲁迅的批判，胡适的转变

整个20年代，是梅兰芳最鼎盛辉煌的时期，也是他二十五六岁到三十五六岁舞台表演的黄金期。他的刻苦、天赋加上他遇到的事业贵人的佐助，天作人合，所有的气力都使对了一个方向，把他推上了

京剧名伶的头把交椅。五四之后，新思想渐进，京剧艺人也靠自身的
艺术追求，自强自爱，逐步摆脱了过去只是供宫廷和贵胄娱乐消遣，
甚至没有人身自由的卑微地位。他们走向了更广阔的平民剧院，提升
京剧的艺术高度而成为"国剧"。但有一些激进的五四知识分子喜欢
对中国的旧文化一概否定，包括京剧，他们更不屑所谓京剧的改良。
鲁迅便是反感梅兰芳及京剧的一位，他看不惯舞台上的男旦，认为就
是旧文化的糟粕，男扮女角，不正常，反人性。1924年他在《论照相
之类》嘲讽梅兰芳的京剧，认为梅兰芳饰天女、演林黛玉等，眼睛凸，
嘴唇太厚，形象不美，是"玩把戏"的"百衲体"，"毫无美学价值"。
他说："我们中国最伟大最永久的艺术是男人扮女人。异性大抵相爱。
太监只能使别人放心，决没有人爱他，因为他是无性了 —— 假使我

1930年梅兰芳访美时演出《汾河湾》

用了这'无'字还不算什么语病。然而也就可见虽然最难放心，但是最可贵的是男人扮女人了，因为从两性看来，都近于异性，男人看见'扮女人'，女人看见'男人扮'。"鲁迅把对京剧艺术的批判上升到对畸形国民性的批判，言外之意，与西洋人艺术合人性、讲自然不同，似乎中国的东西心态扭曲，不似别人的艺术阳光健康。后来，梅兰芳去苏联访问演出时，鲁迅写了一篇《拿来主义》，梅兰芳去美国公演大获成功，他又接连两天发表文章题名为《略论梅兰芳及其他》，说梅兰芳的京剧："雅是雅了，但多数人看不懂，不要看，还觉得自己不配看了。名声的起灭，也如光的起灭一样，起的时候，从近到远，灭的时候，远处倒还留着余光。梅兰芳游日、游美其实已不是光的发扬，而是光在中国的收敛。他竟然没有想到从玻璃罩里跳出，所以这样的搬出去还是这样的搬回来。"他认为京剧有佯做高雅的忸怩之态，不大众化。

梅兰芳从小戏班里摸爬滚打练"活儿"长大，是社会里长大的人，底层、宫廷、平民百姓、达官贵人的人间百态酸甜苦辣，他是遍览品味。他只五岁开始在百顺胡同的私塾里念过几年旧书，肯定没有鲁迅那么通晓中外，富有现代知识。但不可否认，梅兰芳是认真做京剧的人，是穷尽天赋才能顺应时代改良京剧的人，他的目的是把这门"活儿"做好，观众喜欢，使京剧成为娱乐众生的艺术。所以，梅兰芳就是用京剧演绎传统故事的表演艺术家，但一支笔口诛笔伐社会之恶的鲁迅却把他当作旧文化来批判，毫不留情。

这两位在1933年上海文化界欢迎萧伯纳到访的宴会上见过面，而且是同桌吃饭，两人互相不打招呼。以梅大爷老北京人式讲究礼数的个性，没有战斗性，可能是不敢招惹鲁迅，而鲁迅见着这个舞台上男扮女装的艺人，大概就是看不顺眼。有一次郁达夫谈到了茅盾、田

1930年梅兰芳访美时与卓别林合影

汉诸君想改良京剧，鲁迅根本就不赞成，说："以京剧来救国，那就是'我们救国啊啊啊'（学着京剧的拖腔），这样行吗？"其实，别说，梅兰芳还真是有抗日救国的心。九一八事变后，梅兰芳出于爱国主义情怀，编演了梁红玉故事为蓝本的《抗金兵》、北宋女子韩玉娘不惜以死抗金兵的故事《生死恨》，借助历史故事来激发人民的爱国热情，激励抵抗日本侵略的斗志。他尽了自己一个正派的爱国艺人的本分。

1932年他携全家离开无量大人胡同宅邸，迁居上海，住进租界，就是本着绝不与日本人合作，不为日本人演出的本意。他说出的话质朴而诚实。他在上海时日本人找他演出，来说合的人说："日本人对你很好。"梅兰芳答："日本人对我是好，可对我国不好，太可恨了。有什么理由，不管国家，只管自己呢？"后来日本人也不强求他演戏了，

1935年，梅兰芳与影星胡蝶、时任上海市长的吴铁城在赴苏联访问的船上合影

就只请他到电台去说一段话，梅兰芳竟给自己注射了三次伤寒预防针，体温达到四十度。他是宁肯烧死了，也不去什么电台讲话失气节。

1935年他受邀去苏联演出访问，照理应该是坐火车从东北出境进入苏联的。梅兰芳怕被当时溥仪伪满洲国截留让他唱戏——他说唱戏本身也没什么，但如果被日本人拿去宣传就不好了——结果，代表团其他人坐火车去，他是绕过所谓的"满洲国"，坐船去到海参崴才登陆苏联的。

平心而论，日本铁蹄下守身如玉者说起容易，做到难。梅兰芳一家在抗战期间没有演出收入，他要养活上下几十口人，开销庞大。按照梅兰芳演出的价码，一场戏是八百大洋，什么概念，当年北京一套四合院的价格是两千大洋。但已蓄须明志的他在日本占领期间不演戏，没任何收入，就靠变卖家财吃老本度日。古人云"生刍一束，其人如玉"，淡泊而洁净，他懂得他盛名之下的担当。那时中国也没少出些文化汉奸，而梅兰芳这样被鲁迅瞧不起的旧文化代表，或者说是可笑的中国"畸形文化"的人物，却有着朴素的坚固如山的民族气节，有着中国普通社会蕴藏的正义之魂灵。

与鲁迅对梅兰芳态度形成对照的是胡适。在新文化运动早期，这两位都对中国旧文化下的传统戏剧持彻底否定态度，他们认为中国戏曲是历史的"遗形物"，必须改良。他们宣扬易卜生，全盘颂扬并引进西洋新剧即话剧，认为中国传统文化从形式到内容都陈腐落后令人厌恶，应该以新剧来取代。鲁迅的态度始终如一，而胡适则发生了转变。我分析有两个因素：一是他大约在1925年左右结识了梅兰芳，成为无量大人胡同的客人，并被梅兰芳谦虚有礼的人格魅力打动。实际上梅兰芳的为人礼节是传统的老式君子相交的客套与尊敬。1936年胡适赴美开会，邮轮是凌晨两点从上海起航的，胡适日记写道："今晨两点上船。送行者梅畹华特别赶来，最可感谢。""特别赶来"，一定是当时梅兰芳从另一个并非便利的地方赶来，情谊笃厚，令胡适感动。二是，1930年梅兰芳赴美演出极为轰动成功，在其赞助者中赫然出现哥伦比亚大学名教授约翰·杜威的名字，他是胡适的老师，胡适是杜威哲学与教育思想在中国的传播者。见自己的老师杜威也并非对不同文明文化持非此即彼孰优孰劣之包容态度，他不免对新文化运动早期的激进思想有所调整。当然，这不代表他不继续批判中国传统旧文化，而是他看到了梅兰芳在对中国传统戏曲改良方面的真努力。胡适在编印的英文版《梅兰芳与中国戏剧》一文中，向英语观众介绍梅兰芳"是一位受过中国旧剧最彻底训练的艺术家。在他众多的剧目中，戏剧研究者发现前三四个世纪的中国戏剧史由一种非凡的艺术才能给呈现在面前，连那些最严厉的、持非正统观的评论家也对这种艺术才能赞叹不已而心悦诚服"。在这里，他避开中国传统戏剧之文化评价，而是由衷赞赏了一位传统京剧艺术家"非凡的艺术才能"。

四　梅党核心齐如山

梅兰芳对京剧的改良以及新剧的创作，离不开他的事业贵人齐如山。

齐如山比梅兰芳大十九岁，是最后一代受过完整旧式教育的知识分子。他书香门第出身，熟读经书，十九岁进官办的外语学校——京师同文馆学习德文和法文，前后约五年。继而去欧洲游学，辛亥革命后回国。他的知识与教育背景使他成为近代著名的戏曲理论家、编剧作家和历史文化学者，出版著作三十余种。他提出的"无声不歌，无动不舞"论点，是对中国传统戏剧最精练、最准确的概括。他晚年的著作《国剧艺术汇考》更是对京剧研究集大成的扛鼎之作。他虽然是旧式知识分子，但学习了洋文，考察过欧洲文化戏剧，自小对京剧谙熟，于是便动了结合西洋戏剧以改良京剧的心思。

齐如山在1913年第一次看梅兰芳演出是在天乐茶园上演的《汾河湾》。当台上薛仁贵唱到窑门一段时，饰柳迎春的梅兰芳依传统演法，面向内坐，竟自"休息"了，只留个毫无表情的后背对着薛仁贵，任其自顾自唱。按老派的演法，跟班的小厮还可以把茶盏递上来，饮上两口润润喉。角色之间不交流，各管各的。梅兰芳没错，老师就是这么教的。齐如山看着很是别扭，回家后给梅兰芳写了三千言的第一封信，指出了旧派表演不合理之处，并提出演员表演应该配合剧情，在表情身段上形成交流。过了几天，齐如山再去看戏，发现梅兰芳竟然按照自己的建议改进了表演，从此他们开始了书信往来，探讨京剧表演的改进。但大概通了百十封信也没有见面。按齐如山的说法，他还是有着旧时文人的清高的。因为明清以来有对艺人歧视的规定，不许其做官，其子弟三代不能考秀才，连普通百姓的人权都没有。而清末民初时期，艺人的地位依旧不高，被蔑称为"戏子"，有非常不好的"相公堂子"风气，有钱的纨绔子弟为追捧某些名旦争风吃醋面目可憎。齐如山怕主动结交梅兰芳被人误解，毕竟他是文化人，出洋见过世面，鄙视那些轻薄恶俗的纨绔子弟。而梅兰芳出道后虽然不免也要曲意应付捧场子的梨园常客，但他毕竟洁身自好，品性正派，也是不喜欢随便交结陌生人的。这两人竟然以书信交流讨论京剧表演三年却没见过面，如同熟悉的陌生人。三年后，梅兰芳邀请齐如山至梅府做客，两人一见如故，自此亦师亦友，结下终身友谊。

齐如山可以说是梅党核心中的核心，但并非梅党领袖。真正的梅党领袖是冯耿光，民国时期的大银行家，有的是金钱可以捧梅兰芳。可以说冯是大金主，而齐如山是文学家，出脑力的。梅先生在二十多岁时曾说冯："他人爱我而不知我，知我者其冯侯乎。"可以说，冯是梅兰芳全方位的支持者、赞助者，甚至对梅兰芳的婚姻生活等都有深入的影响，福芝芳便是冯介绍认识的。还有一种说法是孟小冬与梅兰芳的一段姻缘也是他带头撺掇的，因为梅、孟合演一出《游龙戏凤》，梅党以为是"天生一对，地造一双"。而在戏曲文本及剧目编排上则齐如山贡献更大。因为他有戏剧才华，通晓古典又略懂西洋艺术，古今中外采其精华式的改良，对梅兰芳的京剧艺术无疑是极大裨益。在1922年刻梅石的那次春游中，那位帮着写题记并拿把大扫把刷白的李释戡，也是帮着编新剧的作者之一。从1916年开始，齐如山等为梅兰芳编排、改良了四十几出剧目，如《牢狱鸳鸯》《黛玉葬花》《麻姑献寿》《童女斩蛇》《红线盗盒》《天女散花》《晴雯撕扇》《木兰从军》等剧。齐如山后来回忆说，帮梅兰芳新编的《牢狱鸳鸯》《黛玉葬花》都是把舞蹈身段编排进去了，大获成功，特别卖座，在上海两次演出就赚了三万多块钱。梅兰芳非常感谢齐如山。齐如山回忆："一次我二人闲谈，他颇有想送我一笔款，报答我之意。我说您不必动这种脑思，向来外界人对于戏界人，约分两种，一是在戏界人身上花钱的，一是花戏界人钱的，我们二人，是道义交，我不给您钱，也不要您的钱，只是凭精神力气帮您点忙而已。"

京剧《黛玉葬花》中梅兰芳（右）饰林黛玉

　　两人的交往更像是彼此尊敬谦让的君子，颇有古风。有一次梅兰芳对齐如山说，我的名声，可以说是您一个人给捧起来的。齐如山则答道：话不能这么说的，编几出新戏，固然对您有益，但表演还是靠您的艺术能力。比如一出戏，您演一块钱一张票，我要去演，估计俩铜板都卖不出去。

京剧《霸王别姬》中梅兰芳饰虞姬

您出名，我固然有一点力量，但我的名声也是您成就的，现在知道您的人，大多知道我齐如山。梅兰芳说，那也不然，您出名是有您的著作，这是对社会的贡献，与我没什么相干。这两位民国君子，都是那么谦虚而恭谨，成就了京剧艺术史上一段美谈。

1931年齐如山又与梅兰芳、余叔岩、清逸居士、张伯驹等，以改进旧剧为宗旨，组成北平国剧学会，编辑出版《戏剧丛刊》《国剧画报》，搜集展出了许多珍贵的戏曲资料。附设的国剧传习所，有学生七十五名，其中刘仲秋、郭建英、高维廉等人，在艺术上均有一定成就。

他们二十年的友谊在九一八事变，日本侵略中国北方之后而中断。那时梅兰芳的京剧艺术如日中天，他甚至已经有着世界范围的影响力。他访问美国、日本的演出都是大获成功，他在日本的知名度用美国媒体的话说，梅兰芳是"受到六万万人欢迎的名角"。这就是指1919年、1924年梅兰芳赴日演出收获了大量拥趸，媒体有些夸张

1935年，梅兰芳与华裔女星黄柳霜、美国黑人歌唱家罗伯逊在伦敦合影

地认为除了中国五万万人喜爱梅兰芳，在日本还有一万万人都是他的戏迷。"往岁游日本，彼都士女，空巷争看，名公巨卿，每有投缟赠纻之雅。"但是政治突变，日本侵华这于梅兰芳是关乎大节的事情，他作为当时的中国名片，从他本心而论，他更怕的是为苟活而丧失气节。所以1932年他告别齐如山，举家过江南，住到上海的租界里去。直到上海被占领，他再次举家并带着演出人员迁往香港，直至香港被占领，再次回到上海。当时他还想联系人帮着全家迁往重庆，但为时已晚。他作为著名艺人，一举一动已被监视，只能困在上海，闭门谢客，坐吃山空。

梅兰芳举家南迁，也结束了他与齐如山二十年朝夕相处的合作。后人有说齐如山这个梅党没有"始终如一"，指的就在这里。当时有关梅兰芳的去向，冯耿光主张去上海，而齐主张继续留在北平，梅兰芳听了冯的主张。齐如山后来给他写信："民国二年冬天给您写信，至今已二十年了。……我大部分的工夫，都用在您的身上。……您自今以前，艺术日有进步；自今之后，算是停止住了。"梅、齐合作的黄金年代落下帷幕，齐如山认为，梅兰芳的艺术成就也就到此为止了。虽然梅兰芳到上海后也有新戏，中间还成功访问了苏联，但其晚年只有一出《穆桂英挂帅》。齐如山说得没错，北平二十年无疑是梅兰芳京剧生涯的巅峰。

梅氏南迁，他们的国剧学会也自然终结。齐如山做的一件有价值的事情是把国剧学会的行头和珍贵文物资料等，交到故宫博物院代为保管。因为当时学会用房是韩复榘送给齐如山的（他们是亲戚），而日伪当局要收缴这套房产，齐如山怕资料、行头灭失。1950年梅兰芳再次返京，正是去的故宫要回了齐如山托管的物品。

1948年12月，齐如山只身离开北平，飞往台湾基隆投奔长子。

梅兰芳与齐如山

他在上海转机便直接住进梅宅。梅夫人见齐如山走得匆忙，没啥穿戴，就将原本为梅兰芳新做的两套裤褂送给他。这是两人时隔十六年后的见面，梅兰芳已年过五旬，而大他十九岁的齐如山却在老年离开故乡北平，远走台湾。可两人会面时候没想这么远，他们还商量着梅兰芳去台湾演出的事情。但经此一别，就是生死永诀了。

1961年8月，齐如山从广播中听到梅兰芳在北京逝世的消息，不顾老迈，伏案写下了一篇长文《我所认识的梅兰芳》，回顾两人的交往。他概括的梅兰芳天赋非凡，人格高尚，做人有气节。这些褒奖之词说来容易，但要经过一生的时间考验。

梅兰芳的去世更是让他翻出一幅梅兰芳写下的中堂，挂起来，这大约就是1948年上海之别，梅兰芳写给他的。垂垂老翁，睹物思人，心神难定。转过来第二年，齐如山在台北以八十七岁高龄去世。

顺便提一句，那位拿扫把涂白"梅"字的李释戡，早梅兰芳三个月，也就是1961年5月8日于上海过世，他晚年生活仰赖梅兰芳资助。1922年香山刻字的三人，倒像是结伴往生的。

梅兰芳一生为人坦荡有信、大节不亏，在京剧艺术上刻苦求索，造诣极深，而性情上又是温婉谦和，洵洵儒雅，从无疾声厉色。在近六十年舞台生涯里，无论剧目数量与品质，无愧京剧"四大名旦"之首，无愧旦行"一代宗师"。最可贵的是做人的尊重、谦逊、敦厚，更是一门高深可爱的学问，超越艺术成就本身，也超越书卷知识本身。

香山蛤蟆峰与万花山遥相对应，青春的记忆与洗尽铅华万事空，便可以彼此呼应，人间四季，唯有青山不老，碧水长流。而于今，我在梅氏墓园，睹物思人，脑海定格的是美虞姬的千古贞烈，也是千年人一样的愁情与淡定：

看大王在帐中和衣睡稳，
我这里出帐外且散愁情。
轻移步走向前荒郊站定，
猛抬头见碧落月色清明。

（叹一声，白）

看云敛晴空，冰轮乍涌，好一派清秋光景。

2017年12月20日

本文参考：

1. 齐如山：《我所认识的梅兰芳》，收入北京市政协文史资料委员会：《京剧谈往录三编》，北京出版社1996年出版。

2. 齐如山：《齐如山回忆录》，浙江古籍出版社2020年出版。

曾经的护国寺三街坊

今天京城，护国寺大街以小吃街闻名，有护国寺小吃总店。而上世纪50年代前，此地以庙会闻名。今天的小吃只是原来地摊场子庙会保留下来的吃食部分，且沿东西走向的大街两侧分布门脸儿，除了吃还是吃。当年其他撂场子的杂耍玩意儿——说书的唱戏的，练刀枪不入卖大力丸的，以及各地贩来的手工农副产品摆摊售卖，均已不复存在。原本护国寺五进大院子已经被密密麻麻的建筑覆盖。

话说庙会时期，这里也是京城的商业中心。京城号称"东富西贵"。护国寺街地处西城，住着有钱的旗人贵族遗族，是真讲究；还有破落旗人，那是穷讲究，再破落匣子里也得有两块饽饽点心。护国寺的拥趸就是这些讲究人儿。当然，既然这里热闹，也是人们喜欢居住的地方，生活方便，可以吃饭逛街听戏，所以护国寺的房产也是蛮受欢迎的。今天我们可以寻迹的所谓名人故居有三处，均在百米之内，曾经的三位主人也是同时代人，他们似曾相识，但又是阳关大道各走了一边。

一　梅兰芳与溥杰

第一处院落是护国寺大街52号（现在的门牌号），这里曾是清王室醇亲王家房产。何时属于他家？没有考证的必要，毕竟他家房子都尊贵，那叫潜龙邸，出过光绪、溥仪两位皇帝。不过，这处护国寺房产在1960年之前是被一个小工厂占用的。它是末代醇亲王载沣分配给自己次子爱新觉罗·溥杰的遗产。溥杰因为与末代皇帝哥哥溥仪只相差一岁，且是同父同母，感情深厚，自小就随着哥哥入宫伴读伴玩去了，直到长大成人并成家，基本上都是在紫禁城居住。他结婚前出宫回醇亲王府，婚后也没有在这里另立门户，而是陪伴在皇兄左右，基本生活在紫禁城里。

溥杰十七岁时与二十岁的唐怡莹结婚，两人感情一般，没有孩子。这位唐怡莹是满姓他他拉氏名门之后，祖辈出朝廷高官。她最出名的长辈亲戚是光绪帝两位妃子——珍妃及瑾妃，她是这两位贵妃

溥杰、唐怡莹大婚照

从溥杰故居门上小窗望进去

的亲侄女。虽然珍妃早逝她没有见过，但瑾妃活得长些又没有一儿半女，就把她自小接到宫里住着，所以唐怡莹和溥仪、溥杰兄弟俩自小就很相熟。但因为她年龄比溥杰大三岁，难免这个像姐姐样的妻子就霸道些。溥杰回忆说，这段婚姻并不是他一个十七岁少年想要的，他说："我那时不但在母亲的吩咐下，莫名其妙地向着指婚的发令人叩头谢恩，还得像傀儡一样，选吉日，带聘礼，身穿前清的冠袍带履，在王府护卫、官吏、首领、小太监的簇拥下，到岳父岳母家去纳聘。"

溥杰与唐怡莹志趣不投，各有所好，真正在一起生活时间不长。他们还像少年时代那样在紫禁城里过着逊位清室的生活，好像还是从前年少生活的延续，用唐怡莹的话是："我们住过醇亲王府北府他家的宅院，也住过我们唐家，还住过张学良宅第，又住过溥仪天津张园府邸，甚至后来我流落全国各地，直至漂泊香港。"可见，她从来没有住过护国寺街52号。

　　1922年冬天瑾妃过五十大寿，当然光绪死后她已经升格为端康皇太妃，隆裕太后死后，她成了后宫领袖。一贯低调的她，平生第一次请戏班入宫唱戏，为自己祝寿。她预感自己来日无多，这或是此生第一次也是最后一次了（果不其然，第二年她就去世了）。根据唐怡莹的记录，她请进宫的是当时京城已经爆红的名角梅兰芳，还有各大戏班当家角儿，如杨小楼、余叔岩、马连良、尚小云、谭小培、小翠花、王蕙芳等。除了戏班自带来的喜庆吉祥的戏码，皇太妃亲点了一出戏《四海升平》。戏在重华宫的漱芳斋舞台整整唱了一天（实际上至少两天，唐怡莹记录有误），从辰时到申时，也就是从早上八九点一直唱到下午四五点，老太妃大约一生少有这么开心的一天。唐怡莹把这件事情记录得很详细，因为她自己是个戏迷，她特别强调了是"第一次"宫里招梅兰芳等来唱戏。当然老太妃生日，溥仪、溥杰必定要陪着听听戏。

　　但另一种说法是说这不是溥仪、溥杰第一次见到梅兰芳。不过这种说法大约是借戏说事，为了证明戏码暗喻了溥仪的婚姻及命运即将出现某种不祥征兆。说是在1922年12月1日溥仪大婚的时候，也是在重华宫的漱芳斋舞台唱了三天大戏。通常，戏码无非是吉祥喜庆的如《龙凤呈祥》等。结果溥仪唯一钦点的竟然是一出《霸王别姬》。《霸王别姬》由杨小楼和梅兰芳演出。溥仪和溥杰两人对青衣花旦没甚兴趣，他们喜欢的是杨小楼的武生戏、花脸戏，而且一直在学唱。不过在大婚之际点这种生死别离、竞相自刎的大悲剧，实在是不大吉利的。作为京剧《霸王别姬》梅、杨联袂当然是无人企及的巅峰，梅兰芳的虞姬定是光耀艳绝，令女宾们落泪神伤，而溥氏兄弟却在暗自击节，和着悲剧英雄项羽的节拍。彼时，梅兰芳与逊位清室的关系也早已不是低贱的优伶（臣民）与高贵的君王的关系。民国建立之后，京剧演员已不是传统的优伶，而是摆脱了下九流的社会阶层，获得了平等的公民地位。逊室请唱戏也不可能视为恩典，费用自是在溥仪四十万两白银的婚礼预算里支出的。我想，当时的梅兰芳、杨小楼等也就是尽着艺人本分，演好戏，获得报酬便走人而已。自恃高高在上的皇室也不会召他们过来近前说话，他们也用不着跪着去谢恩，毕竟，民国了，变天了。

不过，按梅兰芳自己的回忆，这两次演出实际上是一次，演出时间至少在两天以上（因为梅先生自己的戏分了两天演），而以取"三"为吉的话，有可能开了三天戏。且演出并非在溥仪大婚之际。

1922年冬溥仪大婚，那天的阵势排场不得了，但婚礼是在夜里举行的，当时梅先生还在东兴楼上吃饭。吃完饭，管事的说，大爷，现在出去走不了，是溥仪大婚的仪仗在街上行进。梅兰芳透过窗户看到，一对对戴着红缨帽穿官衣的人，骑马前行，然后是没人骑的马匹，可能是驮着各种嫁妆，再后面是举着各种金瓜斧钺、旗罗伞盖的步行校尉。没有鼓乐齐鸣，队伍很长，悄没声的，唰啦唰啦只有走路声和马蹄声。幸亏有喜庆的大红装戴，这要是衣服换个色，大黑天的，挺吓人。梅兰芳只是在东兴楼饭庄看热闹，目睹溥仪的婚礼队伍足有俩小时才能出门回家，并没有进宫唱戏。

不过，没过几天，说是某位老太妃生日（便是端康太妃），宫里请了京城主要戏班的艺人去唱戏，是白天戏，从早上唱到傍晚。梅兰芳觉得好笑：皇家晚上娶媳妇，白天唱大戏，和一般人反着来。过去曾经在清廷唱过戏的老艺人难免遗民心态，很是欢喜，吩咐年轻人，主要针对梅兰芳、姚玉芙，进了宫不要东张西望，还说宫里的东西着实好吃。但梅兰芳认为这就是个堂会，而姚玉芙更是说，有眼睛干吗不让看？他们俨然是民国青年了。据梅兰芳回忆，吃的东西除了熏野鸡肉、熏鹿肉还有烧饼小点心，其他也没什么特别。第一天他演的是《游园惊梦》，第二天是他和杨小楼联袂演出的《霸王别姬》。因为这出戏是当年年初新编排的，在京城演出一直叫座叫好。他一上台便巡视了重华宫里的看客：一位戴眼镜的青年就是溥仪了。一方小榻上坐着三位老太妃，肯定中间的就是端康皇太妃。而演戏过程中一位十几岁的小姐——梅兰芳称其为"丽

梅兰芳与杨小楼表演《霸王别姬》

人"——自由走动着，然后找到西边屋子靠窗听戏，他想这必定是皇后婉容无疑。至于溥杰，肯定在现场，因为唐怡莹也在，她晚年还记录了这次演出，不过梅兰芳不认识她。

　　1935年3月梅兰芳出访苏联，已经成为日本傀儡的伪满政权听说此事，特派人来说合。大约是说您祖上也是受过皇恩的（因为梅的祖父曾经入宫廷演戏，伯父在升平署当过差），此次去苏联路过满洲应该不负皇恩，演出一场。梅兰芳当然听着极不顺耳，他不觉得自己是什么清朝遗民沐浴皇恩，因为他吃的是刻苦饭，是祖师爷赏的天分饭，成名于民国，认同民国的公民平等思想。但他很客气，婉拒道：为前清室演出一场戏也没有什么，但如果被日本人迫着，就不好了。此话颇有气节，他从心底不愿意为已是日本傀儡的这些逊室成员演什么戏了。于是，他避过东北线路，直接坐船航到海参崴，从那里到了苏联。

　　后来他们的命运天壤之别。1945年8月日本战败投降，溥杰随同

护国寺大街9号梅兰芳故居

溥仪成了苏联红军的阶下囚，被作为战犯移交中国政府，至1960年11月特赦后，还在景山公园劳动察看一年，才给安排了一份政协文史资料委员会观察员的工作，有了生活的保障。而建国后，梅兰芳的艺术地位、政治地位如日中天。他是全国政协委员、文联及戏曲协会副主席、中国京剧院院长，获得"人民艺术家"称号，备受尊重。1949年9月，他受邀来京，代表上海市参加全国政协会。自1931年离开北京，因战乱辗转漂泊，此次将回到出生、成长、成名于此的古都，难免百感交集。他立即答应国家总理周恩来的邀请，决定重返故里——这简直太合他的心意。他在回忆录里说起京城的秋冬季，风不定向地吹，漫天飞舞着风筝的无比美丽景象，甚是动容。只是时过境迁，他家在无量大人胡同的梅宅早已出售给邱家。当时政府的意思是，可以把无量大人胡同房子收回发还给他，但梅兰芳认为不妥，

梅兰芳在小院练功

　　觉得这似乎是他借着政府的力"欺负"别人。后来政府提议三处公家房产让他挑，他和秘书许姬传看的第一处房子就是护国寺大街1号院（今天为9号）。这里虽然院落不大，但紧凑而僻静，梅兰芳便心生欢喜定了下来，安排家人从沪上返京。

　　梅兰芳在护国寺大街1号院一住就是十一年。而这头十年的护国寺大街52号院也由原醇亲王载沣家充了公产，有个小工厂使用。这期间溥杰还在监狱里服刑，直到1960年11月第二次战犯特赦他才获自由。1961年1月底周恩来接见1959年和1960年两批特赦人士（溥仪是1959年特赦的，溥杰这个跟班的倒是晚了一年）。紧接着2月12日周恩来特意在中南海请爱新觉罗家族人士吃饭，溥杰便提出来他和日本妻子嵯峨浩十几年分别之苦，其间长女还殉情自杀。周恩来当即同意他们夫妻团聚。嵯峨浩立即辗转香港进入广州，这一对恩爱夫妻终得聚首，而政府也将原醇亲王家这处护国寺大街52号发还给他们居住。

　　绕了这么久，重点来了，溥杰和梅兰芳在1961年曾经非常短暂地成为护国寺街坊，时间在半年左右。其实他们在这之前的几十年还错过了一次相识的因缘。在30年代，溥杰已与唐怡莹离婚，溥仪坚持找一位宗室格格为他婚配，后来选中了毓朗贝勒的外孙女完颜立童记，是人尖儿似的美人。梅兰芳与完颜立童记非常相熟，这是因为孟小冬的关系。孟小冬与完颜小姐是隔墙街坊，好闺蜜，总在一起游玩照相。完颜小姐也会唱几句，梅兰芳叫她"小大格格"。如果不是溥杰滞留日本被安排迎娶日本皇室近亲 —— 华族小姐嵯峨浩，而是与"小大格格"成为佳偶，梅兰芳与溥杰必有结识的可能性。

　　1961年2月溥杰夫妇住进52号院子。作为一名刚刚释放几个月的犯人，他被安排在景山公园劳动，十几年的牢狱生活才获自由，感动而小心翼翼。但当年的8月，住在他们东头1号院的街坊梅兰芳便过世了，此事全国震动，举办了隆重的葬礼，甚至天安门下了半旗。或许溥杰听闻此事，也是唏嘘，可能也闪念过重华宫里风华绝代的虞姬。从年少芳华的重华宫堂会，到中日战争改变各自命运，辗转他乡，悲欢离合，半个世纪烟云过去，各自又重回故乡。他们彼此打过照面但或许并不相识，在一个动荡的时代，他们曾经有过距离上的接近，但实则是互不相干的陌路人。

二　梅兰芳与蔡锷

　　蔡锷宅邸，准确说不在护国寺大街临街上。大街中间十字路口分出向南向北两条胡同，向南的是护仓胡同，向北的是著名的大胡同 —— 棉花胡同。以讨袁起义闻名的蔡锷客居北京的两年（1913—

1915）便是住在棉花胡同66号，这个位置大约在棉花胡同中部。他在京后期整天就琢磨怎么脱离袁世凯并反对之，所以有人称此地为"袁世凯黄粱梦破之所"。

上世纪80年代有一部电影《知音》，讲的是南城妓女小凤仙帮助蔡锷摆脱袁世凯监控，回到云南起义反袁的故事。两相情深与国家大义甚是感天动地。观众还真以为乱世的正能量英雄与风尘女子跨越阶层，谱写出家国大义、绝世恋歌。不过，这不全是真的！蔡将军流连花街柳巷，携妓饮酒，那是社会啧啧称羡的风流。"兴来携妓恣经过，其若杨花似雪何"，这是中国自古以来的风气。而南城八大胡同之一的陕西巷云吉班卖唱接客做生意的妓女小凤仙，她容貌其实也称不上有多美。据蔡锷的老部下李鸿祥回忆，他曾陪蔡锷去陕西巷云吉班听歌，蔡锷发现这个小凤仙曲子唱得不错，二人由此相识。当时小

蔡锷故居棉花胡同66号

小凤仙照片

凤仙也就十五岁多，不识字。后来蔡锷曾出钱替小凤仙赎身，使得她可以回到奶妈身边。不过这个所谓的赎身，并不是救小凤仙于风尘苦海，她只是可以自由回到奶妈那里，但依旧还在陕西巷云吉班做生意。

蔡锷短暂一生中，只做了两件大事：一件是1911年辛亥革命时期在云南领导推翻清朝统治的新军起义；另一件是四年后1915年12月在云南宣布独立，发起讨袁起义，成为反对袁世凯称帝、维护民主共和国政体的护国运动的旗手。而最初，在他欣然应邀赴北京任全国经界局督办时，是信任中华民国大总统袁世凯的，认为袁世凯"宏才伟略，群望所归"。袁世凯对他的态度是极力拉拢。但蔡锷毕竟是地方军阀，不可信任，所以他实际上是生活在袁世凯的监控范围之内。后期，蔡锷与之离心离德，他接受不了袁世凯签署的《二十一条》，自己改革军队的设想建议亦不被采纳。而进入1915年，袁世凯企图复辟帝制的心思愈加明显，北京社会上冒出一个打着"筹一国之治安"旗号的"筹安会"，开始为复辟帝制制造舆论。接着，各类被授意的"联合会""请愿团"也纷纷粉墨登场，为帝制唱赞歌，为袁世凯称帝做铺垫。蔡锷从满怀希望到彻底失望，决心离开北京。他为打消袁世凯的疑心，便将自己扮成一个不问政治、浪荡不羁寻花问柳自甘堕落的人，去南城八大胡同寻妓，并挑中一个叫小凤仙的妓女以示荒唐，实则韬光养晦，暗度陈仓。

大约在1914年，他结识小凤仙之后经常携其四处游逛，花酒雀战，还在自己家里声称要娶小凤仙为妾，与自己的正室刘氏不睦，有时还会闹得鸡飞狗跳吵嚷摔打，令监视他的袁世凯的特务回去汇报蔡家的笑话。蔡锷声称要把棉花胡同66号院好好收拾收拾，迎娶小凤仙，刘夫人当然气愤。娶侧室没有什么，何况当时蔡锷已有一位侧室潘夫人，但再娶个妓女为妾，这让刘夫人难以接受。蔡锷正好找到托词，因为他们老家湖南，其母亲蔡老夫人也适应不了北方的严寒气候，蔡锷就打发刘夫人带着孩子护送蔡老夫人回故里安居。蔡锷就此解决了家累。

所以，小凤仙其实就是个幌子。彼时，她只有十五六岁，是个只会唱小曲的小姑娘，字也认不得两个，怎么懂得蔡锷将军的世界，怎么可能成为他的高山知音？电影《知音》把小凤仙塑造得像个女大学生般有才情有见识，这可以说是个艺术化了的小凤仙。

1915年11月蔡锷从北京暗自离开到达天津。他给袁世凯写了一封君子之信，说明他要去治病，袁世凯也无奈而许可，所以，他们还算客气地有始有终。之后蔡锷到达昆明，12月12日袁世凯正式称帝，蔡锷便于12月25日宣布云南独立，举起讨袁护国大旗。在这之后，各地纷纷响应讨伐逆历史潮流复辟的袁世凯，袁氏心力交瘁加之疾疴沉重，1916年6月过世。而彼时蔡锷也是重疾在身，说是喉部肿瘤，8月由他的侧室潘氏陪同前往日本寻医，但也于当年11月不治而亡。

在蔡锷离京，辗转回到云南，发起起义，直至生病，去日本就医这八个多月的时间里，他应该早已忘记北京南城陕西巷的妓女小凤仙了。没有证据表明他和小凤仙有过任何书信联系。小凤仙只是他郁闷的客居生涯里的一段消遣、一段风流韵事，当然因为后来他做出了大事，好事者们便将二人勾连成一段英雄美人的古典式佳话。

　　而护国寺棉花胡同66号院真正的女主人，是一个与蔡锷日夜厮守的女人，就是他的侧室潘夫人。这位女子名潘蕙英，乡绅家庭出身，幼时入女子私塾，接受儒家传统教育，稍长后又接受西式教育。长相也端庄秀美，在那个年代是才貌出众的女子，她才是蔡锷的真爱。刘夫人陪蔡老夫人回乡后，是这位潘夫人照顾蔡锷生活，并一同出走转道天津而达云南。从今天保存于国家博物馆的蔡锷给潘夫人的九封家书可知，彼此是情真意切患难与共的夫妻。蔡锷每信必称："蕙英贤妹青睐""蕙英贤妹妆次""蕙英贤妹如见"，温情脉脉，"别经三月，相念弥笃"，"昨接来书，慰我良多……现已促成都独立，颇有把握。成都独立后，则我军声势更浩大，袁倒必矣。举战以来，一切顺利，皆出意料之外，可以卜天心矣。戎马倥偬中，苦忆汝母子，望摄一相片寄来为幸"。可见，两人感情深厚，交流政治大事，真知音乃潘蕙英也。蔡锷逝世后，潘蕙英将他的一缕头发剪下，加入自己的发髻中，生死不忘。

三　梅兰芳帮助小凤仙

　　蔡锷1913年10月进京至1915年11月离京所居住的棉花胡同66号院，并不是蔡锷买下的房产，而是袁世凯一位天津的何姓商人亲戚的。袁世凯把房子借给他住，一方面笼络，另一方面监视。那两年这一带盯梢放哨的人不少，而以蔡锷的名望和交游，66号院门前也是车马熙攘，名人会聚，阎锡山、蒋百里、袁克定及袁世凯手下的将军们，均来过这个小院。来过次数最多的当数"筹安六君子"之一的杨度，他试图以蔡的威望列名"筹安会"发起人，但始终被蔡以"军人不应过问政治"而拒绝。这所小院上世纪50年代后为国家气象局宿舍至今。当年大门两侧的两棵老槐树尚在，这套院落如今虽然破败，但历史沧桑显而易见。

这些还不是重点。重点是蔡锷将军在北京的两年时光是否结识过梅兰芳？似乎两人没有交集。梅兰芳传记记载曾在总统府里唱过堂会，但他语焉不详，没有说是哪些人物请的堂会。而1913—1914年，梅兰芳接连两次赴上海演出，已经当红了，演出档期安排很多，戏院、堂会安排得很满。或许有过机缘，蔡锷带小凤仙看过梅先生的戏，这在当时也是风雅的。但作为湖南人他对京剧的兴趣定然比不过一位歌伎，对于当时名满京城的梅兰芳梅老板，小凤仙定是仰慕其演艺并以有机会观赏而深感荣耀。这为他们后来的相见埋下了伏笔。

不过在蔡锷死后，因为世人给小凤仙抹上"侠妓"的色彩，英雄美人的故事便满世界传开了。不断有坊间小报或文学创作添油加醋，将他们喻为古代风尘三侠客中的李靖与红拂女，抑或项羽与虞姬。实际上蔡锷与其只是萍水一段，随着蔡锷去世，更是情若轻烟，缥缈虚幻。

蔡锷去世的消息传到北京，在中央公园曾举行隆重公祭，有人认出一黑衣女子前来祭拜，就是小凤仙。据说她还奉上两副祭联，其一：不幸周郎竟短命，早知李靖是英雄。其二：万里南天鹏翼，直上扶摇，那堪忧患余生，萍水姻缘成一梦；几年北地胭脂，自悲沦落，赢得英雄知己，桃花颜色亦千秋。由名士易宗夔代笔（见《新世说·伤逝第十七》）。

小凤仙在蔡锷离世后一年还在京城，不久便离开北京，嫁给东北军一个姓梁的旅长。1949年，在沈阳她再次嫁人，嫁的是大她五岁的锅炉工李振海。和李结婚时，小凤仙大约五十岁。李振海不久去

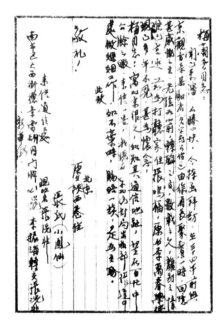

小凤仙信函

世了，他的儿子李有才在政府里做后勤工作。事巧，1951年初，京剧艺术大师梅兰芳率剧团去朝鲜慰问赴朝参战的志愿军，途经沈阳，下榻于当时东北人民政府招待所，李有才参加接待工作。这时小凤仙已改名张洗非，漂泊半生，生活无着，便通过李有才给住在招待所的梅兰芳带去一封信，请求见面。

梅兰芳见了小凤仙，耐心听了她的倾诉。她一番自我介绍说："我的父亲姓朱，母亲是偏房，大老婆瞧我们不顺眼，母亲带我离开朱家单过。母亲死了，姓张的奶妈抚养我，所以我姓张。辛亥年，奶妈在浙江抚台曾子固将军家帮佣，革命军炮轰曾府，奶妈带我逃到上海，把我押给姓胡的学戏，到南京卖唱为生。十三岁那年，正遇张勋攻打南京，我跟胡老板逃回上海。以后到北京陕西巷云吉班卖唱做生意，就认识了蔡将军。这时，奶妈从江西来京，找着胡老板……老蔡就出钱替我赎身，我才回到奶妈身边，仍在云吉班做生意。"这次见面有梅兰芳秘书许姬传参加，把小凤仙的叙述记录了下来。

我猜测梅兰芳和小凤仙当年有过一面之交，可能蔡锷带着小凤仙曾经捧过梅兰芳的场。念及故人，梅先生便愿意帮忙解决小凤仙的窘困生活，他托人为小凤仙谋到一份体面的在省政府幼儿园的工作。

可是，安稳无忧的生活总是短暂的。1952年，小凤仙患上了老年痴呆症，于1954年去世，时年五十二三岁。

护国寺这三家住户唯一的共同点，就是他们属于清末民初那个动荡而剧变的时代，有被推翻的清宗室后人溥杰，有京剧艺术家梅兰芳，更有推动历史进步的英雄蔡锷。而梅兰芳与倒台清宗室后人及共和英雄都有某种邂逅的机缘，他们似曾相识但依然陌路。

溥杰在护国寺52号院住到1994年去世。他与嵯峨浩生下的二女儿是日本公民，父母过世后便将这套曾经的醇亲王家房产捐献给政协。此门户不显眼，经常有车辆停放，把出入口堵得严严实实，常有过客通过门上的小窗向里张望，东墙壁贴着"溥杰故居"的文保牌子，但不开放。

如今的护国寺大街9号梅宅为梅兰芳纪念馆，购买门票可以参观，里面有梅兰芳夫人福芝芳及子女在1962年捐献给国家的大量珍贵文物、文献资料。辟有四个展览室：正院北房为故居陈列室，客厅、

蔡锷故居前的大槐树是棉花胡同标志

书房、卧室、起居室的各项陈设均保持梅兰芳生前原貌。院子不大，但保管维护甚好，春天有海棠花如雪，秋天有金柿挂枝头。

而棉花胡同66号的现状是一个居民杂院，没有蔡锷故居这样的标牌，最显著的标志是门前有两棵看门古槐，其余几与周边普通院落无异。

2018年12月6日

本文参考：

1. 梅兰芳、许姬传、许源来：《舞台生活四十年 —— 梅兰芳回忆录》，团结出版社2006年1月出版。

2. 惠伊深著，唐石霞口述：《我眼中的末代皇帝：爱新觉罗·溥杰夫人口述史》，北京联合出版公司2016年12月出版。

3. 许姬传：《许姬传七十年见闻录》，中华书局1985年5月出版。

4. 爱新觉罗·溥杰：《如烟往事：溥杰自传》，中国文史出版社1994年10月出版。

烟袋斜街的岁月底色

一 小资打卡地

如果要证明你是京城文化小资，或者外省来京的深度游客，徜徉什刹海周边是必需的选项。那一带有北方难得一见的连片水景，水系通着皇城，串起城中心最富且贵的地区。自元大都建城，顺延明、清、民国，至今一直为京城的商业旺地兼旅游佳境。

这里，有市井商户的喧嚣，也有小资前辈、绝世佳公子纳兰性德的轻轻足迹与惆怅低吟。

如今，景物已退居其次，周边的房屋街道被政府划定为文物保护范围，成为古都京城一缕美好的历史记忆。随意流连令人忘返，除去花红柳绿水岸迤逦，可在银锭桥观山，畅想那些已逝去的燕京景象，亦可走进纵横交错的胡同里，蓦然映入眼帘的，就不定是哪一段时空隐蔽的留痕。

几百年鼓楼如同坐化的老者，痴望中轴线鼓楼大街分开的两片风景：东南侧是民居胡同，从来不乏贵胄富商的宅邸；西南风景如画，有湖光潋滟，有寺庙梵修。所谓什刹海，是指沿海曾有十数家修道之地，"十刹"是人们相携游览，亦可烧香求福之地。一条长不过二百三十二米的烟袋斜街正巧把着通向这一游览区域的通道。

烟袋斜街路标，后面是鼓楼

　　烟袋斜街位于鼓楼西南方向，其东是地安门外大街，由此蜿蜒西去，至小石碑胡同向南折与银锭桥相接，走向偏斜。它名气之大让我不禁思索其有何奇特之处，但往往不得要领。总感觉除了这奇特的胡同名字其他并无特色可陈，卖的东西也不新奇，好多与南锣鼓巷雷同，二百三十二米走完，怅然若失。如同成千上万旅游区的商业街道，总有千篇一律的共性：比较同质化的旅游货品，迎合千篇一律有着一颗"到此一游"心态的游客需求。游客浮光掠影，他们享受着短暂的游览时光，而那些尘封的文物、历史，则是藏在表层风景之下涌动的暗流，不认真去拨弄寻找，便只能停留在千篇一律的浮华之上。

二　鼓楼斜街

　　"烟袋斜街"之名出现在清朝后期，因为在乾隆时期刊印的《日下旧闻考》里这条街的名字还叫鼓楼斜街，而那时候，环绕它的大、小石碑胡同以及鸦儿胡同等名字早已确立。《日下旧闻考》里提到这条街是因为街上有一座广福观，提及一已仆明碑，"上刻天顺敕命，下刻成化诰命，盖当时道录司也"。明英宗时期这里曾是管理全国道教机构的部门——道录司。书中明确指出此街为"鼓楼斜街"，并特指另有一条"旧鼓楼斜街"在钟楼的西北方向。

鼓楼斜街自元朝起为斜街市，指市场。元大都时，今天什刹海是积水潭的一部分，为货运码头，是京杭大运河漕运的终点。众所周知，郭守敬设计了京城水系，一方面引燕山之水解决城市饮用水需求；另一方面修通通惠河，贯通大运河，建立漕运水系，南方之丰厚物产可运抵都城中心，即今天的什刹海一带（当时称积水潭）。1293年初秋，忽必烈由中都避暑归来，过积水潭，已看到"舳舻蔽水，樯竿楫晃"，南方的货船已来到大都，龙颜大悦，赞叹好一派繁华景象。

那时候的水域面积远比今天辽阔。在建地安门商场挖地基时，人们发现了元代海子石驳岸遗迹，可推测今天的鼓楼大街曾是元代海子的东北岸。元世祖忽必烈修建大都，总设计师是刘秉忠，1272年建成鼓楼，当时称为齐政楼。刘秉忠遵循《礼记》"前朝后市""左宗右社"之规划，将宫殿设在城南，自永定门至三大殿为"朝"，即国家的政治心脏。钟鼓楼商业区在"朝"之后，设定为"市"，为贸易之所。元代地方志《析津志》云："齐政楼，都城之丽谯也！"虽然后来齐政楼被毁，但今天的鼓楼是明永乐年间照原样，原地盖起来的，整体格局无变，也是奇迹。为使码头货物运至鼓楼前，遂在积水潭沿北岸迤东，至鼓楼之间修筑了运输通道，这条斜街恰在通道的最东端——通道而已，当时并没有正式的街道名称。

到元末明初，积水潭水源上游村庄人口暴增，因截留水源用于灌溉种植，积水潭水面迅速萎缩。而明朝皇室将流经元代皇城东墙外的运河圈入皇城，以保证皇家用水，水路被彻底切断。从此，通惠河与积水潭的漕运线路寿终正寝。大运河运输来的物资在通州弃舟上岸，改用马车运进朝阳门。但郭守敬当年的码头设计、水系设计确实无心插柳出一片城中美景。此地依偎着北方干旱地区难得的几块水面，又靠近皇城，于是成为商贾权贵买地建宅的黄金地段。明清之后，这里始终是京城最佳置业地段，豪宅错落街巷纵横。

明清之后，关于烟袋斜街的记载开始增加。最早提及斜街是因为广福观的建成。广福观，为明英宗天顺三年（1459）某彭姓太监以其住所建，这是有记录的此地现存的最早建筑。当时管理天下道教的道录司衙门在此。

曾经的神童，后来的明朝正一品官员李东阳，在正统年间住在前海西南一带（今三座桥胡同）。他在《西涯杂咏十二首》中有《广福观》诗："飞楼凌倒景，下照清澈底。时有步虚声，随风渡湖水。"由此诗可知，当时广福观是临着水边的，水面上可以看到它的倒影，说明当时房屋稀疏，没有形成两侧房屋围拢的街道。到明嘉靖年间，斜街的名字可能是"打鱼厅斜街"。1560年张爵著《京师五城坊巷胡同集》载："日中坊二十二铺，北安门西，廊房，旗房，越桥，海子桥，真武庙，火神庙，银锭桥，打鱼厅斜街……"书成于1593年的沈榜编著《宛署杂记·街道》："北曰日中坊，一铺曰白米斜街、曰观音堂、曰皇墙下街，二铺曰鼓楼下大街……"三十三年过后，日中坊打鱼厅斜街变成了白米斜街，有可能作为官府部门的"打鱼厅"已经搬走，斜街已归于市井商贾。总之，斜街还是斜街，这条元朝时期的运货通道到明朝末年已演变成商业街道。

前文提及，乾隆中期这里已更名为鼓楼斜街。明朝遗物广福观自雍正年间重修，改名孚佑宫，到民国后又改回广福观，一直没什么大的迁动，成了这条斜街从通道的斜街，到打鱼厅斜街，到白米斜街，再到鼓楼斜街，直至清朝后半叶改为烟袋斜街这一历史演变的见证者。

三　烟袋斜街由来

从鼓楼斜街演变为烟袋斜街，名称的转换也和它的功能变化有关。往往一个地名都是约定俗成而来的，所谓"约定"正是缘于某种鲜明的特色。鼓楼下街市自元以来便是商业市井，居民一直呈现聚集居住趋势，在清末年，这条斜街除了普通日用商业外，更出现了以经营烟袋烟具为特色的商铺。烟袋烟具在今天可能不起眼，在那时候却是很上台面的正经什物。为什么？因为旗人嗜好抽烟。这个从东北入关的民族带来了他们强烈的生活嗜好——抽烟，各种烟草不限，甚至鸦片，上至官员下至百姓，且男女不限。

十年前，我在离烟袋斜街不远的后海北沿烤肉季里，常常可以看到这样的情景：容长脸的满族老妇人跷着二郎腿抽着烟卷吞云吐雾，面容含威，姿态挺拔。这场景，我会努嘴给身边朋友：赶快看看旗人老太太，在东北就是叼个大烟袋了。

满人认为烟草可以提神解乏，认为这个从吕宋国（菲律宾古国之一）传来的淡巴菰（西班牙语 tobaco 音）可是好东西，抽烟在关东时代便已盛行。满人与大明国交恶后，明朝曾禁令烟草入关。但清朝建都北京后全面放开烟禁，烟草随意流通。清末民初北京城烟草铺卖旱烟、水烟和女人抽的潮烟。旱烟就是烟叶，关东烟、叶子烟等劲力十足；水烟就是比较讲究的烟丝，比较贵族化；妇女以抽南方制烟人做

烟袋斜街入口牌坊

的潮烟为主，里面掺杂香料。当时的顺口溜是："老爷子烟儿，关东杆儿；老太太烟儿，兰花籽儿。"鼓楼前即有"北豫丰"烟铺，与大栅栏的"南豫丰"及隆福寺的"恒丰厚"这三家招牌最为响亮。

　　旱烟、水烟、潮烟都有特制的烟袋，但它不是什么袋子，而是包括烟嘴、烟锅和烟杆，也叫烟袋锅子。还有一种可伸缩的烟嘴，叫"抽节水烟袋"，民国时期戏园子里还可以看到。看戏的正看得陶醉，突然眼前伸过来一条烟杆，烟嘴被邻座的叼上吸上两口，你也不用吓一跳，这就是送水烟的给指定要货的顾客抽几口，并不另外索钱。

　　鼓楼斜街正是因为有闻名的烟袋店铺而被约定俗成为"烟袋斜街"了。当时京城开烟袋店的以山西人居多，有两家山西人开的烟袋铺在斜街东口入口处，门外立着个高约一米五的烟袋招幌子，相当于广告牌子。这个烟袋招幌子木质，金漆烟锅，锅内刷红漆，烟锅外缘系红布幌穗，烟袋杆刷黑漆仿乌木，烟袋嘴刷白漆画绿斑仿翡翠，吸引着过往行人驻足观望。因为这个广告道具做得实在精彩，当时还流行了"鼓楼前的大烟袋 —— 一窍不通"的歇后语。歇后语的广告效应

烟袋斜街店铺

也实在了得，而那时，官道鼓楼西大街已是正经八百的大道，于是官方将鼓楼斜街改作烟袋斜街，以作区分。自道咸之后，烟袋斜街成了正式街名。

　　这条二三百米的小街逐渐被日益增长的临街商铺包裹，五花八门的行当。东口除了前面提到的两家烟袋店——恒泰号、双盛泰之外，还有一家规模较大的洪吉南纸店，卖日常纸张、文具、祭奠用纸，对面是一家清真饽饽店。紧挨着烟袋店的是一家钟表铺，请仔细观察，这几家店铺都是高台阶，因为整个斜街的地势是从东北向西南倾斜，恰恰印证元朝时期这里是水岸的地形。过了钟表铺和大石碑胡同路口以下的店铺就没有高台阶了，有一家澡堂子，今天尚存，叫鑫园澡堂。再下去是传说中的一座元代小龙王庙及古井，但这些文物已不存在，所在地点成了两家笔店。接下来就是有近六百年历史的广福观，上世纪30年代其门牌为烟袋斜街7号，里面仅有两位道士，住持名

修缮后的广福观

李国玺，当时曾有安庆水会。40年代住持为明慧道长，曾为华北道
教总会负责人。后来广福观变成民居大杂院，2007年开始腾退住户，
2012年修缮后重新开放。庙西侧有义信厚裱画店，门外挂有卷轴画
的幌子，路北的很长一段均为风味小吃，中间还夹着一家有名的裱画
店——黎光阁裱画铺，开业于清光绪三十年（1904）。黎光阁裱画料
精、工细，画家溥心畬（他家也住得不远）、齐白石及一些名收藏家
常来光顾。技师王殿俊技术极高，后来还专门仿制清宫如意馆臣字
款的画及手卷等，当时鉴定家称为"后门造"（见徐文玉：《忆烟袋斜
街》）。后来，民国建立，清朝破落旗人开始典当物品，这里开了几
家古董店，先后开设太古斋、抱璞斋、松云斋、宝文斋等，多为一间
门面，错落设于烟袋斜街中部南侧一带。解放以后，这里商户逐渐稀
疏，除了鑫园澡堂及广福观里面一家裱画店，几乎就没什么像样的买
卖，代之以居民住户。

今日烟袋斜街一景

　　烟袋斜街于2010年11月10日正式由国家文化部、国家文物局等单位授为"中国历史文化名街"。为呼应这一命名，今天的烟袋斜街着重打造京味文化和民俗文化突出的商业旅游特色。商业业态有以工艺品、服装服饰为主的零售业和以餐饮、酒吧及经济型酒店为主的住宿餐饮业。

　　"我是人间惆怅客，知君何事泪纵横"，在今天后海喧嚣的旅游商业氛围里，这样的诗句会显得太过违和。三百年前，纳兰容若居所恰在这一带，他那个时代的什刹海还是一幅烟波迷蒙、柳岸荷香的如诗画卷。那是远离了漕运码头的喧闹，尚未承接人来车往市井嚣声的清净岁月，年轻的公子静悄悄走过周边的街巷角落，在晨曦与落日时分慨叹即时即景。他有名篇《金人捧露盘·净业寺观莲有怀荪友》："藕风轻，莲露冷，断虹收。正红窗、初上帘钩。田田翠盖，趁斜阳、鱼浪香浮。此时画阁垂杨岸，睡起梳头。　　旧游踪，招提路，重到处，满离忧。想芙蓉、湖上悠悠。红衣狼藉，卧看桃叶送兰舟。午风吹断江南梦，梦里菱讴。"给我们留下了他的心迹哀愁和他那个时代什刹海斑驳迷离的景色。

此一时彼一时也，纳兰公子惆怅的生命定格，与烟袋斜街应时应景的转变，也将一代代的人生融入幻变之中，交融错落。这是生命的生动与天地景物的静美，构成的一幅向未来延伸而去的绮丽画卷。而通俗的市井街道与诗人感应的天地哀愁，都可以被解读为岁月静好。

2019 年 1 月 19 日

本文参考：

1. ［清］于敏中等编纂：《日下旧闻考》第二卷，北京古籍出版社1983年5月出版。

2. 金受申：《老北京的生活》，北京出版社1989年12月出版。

史家胡同里的富贵花

一 精英荟萃之所

我左思右想，想不出京城还有可以超出史家胡同这样有历史传统的胡同了。"史家胡同"这个名字在明朝嘉靖年间张爵所著《京师五城坊巷胡同集》里便有记述，它有可能与史姓大户在此居住有关，明末清初之人又附会上史可法，当然更添光彩。

明朝此地属黄华坊，清朝属镶白旗，延续至民国乃至今天，这里简直就是藏龙卧虎之地，精英荟萃之所。有所谓史家祠堂，其位置大致在今天的史家胡同59号，据说与拥立福王抗清殉国的明末官员史可法的祠堂有关，现在为史家胡同小学。当年拆除旧建筑时，说是拆的就是一个祠堂。

清代在此建起左翼宗学，只招收八旗左翼的镶黄、正白、镶白、正蓝四旗子弟入学。1905

史家胡同，整洁宽亮

第二批庚子赔款留学生，胡适应在其中

年改为左翼八旗第五初等小学堂，1910年改为左翼八旗中学堂，贵族学校。1912年，民国建立，改为京师公立第二中学校。有句话说是："史家胡同，半个中国。"史家胡同59号还是清末成立的游美学务处所在地，而其下属机构——游美肄业馆，正是清华大学的前身。1909、1910、1911年游美学务处三次在史家胡同51号院设考场招考赴美留学生，梅贻琦、胡适、赵元任、竺可桢等，均在考生之列。赵元任考试总分第二名，而胡适参加1910年的考试，语文试卷得到一百分。这些近代史上的风云人物正是从史家胡同出发，走向海外学校学习西方科学文化。如果要历数各式精英豪杰，讲述他们的传奇人生，史家胡同必定是绕不过去的一段精彩岁月。

今天这里虽已回归为一条普通胡同，但似乎又被格外重视。街巷齐整，展示着北京过去岁月的风采，骄傲、矜持，绝无普通胡同的杂芜凌乱。从嘈杂的灯市西口走进这个胡同，仅七百米长，笔直通透，似乎有种无声的气氛让你蹑手蹑脚，像个文明素质较高的人士端庄自己的仪态身姿。因为整条胡同是如此的整洁有序，大红院门鳞次栉比，灰砖墙上不时有文物标牌，标示某处为受保护四合院，令人肃然起敬。仿佛那些曾经的大人物，他们的音容笑貌、风采光华还在这里的空气中游弋飘荡。

二　史家胡同24号院

1990年5月，有一场颇为不凡的访问发生在史家胡同24号小院里，当时这里是史家胡同小学校园。这次访问发生在北京美丽温和的春日里，有叽喳欢乐如小鸟的小学生环绕，却仍然透露着某种悲壮的

24号院便是当年"小姐的大书房"——凌叔华故居，现为史家胡同博物馆

气氛。那是一位年近九旬的老人来和自己的故居告别。虽然这个告别令她显得衰弱，甚至显露了一个濒死者最后的悲哀不舍，但她有勇气在生命的末端最后一次亲近自己的出生地，把气若游丝的遗爱倾献给它，将悲伤演绎成感天动地的永别。

是的，她是在救护车和医生护士的陪伴下，由自己的子女陪同，躺在担架上最后看了一眼她此生的故乡——北京。她就是去国已近半个世纪的凌叔华。1953年她在英国出版自传体小说《古韵》，被誉为"第一个征服欧洲的中国女作家"。但在国内，其文学影响力甚微，在中国现代文学史上的地位一直不高。或许因为她被丈夫连累，因为她的丈夫陈西滢曾被鲁迅批判，也因为她丰富的情感生活作为坊间八卦而被讥讽。再有一个原因是，她是富家女，与民国时期的进步思想、革命青年格格不入。不过，作为民国时期的才女凌叔华在风华正茂的燕京大学学生时代，就以富家小姐且多才多艺也颇有姿色而令人瞩目，名气不是一般的大。她与"我们太太的客厅"媲美的"小姐的大书房"，便正是史家胡同24号院——那是她出嫁时的嫁妆，一个花园院落连带二十八间房屋。

在临终前的十几天，她躺在担架上被人抬着走过北海，看到蓝天白云下白塔悠然，便急迫地让人把她抬进史家胡同24号，她想获得生命从起点到终点的圆满。最后告别的情景被拍照定格下来：如鲜花般娇嫩的小学生，围着一个躺在白色担架上的苍白虚弱的老人，胸前放置一束鲜花。懵懂的天真少年与不舍撒手的老人，对比出岁月的残酷。

三　小姐的大书房

1900年的春天凌叔华出生于史家胡同一个仕宦与书画世家，是

凌叔华（左一）及家人（左三为父亲凌福彭，左四为妹妹凌淑浩）

其父第四位夫人所生，姊妹四人，排行第三，在家里排行第十。她在自传里说，家族已经在北京住了许多年。自打父亲是直隶布政使，他们就搬进了一所包括许多套院和房子的大宅子，独自溜出院子的小孩会迷路找不到家，家里人和用人的数目多到不能确定。总之，是一个以她父亲为主的妻妾成群、儿女众多的大家庭。她家的正门开在干面胡同，占据了从干面胡同49号往北延伸到史家胡同24号位置的大片房产。凌叔华在自传里都没有说清有多少房屋，据说应该是九十九间半。

　　将凌叔华的自传小说《古韵》，与另外一位民国北平女作家林海音的《城南旧事》比较，会发现，她们笔下是两个大相径庭的北平城。林海音的笔触点滴写出了平民社会普通人的悲欢离合，而《古韵》可见凌叔华是那清贫黯淡古城里的富贵花，可以写作、绘画，张扬自己的天赋。凭借父亲的高官资源，她可以拜慈禧太后赏识的女画官缪素筠为师，可以得到文化奇人辜鸿铭的教育，不但打好古典文学的基础

凌叔华（1900—1990）
Ling Shuhua（1900—1990）

凌叔华故居里有她的展览区

还学习英文。她可以读燕京大学的外文系，主修英文、法文和日文，还可以去听周作人的"新文学"课，写信给周作人请求收做学生。她是上世纪20年代京城女子里的天方夜谭，在一个绝大多数女性还是文盲的社会里，她可以任情放飞自己的爱好和才华。她画画，发表文学作品，一切都顺遂己意。在1924年4月，泰戈尔访问北平的欢迎茶话会上，作为学生代表的她结识了生命中的重要人物——她后来的丈夫陈西滢，以及大才子徐志摩。紧接着，住在史家胡同西方公寓的泰戈尔，在负责招待的徐志摩和陈西滢陪同下，受邀参加了"小姐的大书房"举办的"北京画会"。"小姐的大书房"当时已在京城闻名，史家胡同24号院接待过众多文化名流，可以说是著名的文化沙龙，而沙龙的女主人便是年轻的富家小姐凌叔华。这比冰心笔下据说影射林徽因北总布胡同3号的"我们太太的客厅"要早十多年。

　　1926年，凌叔华与陈西滢结婚，鲁迅在杂文《新的蔷薇》里讽刺陈西滢"找到了有钱的女人做老婆"。凌家陪嫁了后花园及二十八间房屋，这一片房产正门就开在史家胡同。这里是凌叔华青春时代的天堂。后来她因战乱等原因在世界各地漂泊，天堂的记忆自然便有了神祇的光环。

四　名人故居众多

北京城名人故居到处都是，但一条胡同有那么三个五个已经不得了了，可史家胡同里，曾在此生活的各类历史风云人物人数之多，令人咋舌。当然，像凌叔华这种生于史家胡同的不多，大多数是因为某种机缘而成为这里的住客或过客。胡同西口的59号，前文已知，是中国近代教育和走向西方的起点。53号传说是史可法故居，或者是明朝时期某个史姓大户的宅邸，在清末成为李莲英外宅。解放后一度作为全国妇联办公地，邓颖超、康克清等人在此地工作，现如今这里成为一家宾馆，门额上的题字"好园"为邓颖超1984年书写。51号院是毛泽东的老师、著名民主人士章士钊故居。章家1952年入住，老

好园，邓颖超题字并在此地工作过，现为宾馆

人故去后其养女章含之一家继续居住，章含之《跨过厚厚的大红门》一书记录了这个小院无数温馨岁月。而章含之与乔冠华结婚后，乔冠华这位中国外交部长自然亦住此院。直到章含之去世后，其女儿洪晃才恋恋不舍交还这处几代人几十年记忆的小院。洪晃拍过一部叫《无穷动》的电影，影片中的一些场景，据说就是在这个宅院中拍摄的。47号院是前国家副主席荣毅仁故居，他的最后岁月是在史家胡同度过的。32号院是促成北平和平解放，对古都保护做出重大贡献的国民党将军傅作义的故居。解放后，傅作义做了首任水利部部长。

胡同里最具文艺范儿的是20号"人艺大院"，这里老门牌56号，是北京人民艺术剧院的宿舍。刚解放时，京城好多财主抛家舍业，扔掉房产不知散向何处，当时北京城到处是空房子。这个56号大院原是一处气派不凡的三进大四合院，主院种了许多海棠树，大家管那里叫"海棠院儿"。北京人民艺术剧院进驻时已是人去楼空，剧院便在此成立，修建了排练场、办公用房和宿舍。80年代排练厅拆除，建起两座宿舍楼，这个院儿一直被称为"老人艺"的前身，新中国的戏剧摇篮。许多中国顶级的戏剧艺术家，曹禺、焦菊隐、夏淳、于是之等在此工作生活，度过大半生的光阴。但曾经的那位抛家舍业的原主人是谁，迄今仍不明晰。

如今，凌叔华的陪嫁房产史家胡同24号成了北京首家胡同博物馆——史家胡同博物馆。馆内详细记录了这条胡同的历史发展与居住过此地的近现代以来的著名人士。最有意趣的是展室里有一百三十个院落微缩复原，还能听到"震惊闺""虎撑子"等七十多种胡同声音。虽然房屋的格局有很大改变，但其范围就是当年凌家的后花园连带二十八间房屋的所在地。凌淑华的女儿陈小滢将此地捐献给了当地政府。

凌叔华故居内部，建筑有了很大变动

　　凌叔华在《古韵》的结尾写道："我在脑子里编织了一幅美丽的地毯，上面有辉煌的宫殿，富丽的园林，到处是鲜花、孔雀、白鹤、金鹰。金鱼在荷塘戏水，牡丹花色彩艳丽，雍容华贵，芳香怡人。在戏院、茶馆、寺庙和各个市集，都能见到一张张亲切和蔼的笑脸。环绕京城的北部的西山、长城，给人一种安全感。这是春天的画卷。我多想拥有四季。能回到北京，是多么幸运啊！"

　　她的《古韵》是用英文写作和出版的，在欧洲引发巨大轰动，成为畅销书。在中国与西方完全隔绝的几十年里，这本书无疑有助于西方人认识北京，认识中国，认识一条胡同里的生活。我引用的是1969年的中文译本内容。这是她离开古都几十年后想象的画面，不过字句之间，能看出她对北京有多么的热爱和思念，甚至任凭记忆演绎出层层叠叠美丽的幻象 —— 她始终是一朵富贵花，她脑海里的古都便也是花团锦簇，富贵平和，但一切都是梦幻泡影。

2019年1月19日

本文参考：

1. 冰心：《我们太太的客厅》，天津《大公报·文艺副刊》1933年9月第2期至第10期。世人认为文章暗讽林徽因家庭沙龙。

2. 凌叔华：《古韵》，天津人民出版社2016年出版。

3. ［明］张爵：《京师五城坊巷胡同集》，北京出版社2018年出版。

老舍笔下的小杨家胡同和百花深处

一　老舍出生地小杨家胡同

我上初三的时候，正住在新街口南大街111号一栋二进四合院里，路西。每天早上我会去路东，招呼小杨家胡同把口外临街的赵姑娘一同上学。为啥叫她赵姑娘？因为她看着比同龄人更成熟丰满，说话也喜欢讲些老话儿、老理儿。她家住临街的小红门房子里，推开门便是大马路了。那时候有111、105电车，还有31、22路公交车通过，新街口南大街是一条繁忙热闹的大街。

我当时在读老舍的《正红旗下》，小说好像是在《十月》或者《收获》这种大型文学刊物上连载的。可我并不知道，老舍笔下的旧京风土人情故事就发生在马路对面，发生在赵姑娘家小红门后面那条细窄的胡同里，那条胡同就是小杨家胡同。现在细算起来，我读《正红旗下》时的1979年，距离书里面描写的时代已过去八十年，八十年的变化并没有使那里的建筑道路面目全非。胡同一律是灰色的，狭小，虽说还算整洁，没有今天蚕食空地和私搭乱建，但房屋破旧，好多屋顶盖着苫布，门楣久未粉饰。尤其在家家还要生煤取暖的冬天，清晨烟气弥漫，鼻涕、手指甲盖都是黑色的，真的灰暗且呛人到令人生无可恋。而我的同学赵姑娘，梳着及腰的粗辫子，说话带着特有的京片子，老话儿特多，好像也是个旧时代的人儿。

多年以后我回想起来，如果赵姑娘家是几辈在这里的老住户，《正红旗下》《四世同堂》《小人物自述》《老张的哲学》这些老舍作品里，是不是也有她家老家儿的影子呢？

没错，今天的小杨家胡同就是当年老舍的出生地，他作品里多次提到的北京胡同市井——原名小羊圈胡同。"小杨家"估计是雅化后改的名，改名应该是在1949年左右。

老舍在《四世同堂》里这样描写这条小胡同："说不定，这个地方在当初或者真是个羊圈，因为它不像一般的北平的胡同那样直直的，或略微有一两个弯儿，而是颇像一个葫芦。通到西大街去的是葫芦嘴和脖子，很细很长，而且很脏。……穿过'腰'又是一块空地，比'胸'大着两倍，这便是葫芦的'肚'了。'胸'和'肚'大概就是羊圈吧！"

老舍在这里说的"西大街"就是今天的新街口南大街。把着胡同口的红房子原来是赵姑娘家，把着出口南侧没多远是一间公共浴室，

小杨家胡同6号到8号，大致是原来的老舍出生地小羊圈胡同5号

70年代末还是这一带老百姓除尘去垢的地方。今天赵姑娘家变成乐器行，浴室变成了一个洗浴住宿的小旅馆。

百年不变的小杨家胡同

2018年的夏末，我从护国寺金刚殿沿护国寺西巷向北找，找到大杨家胡同，顺着走，在一个三岔路，左手一条狭小的胡同就是小杨家胡同。它呈西南走向，曲折着有四五个弯，总长度不足百米，总共只有十二个院落，都是灰砖灰瓦，有些人家搭起来小二楼。据我的观察，除了10号院像是个杂院，其他似乎都是独院的私宅。这胡同本身依然细窄，今天同样进不去车子。

小胡同幽静齐整，仿佛时光倒流，百年光阴似乎定格在夏末的午后。但与《四世同堂》里的描述对比，还是有很大改变。

按照老舍的描写，我大致能猜到"葫芦胸"——那个略微宽敞一点的地方，但这里早被加建房屋改变了面貌，加建的房屋只是留出三块砖宽的道路，除去拐角略微宽绰一点，"胸"的位置只能看出个大概。再前行，宽阔些了，但多出一个门牌号——甲×号，这个院落必定是在原来的空地上增加的。过了甲×号，便走到老舍的出生地——小杨家胡同6—8号（原小羊圈胡同5号），恰恰就是那个"葫芦肚子"。院门朝西，对着加建院落和一块赫然开阔的小场子。如果说"葫芦胸""葫芦肚子"是早先羊群圈养的地方，应该就是这里了。百年来这里的面貌还是改变了一些，住宅侵占了一些道路和公共场

推测为当年小羊圈胡同的"葫芦肚子"

地，如果今天再圈养，估计圈不了十几只了。不过这个地方确实像小杨家胡同的社交小广场，人们可以略微滞留，交流个家长里短。可以想象旧时北京人，《正红旗下》里面的老实父亲、勤快母亲、尖酸姑母、懂事而有眼力见儿的二姐、游手好闲的大姐夫、爱抬杠的大姐婆婆、精明能干的福海二哥、正派的山东大嗓门老王掌柜，还有贵族定大爷，等等，都曾在此地出出入入，打千儿的，请蹲安的，说着客气话吉祥话，或者风凉话刻薄话。

　　1899年的农历腊月二十六老舍"洗三"那天，不下几十位人物来往此地，前来贺满月。连满腹吉祥话的接生婆专家白姥姥都来了，亲自给老舍"洗三"，末了，还用姜片艾团灸了他的脑门和身上的各重要关节。"据说，冬日里我们的屋里八面透风，炕上冰凉，夜间连杯子里的残茶都会冻上。"可那一天，屋里很暖，阳光射到炕上，照着婴儿老舍的小红脚丫儿。炕底下还生着一个小白铁炉子。

　　母亲生老舍时昏过去了（是不是中了煤气？），而大姐婆婆和姑母俩老太太正抬杠争执，没人搭理虚弱的母亲。以后见面继续抬大杠，这成了她俩交往的主要内容。懂事的二姐（真实生活里是老舍的三姐）看着母亲为取回来少得可怜的一点俸银，还有各种赊账饥荒要填补愁眉不展，便小嘴叭叭地说着暖心话："奶奶（满族称母亲为奶奶），以后咱们多端点豆汁儿，少吃点硬的。多吃点小葱拌豆腐，少吃点炒菜，不就能省下不少吗？"不过，拿了俸银是不是先还上欠账？二姐搭讪着说了话："奶奶！还钱吧，心里舒服！这个月，头绳、锭儿粉、梳头油，咱们都不用买！咱们娘儿俩多给灶王爷磕几个头，告诉他老人家：以后只给他上一炷香，省点香火！"当年小羊圈胡同贫苦旗人日常生活被描述得栩栩如生。

　　1961年老舍为一部话剧《神拳》在后记里写道："我们住的小胡同，连轿车也进不来，一向不见经传。那里的住户都是赤贫的劳动人民，最贵重的东西不过是张大妈的结婚戒指（也许是白铜的），或李二嫂的一根银头簪。"可见，当年的新街口众多小胡同里住的都是这样赤贫的普通人。

　　老舍家住原小羊圈胡同5号院三间北房中东头的一间，他在这里度过童年，一直到十四岁去师范学校念书。他未满两岁便丧父，母亲慈祥又刚强，拖着四个孩子过活，所以他的小羊圈胡同生活充满贫困和忧郁。他在《除夕，抬头见喜》里写道：

　　　　新年最热闹，也最没劲，我对它老是冷淡的。自从一记事儿起，家中就似乎很穷。爆竹总是听别人放，我们自己是静寂无哗。长大了些，记得有一年的除夕，大概是光绪三十年前的一二年，母亲在院中接神，雪已下了一尺多厚。高香烧起，雪片由漆黑的空中落下，落到火光的圈里，非常的白，紧接着飞到火苗的附近，舞出些金光，即行消灭；先下来的灭了，上面又紧跟下来许多，像一把"太平花"倒放。我还记着这个。我也的确感觉到，那年的神仙一定是真由天上回到世间。

1912年旧历除夕，新成立的民国政府"除四旧"，下令废除农历春节，只过阳历元旦。上中学的老舍除夕夜吃完饭必须返回学校，校监很有人情味，笑着许可他回家团聚。回来看到母亲正对着一支红烛坐着呢，见着老舍，母亲脸上有了笑容，拿出一个细草纸包来："给你买的杂拌儿，刚才一忙，也忘了给你。"母子好像有千言万语，只是没精神说。早早地就睡了。那年没有大雪，母亲也没有接神。

老舍讲述小羊圈胡同岁月的平实素朴的文字，今天读来，还是感人至深。似乎让人拨开岁月厚重的云雾，如见漆黑夜里豆灯一枚摇曳闪动。那时日子虽说恓惶、艰辛，但生命活得坚忍，而且还有一股热腾腾的鲜活气。

直到有了工作后，过了一些年，老舍略微有了点积蓄，便在西直门内葡萄院给母亲买了几间房子，搬离了小羊圈胡同。

现如今，老舍母亲从前居住的房子早已拆除，十几年前这院子里唯一留下的旧物就是门口一棵枣树。说是那时还枝叶繁茂，熠熠生辉，垂下一片浓郁的绿荫。但我此次寻访，已无枣树踪影。

二　百花深处

似画片翻动，似走马灯停不下来，年华老去又复生，翻过百年，还在不停歇地翻着下一页。

我站在"葫芦肚子"张望，半天只见一个收废品的女人趁着这块不碍事的敞亮地界整理她三轮车上的物品。十几户的宅门都是紧闭的，没有任何响动，没有一个行人匆匆而过，有黑白鸽子各一枚在横穿的电线上看风景和岁月。

继续向西蜿蜒而出的"葫芦脖子""葫芦嘴"，应该是百年未变，还是细长的一条，有人骑车进来，走路的人只有贴着墙目送。它只有三块砖的宽度，没有改变的余地，但都是硬化地面，干净整洁，不似当年那般泥污。只是墙壁上，脑袋顶上，有各种飞檐走线和电匣子，各种现代生活的附属物。

出了小杨家胡同向北五十米就是大杨家胡同的出口，这个胡同略宽些，不过三人并排走就堵路了，也是不能走车的。同理，当年这里就是大羊圈，也是圈羊的地方。

继续向北过几家乐器行，也是几十米，出现一条可以进车的胡同，这就是百花深处了。注意，这个胡同不叫百花深处胡同，就叫百花深处，我想当年命名此胡同的人，一定是个诗意盎然的人。

民国时期出过一本书《北京琐闻录》，如是记载百花深处：

> 明万历年间，有张姓夫妇在新街口南小巷内购买空地二三十亩，种青菜为生。渐渐地有了钱，在园中种植树木，叠石为山，挖掘水池，修建草阁茅亭，使这块菜地成为一个十分幽雅的所在。又辟地种植牡丹、芍药，在池中植下莲藕。夏日，当夕阳西下的时候，驶上小舟往来于绿波之间，香风扑面，真是令人心旷神怡。在黄菊澄香之秋，梅花晴雪之冬，均有四时皆宜之感。当时城中士大夫等多前往游赏。因此北京人称它为百花深处。

这是民国人记录的明朝万历年间的传说，真假不知，算是传闻雅趣吧。不过在《乾隆京城全图》里，这里被标注为"花局"。因为护国寺一带曾经有过几家养花大户，说是养什么活什么，想让它啥时开花它就啥时开花，而富贵人家的一些富贵花植（譬如南方花卉），也会在冬天寄养在花局伺候，逢到过年前再请回家，所以这条胡同是否和一些擅长养花的手艺人有关？ 也未可知。但在明朝张爵《京师五城坊巷胡同集》里，整个新街口地区对此没有记录，唯一能挨上点边儿的是宝禅寺胡同（今宝产胡同）、普庆寺（今有遗址）、公用库胡同（今前公用胡同）。

到了清朝朱一新《京师坊巷志稿》里，记录为"百花深处胡同"，这似乎是第一次记录。

老舍在《老张的哲学》一书里这样描写百花深处："胡同是狭而长的。两旁都是用碎砖砌的墙。南墙少见日光，薄薄的长着一层绿苔，高处有隐隐的几条蜗牛爬过的银轨。往里走略觉宽敞一些，可是两旁的墙更破碎一些。"这是借书中人物王德（有老舍的影子）之眼看到的百花深处。王德从护国寺出来往北走，看到街东一条胡同，墙上蓝牌白字写着"百花深处"，惊叹：北京是好，看这胡同名多雅！ 于是，他认定有隐士住着，就寻了去，结果隐士没找到，看到一蓬头妇人在奶孩子，他认准这就是"隐士夫人"，因为他听说隐士夫人都是不爱梳头洗脸的。等了半天没见到"隐士"，便落寞而归，并琢磨："隐士或是死了⋯⋯人都是要死的，不过隐士许死得更快，因为他未到死期，先把心情死了！"

"未到死期，先把心情死了"，读这种句子可以体味老舍敏感而悲观的心境。对于死，他得出不同凡人的结论：可以心先死，遑论身体之物有何重要。这似乎是他文人孱弱表象下可以刚强起来的气节。

今天读这段文字，似乎可以明白老舍"先把心情死了"里的深意。老舍一生漂泊，海外求学教书，因抗战四处流亡，他最后还是回到了原点，回到了他最爱的北京城。1966年8月24日，他在离他的出生地小杨家胡同、离他母亲曾经的居所西直门内葡萄院都超不过几里地的地方，即德胜门外太平湖，像隐士，不，像勇士一样自沉湖底。这不是对恐惧的逃避，是对残酷现实的蔑视与否定。

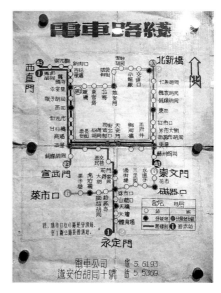

50年代的电车路线图上有百花深处站

清人朱一新《京师坊巷志稿》记录"百花深处胡同"的时间大约是光绪年间中期，《老张的哲学》写的是20世纪20年代的北平，所以这个去除"胡同"二字的时间发生在其间三十年左右的时间段里。我推测某位雅趣之人直接把"胡同"去掉，就一直叫"百花深处"了。在北京城，没有后缀"胡同"的胡同，名字还这么美，无出其右了。

今天目测这条胡同东西走向，总长大约超过百米，三十个左右门牌号，拐俩小弯儿，向东延伸，和新太平胡同、护国寺西巷相交。继续向东，过护国寺大院北口，直到与护国寺东巷相接为止。可不像老舍笔下写的那么狭窄，有汽车（但似乎都是住户的私车，一般车辆不太敢进来，怕出不去），各种电动车、自行车、行人熙攘不断，也见不到"南墙上的青苔"。

反而我认为，百花深处是具有很典型的烟火气、市井气的北京胡同。有住家，横着路挂杆子晾衣服，有门口种上爬到电线杆子上

房檐上的坐兽

的喇叭花，有音乐录音房，有私人会所、小设计公司、小酒店，甚至有一个文化创意园。有人家的门楼还雕个坐兽，像是个天马的模样。有的人家，门外垂花绿叶盎然，碎影婆娑。最尽头（我只看到百花深处7号的牌子）有一家小二楼，是一排鸽子房。两位北京大爷背着手在检阅他们天空翱翔的鸽子，有时候和地面走过的街坊有一嘴没一嘴唠闲嗑，并以有点戒备的眼神俯视一下我这种东张西望的外来者。这规模阵势，保不齐是信鸽协会里的名人，再看两位爷的气派也是胡同主人的风采。

　　前些年，有一位台湾音乐人陈升写了一首歌叫《北京一夜》（One Night in Beijing），我想当地人听了一定吓上两跳。这英文名和这灰秃秃的胡同真的很不搭，让我想起老舍《茶馆》里的金句："人家不说'好'，说'好（读 hāo）——'，真有个洋味儿！"歌里还唱道："我留下许多情，不敢在午夜问路，怕走到了百花深处。人说百花地深处，住着老情人，缝着绣花鞋，面容安详的老人，依旧等着那出征的归人。"

　　老北京人听这种歌词会听傻，所以只有台湾人，能把百花深处唱得疑似有女魂游弋的花街柳巷。他可不知，庚子之变死在德胜门、西直门城楼下的旗兵，如老舍的父亲，并未远征。他们的父母妻儿就住在几许里的破旧街巷里，听到死讯，也只有哭喊命运的悲惨、失怙的凄凉，抹完泪还得继续缝补粗布鞋，而绣花鞋用的材料都恐怕要上好的呢，并不是旗兵妻女可以随便绣的。

　　所以那年台湾青年陈升，从百花深处的录音棚出来，只为他想象的浪漫而陶醉异乡，便为北京一夜，留下许多情。而那时也是夜深，陈升没遇到放鸽子的爷们儿。他也没见到第二天晴空白日下盘旋的鸽子群，带着响哨一遍遍呼啸而过，歌唱蓝天的美好，也没听闻各种车铃叮咚，大妈大爷各种家长里短。否则，他可以写一首烟火气十足的 One Morning Beijing。

　　百花深处也有其妙处，某个小弯转过去，赫然见到红门落叶，斜阳懒散，似乎闪烁着"拐角邂逅"的小情趣。但大的轮廓还是朴实、规整、实用的，并无过多点缀。

三　护国寺塔院

　　说也凑趣，我走到护国寺西巷的时候真遇到了面容安详的老人，当时我正对着巷子中间一棵老枣树发愣，这树老皮斑驳足有一百多年了吧。这时过来一位老大妈，看年岁奔九十走了。她看我发愣便搭话说，这树太老了，太老了。我问："您打小一直住这儿吗？您知道这树有多老了？"她说她原来住路西（指新街口南大街西侧），在宝产胡同上班。后来她不断给我强调在宝产胡同上班，看我好奇，便让我进那个贴着护国寺西巷1、3、5、7四个号牌的院子去看看。我知道那老房子是护国寺原来的"旁殿八"中的一间小偏房，破败凌乱，住了几户人家。出来老人给我手指一划拉，这儿的房子都是原来护国寺的，又指路北一个红门院子：原来那儿是护国寺塔院，有两个塔呢，解放后拆的。这时我大悟，老大妈见过那两个上世纪50年代就拆掉的塔！我猜测她当年娘家在路西，后来嫁到路东边这边胡同，后来家安置在护国寺大院里住。而她不是普通家庭妇女，她在宝产胡同上班。

于是，我赶紧到她指点的塔院原址观察。这里现在的门牌号是百花深处17号。不过，我根据尚且清晰的护国寺大院整体轮廓，判断从17号院到养着信鸽的7号院一直向北包括厂桥小学北校区，都是当年护国寺塔院的范围。

护国寺曾经有过辉煌的历史，在现代人的记忆里，寺，早没了，就剩下小吃了。护国寺小吃还是靠老北京特色吸引游客的味蕾。此地初为元代丞相脱脱（托克托）宅邸，明朝间建佛寺，初名崇国寺（北寺）。明宣德四年（1429）更名为大隆善寺。明成化八年（1472）敕名大隆善护国寺。清康熙六十一年（1722），对寺庙大修，名护国寺，也称西寺，与东寺隆福寺相呼应。后来，这两间寺院都沦为著名市集，喇嘛们为求生计，开放寺院引进集市摊位，成为北京城有名的吃喝玩乐加购物为一体的小商业集合地。护国寺有"中殿三，旁殿八，最后景命殿"（《宸垣识略》）。整个护国寺总计五进院，每逢集市，简直就是今天的购物中心、超级市场，热闹非凡。

最后一进塔院，为两进院，便落在了今天的百花深处里。塔院有小山门，门前有小石狮一对，东西各有角门，山门长期关闭，游人均走角门。塔院里的生意要比前几个院落冷清许多，有卖弹弓弩弓的摊位，靠南有一卖胡盐的。西后门内路北有一间不足十平方米的小北屋，门楣挂着"明音斋"的小匾，是卖京胡琴的。塔院东角门内，有一唱京剧的场子，艺人名叫"大妖怪"。塔院西角门内，有个变中国古典戏法的。塔院正中有大殿，东西有偏殿，在大殿前有位说唱竹板书《刘公案》的，艺名"小蜜蜂"，以说为主，唱的不多。说竹板书的南边，也就是院中间，是卖茶汤的摊子，大

百花深处17号院到厂桥小学都是当年护国寺塔院所在地

铜壶一把，是个招牌，以茶汤、油炒面儿、藕粉为主，也卖年糕之类的小吃。

塔院大殿东、西各有一小门，通往殿后院儿。这里更荒凉，较之前院游人也少，虽也有大殿，但东、西没有配殿。靠南边一溜几家卖羊霜肠的，煮熟后卖，热气腾腾，在冷天儿来碗热羊霜肠，连汤带水又暖和又解饿，便宜实惠。西边有一拉硬弓的场子，练武者三十多岁，身强体壮，能同时开五张弓，有时候也表演打弹弓。练拉弓不要钱，主要是卖大力丸。

上述关于塔院庙市的描述（参见盛锡林《当年护国寺》），基本为晚清、民国及至建国初期的情形。实际上，虽然大庙破败，看庙喇嘛靠自救生存，但那时期，还是基本保持了明清风貌。老大妈见到的两座佛塔，历代文献均有记录，准确说，应该是和尚舍利塔。根据记录的敕碑情况看，一座碑为西天大喇嘛桑渴巴剌行实碑，一座为大国师

护国寺山门老照片

智光功行碑。这两位都是明代高僧，一位西天僧，一位虽是汉人但游历过天竺和西藏，说明舍利塔均造于明朝。关于智光大法师的生平事迹及其圆寂后下葬地，我曾有专文研究过。他圆寂后应葬于大觉寺塔院，所以这里造塔有可能当时供奉了部分舍利，但主要是纪念他的弘法功德。

至此可知，百花深处并无隐秘之情，它也不过是全北京众多胡同中极普通之一。虽然老舍借王德之眼，也没寻到心死的隐士，不过蓬头垢面的隐士之妻、脏兮兮求吃食的隐士之子，都隐喻了某种贫穷困顿时代的沮丧之气——不光是物质气也是精神气。而1957年以后拆除了绝大部分大殿院落的护国寺，实际上是标志另一种生活方式的开启。两座塔院里的舍利塔不用一天到晚伴着说书的絮叨、撂场子卖大力丸的吆喝了。不过，这清净倒是真彻底了，因为它们两座二百年古塔也被拆掉了。自此，平地里再起民居，由房管局统一调配，欢欢喜喜搬进好多住户。

　　漫步在老舍先生百年前徜徉的这一带胡同，无论小杨家、大杨家、百花深处、太平胡同（今新太平胡同）、护国寺，再远点，到棉花胡同，今天的我回望百年，应该慨叹时光雕刻，世事变迁，但内心深处总觉得有些东西没变。无论指挥鸽子如指挥军队的男人，还是一直怀念着在宝产胡同上班的大妈，甚至高高挂在小杨家胡同高处的葫芦，还有电线上沉静思考的鸽子，这种生活气息是永远不变的，人与事只会在时光里打转儿。至于隐士是不是心已死，胡同的人们未必关注，胡同人们还是要家长里短地努力认真生活，无论胡同的道路或者房屋如何变迁。再有，不知道这里是否有谁记得，五十二年前，这里曾经有一位老街坊尊贵着自己的心，敬重着自己的尊严，背朝这个方向，走向太平湖。

2018年9月21日

本文参考：

1.〔清〕吴长元：《宸垣识略》，北京出版社2018年出版。

2.〔清〕朱一新：《京师坊巷志稿》，北京出版社2018年出版。

3.盛锡林：《当年护国寺》，见360个人图书馆（360doc.cn）。

五道营胡同的"安定门金爷"

一 金受申故居

"独立桥头人不识，一星如月看多时。"这样的句子在我来解读，就是世间有多热闹，那个人内心就有多孤独，用来评价金受申的人生，不知贴不贴切。金先生曾在文章里引用过这位乾隆年间落寞才子黄景仁的诗，或许暗合了某种心境。只不过他把"独立桥头"改成了"独立市头"——市头的尘嚣热闹，和一个文人内心的孤凄与安静，互映着某种既冲突又熨帖的美学镜像。

五道营胡同北侧，是一片移植过来的花木与青草，每天相伴着波涛汹涌的二环路车流，也相伴着日月星辰，以及人世间的芜杂尘迹。金受申的老宅曾坐落在这片年轻而美丽的林木中。有人记载，绿地公园初建时，还有金家一棵老柿子树，很违和地掺杂其中。今天，金家的柿子树还在吗？

有人托我去五道营胡同实地考察一下金受申故居，我去了。那是2019年酷夏中伏时节，离金受申1968年1月在老房子里病故，已经过了五十个年头。他那个平房小院儿大概是挨近安定门城楼，紧贴城墙的。城楼当然早没了，原址就是如今的安定门立交桥，城墙就是今天的二环路。他生活了三十七年的五道营99号小院（原牌号36号）已

今天年轻人喜爱的五道营胡同

经不存在了，其位置，大概是把着五道营这条东西走向胡同的西口，当年出胡同一抬眼就能看见内城的北城门之一 —— 安定门。悲剧在于99是单号，因为今天98号还在，双号的房屋在胡同南侧，大多保留下来了，而单号这边因为建设北二环城市公园，大多已拆除。公园实际上也是隔开北二环和胡同民居的绿化带，从北二环旧鼓楼大街到雍和宫南侧一段，占地面积五万多平方米，是北京最窄的城市公园。它恰好掠过五道营胡同北侧，恰好掠过了把着胡同西口北侧的金受申家。

　　总之五道营胡同相当一部分北侧房屋都拆了建绿地公园，包括金受申家。而南侧则基本保留了原样，往东，更是开发出文艺范十足的特色商业街市，时常可见汉服女子，抬头可见雍和宫红墙……

　　拆房建绿地应不早于2002年。那一年夏天，北京文史馆馆员杨良志拜访老宅，石阶、砖墙、父子合影的老北房都还在，大门门板

金受申家老宅已变成环路公园

都是老的，赫然贴着新对联，窗前翠竹依然。柿子树之说，是依据祁建发表于《北京档案》2013年第四期的《金受申与五道营胡同》。作者讲述了当时造访旧宅时，老房已不在，环路公园已修好，老街坊帮忙指认金家老柿子树，并称金家后代已拆迁搬往西直门及广安门一带。老街坊回忆，金家小院不是标准四合院，北房三间，南房三间，其中一间南房直接开了院门，在安定门一带算是标准的普通人家院子。

　　我第一次造访，没有发现传说中的金家柿子树，不过，我还是发现了一棵异类树，叶子像柿子树，可在8月里没挂一枚柿子。我不太确定是哪种树，但我判断它是原生树，因为与之相伴的还有一棵槐树，距离很近。公园植树不是这种种法，这两棵树与周围那些移植过来的松树、银杏格格不入。过了几日，我再来看，并请教一位园林工人，他也不确定是什么树，但眼神比我好，他指出高高的树梢确实有三枚柿子。那么，这个地点就是金受申家原来的院落了，它对面是86号和一个公共厕所。

这座院子不是什么祖产，是金受申自己花钱买的。他读书时非常勤奋，十六七岁开始给报纸投稿，继而编书写书。难以置信的是他在二十岁左右就出版了《〈古今伪书考〉考释》《公孙龙子校释》《稷下派之研究》等作品，而且年纪轻轻便在地安门的求实中学、安定门内的崇实中学兼职国文教员，真是勤奋上进的年轻人！那时候兼课一个月的薪水约五十元，出一本书稿费大约有一百元，年纪轻轻的他凭着勤奋努力就买下了五道营胡同36号的院子。当时北京的房子是按间数算钱，一间大概一百元，小院六间房，至少六百元，这都是靠他写书兼课挣钱积攒下的。1931年他二十六岁，成家置产，意气风发，在安定门内一住，就是一辈子。

三枚柿子

青年时代的金受申

二 "北京通"

金受申被誉为"北京通",这缘于他长期给《立言画报》写一个叫"北京通"的专栏。的确,他对民国时期的北平社会有着深入的了解和体会,其作品给后人留下了一幅丰富多彩的时代画卷。这其中分两大部分:一是关于北京风俗的研究成果。《立言画刊》自1938年创刊到1945年停刊,出版了三百五十多期。金受申在其中的"北京通"专栏发表了三百多篇关于清末民初北京社会生活的文章,内容涉及北京的风土人情、历史掌故、三教九流、五行八作方方面面,所以他被世人称为"北京通"。这些内容结集为今天仍被广泛阅读的《老北京的生活》《北京的传说》,内容杂陈丰富,风趣盎然,今人读来眼前不由浮现出一帧帧黑白照片似的老北京旧貌,甚为珍贵。在上世纪三四十年代,金受申和张次溪被公认为京华掌故大家,当时文坛有"京华掌故首金张"的说法。他的另一份贡献是,作为曲艺史家和民间文艺家对北京一带戏曲曲艺考察的丰硕成果,形成了《北平的俗曲》《北平俗曲录》《北平·风俗曲》《风俗曲谭》《岔曲萃存》《岔曲笺注》《北平的评书》《瞽人的艺术》等文字著述,书中翔实记录的见闻都来自他的实地考察与观摩。在一个非影音时代,文字是最好的媒介,时间越久,其意义越彰显。

百年之后,老北京的这些时代印记大多模糊不清了,而金受申作为资料的收集者、考察者、体验者和参与者,他的记录更显弥足珍贵。他是一个认真生活着、观察着并热情投入时代的人,涉猎广泛,好奇心满满,不放过对任何一个细枝末节的考察与欣赏。他曾说:"北京的风俗物事,一事有一事的趣味,一事有一事的来历,小小的一个玩物也有很深微长远的历史的。所以区区笔者也不怕丢人，大言不惭地标了一个'北京通'。"并说："我做'北京通'的目的，并不是炫曝我如何通，只是想用一种趣味化的文字，描写北京的实际状况⋯⋯文拙意陋，没有一些好处，只一个'实'字还可勉强自谓。我的目标是纪实，我的手段是勤问、勤记，我的希望是读者勤指教。"同时他也指出："记一些这类旧事，一方面给过来人一种系恋，一方面把过去的北京风俗，前人所未记载，不见文人笔墨的事故，记下来保存。"（《老北京的生活》后记）

可以说，金受申是一位颇有建树的民间文人，做了许多学问家不肯放下身段或颇不以为然去做的研究和记录。我时常想，金先生写了总比不写好，总是要有他这样的杂家，且与中下层社会有着广泛交结的文人去记录，而他留下的成果往往不是那些书斋学者可比拟的。他是真正把热爱的生活融入生命深处去品味赏玩的人，如此才能描画出一幅幅色彩斑斓的市井画卷，留给后人观览。这样的人如若不写，只是自己独自体味把玩，对文化传承而言，无疑是一种遗憾。

金受申生于1906年，出身旗人，自幼父母双亡，由伯父养大。伯父给了他安稳的生活和完整的新式教育。长大后的金受申，内心估计有着自由的性子，他并不刻意找个靠牢的营生维持生计，而是卖文为生，兼职教课。或许这样便可以不受束缚地交结市井闲人，呼朋唤友，喝酒神侃，在闲趣中一点点把日子过掉。他喜欢交结朋友，喜欢生活里一切有趣的玩意儿，仿佛只要他张开眼睛看世界，这世界便会因了他而变得生龙活虎，色香俱全。

金受申有一班酒朋饭友，多为中下层，他也被人们称为"安定门金爷"。安定门、鼓楼一带的"大酒缸"（一种埋着大酒缸的酒铺，以喝酒为主，提供少量下酒菜）是他经常出入的地方。他在安定门认出纳兰性德家后人，也是与他的见识与细心有关。说是某日来了个面色黪黑的洋车夫，披着破棉袄却持着一个极精细的镶边小碗前来买酒。金受申将碗底翻过了细看，惊见一圈红印"鸳鸯社"字样，便问对方：您家祖上的坟地在皂荚屯？车夫答是，金先生一惊：此落魄车夫正是清代词人纳兰性德的后人，也就是在民国年间还为祖坟地与人纠纷的叶连德。金受申知道"鸳鸯社"一款是纳兰家族定制瓷器使用的款式，可怜纳兰性德后裔落魄如此，也可见金受申对旗人家族掌故的了解程度。

旧时北京中下层出门招人喝酒，叫"泡酒缸"，能喝二两的人喜欢聚在"大酒缸"这种地方喝酒聊天。"大酒缸"有点像今日的酒吧，但没有表演说唱，主要是三五好友聚着，上天入地皇帝老子一顿神侃。金受申是"泡酒缸"的行家。据他说，好的二锅头，首推鼓楼永兴酒栈。这家酒栈和其他"大酒缸"不同，有三间门脸儿。他在《饮酒》一文里提到："大酒缸"是北京味十足的好去处。"大酒缸"的老板多为山西人，零卖白干，也自备下酒菜，伙计还可以外叫自家没有的凉菜，有时还自制主食，什么饺子烧饼馄饨等，说是"据缸小饮，足抵十年尘梦"，惬意得很。客人围着大缸喝散酒，一般缸很大，直径有两尺，上面盖着红漆木盖，周围一圈坐凳。缸大多是一排三口，下部一截埋在地下。这样大缸上沿恰好在喝酒人的胸部以下，把红漆木盖当酒桌，喝完了打开盖子续上。何等豪爽热闹景象！

一些与金受申有过交往的人回忆起他，一致认为他骨子里是个文人，不善言辞，木讷内向，但肚子里有学识。也有人说他有些江湖豪气，自认为在市井九流吃得开，有名头。他听说邓友梅要去鼓楼大街喝酒，就嘱咐说："东大街把角儿那个大酒缸，冬天外面挂着一只鹰，还有好些个野兔子野鸡的那家，跟掌柜提是我金受申朋友，不收你酒钱，你给他，他也不要。"邓友梅还当了真，进了酒铺就提金受申，掌柜的一通点头称认识、熟络，口口声声称"安定门金爷"，有面子，不过没提不收钱的事，邓友梅给钱人家麻利儿收着。可见，他还真是个文人，以为自己混入了江湖，不过没被江湖认可而已。掌柜的心说，金先生的朋友都是体面人、规矩人，大概不兴拍胸脯称兄道弟，买卖还是买卖……

在金受申另一种关于饮酒的文字里，则可一窥民国时期文人的别样雅趣。他喜欢阜成门外唯一的一家小酒馆——虾米居，其实这个酒馆没有虾，北京也不产虾，虾米居刘掌柜的也说不清为啥起这么个名字。这里专卖柳泉居的北京黄酒，属于北方黄酒，不同于绍兴酒。虾米居属于饭馆性质，不卖散酒，也不应顾客要求炒菜，只供应兔肉脯和牛肉干佐酒。金受申从东城跑到西城，来阜成门虾米居只为好酒肉吗？非也，他为了好好欣赏京华的郊野秀色：

> 虾米居的风趣是：夏天后院临河高搭苇棚，后墙开扇形、桃形等空洞，嵌以冰震纹窗棂。冰碗瓜桃，玉杯琥珀，西山秀色，直入座中，高槐蝉鸣，低柳拂水，足以遣此暑夏。冬日雅座中，纸窗朴古，红泥火炉，高烧蜡炬，西北风过冰吹来，烛影摇摇，又是一番闲暇境界。以前我们到此饮酒时，堂倌老崔必给我们买红烛两只，烛影摇红，比做一首词，还来得有味。记得有一次北风紧紧的冬夕，彤云漠漠，雪意十分，北京黄酒已干了五斤，忽然想起评书家杨云清就住在隔河茅屋中，遣老崔约来，快谈快饮，直到三更起桥，才歪斜地走进了平则门。人生聚散，令人不忍回忆。

一个虾米居小饭馆，冬夏景致是天地造物，看风景的人，心生情愫翩翩然。八十年后的今天，阜成门早已是一个没"门"的地名而已，城门楼子地界建起了立交桥，有河有山的郊野秀色无从见了。我印象中阜成门内是一条置办各种名牌奖杯的店铺街，西出立交桥则满目高楼大厦，西山踪影难觅，不得不让人感念金受申对曾经的阜成门外虾米居的记录，并慨叹世事变迁。

他就是那种无端无故无原则的生活沉溺者，欢天喜地爱着北京的平民生活，即使有那么多的贫困与乏味，甚至绝望，他还是面朝生活的亮色粲然一笑。

三　奇人杂家

今天，人们称金受申是"北京通"、民俗专家，说他通晓清末民初时期北京的风土人情、趣闻逸事兼私人八卦，且皇城里各色人等衣食住行、谋生生计、江湖门派、曲艺杂剧，层层面面里里外外，他无论是亲自考察还是道听途说，都用文字进行了记录，堪称奇人杂家。北京城里旗人汉人习俗风气、时令应景、吃穿住行他全懂，此外，他还是个中医。50年代，他给作家邓友梅开了个治病的方子，邓友梅吃了几服，便将迁延多时的发烧病症治好了。据说，邓先生去抓药时，药铺掌柜说："哦，金大夫的方子，没错！"可见金受申不仅懂中医，还是个可以开方子的大夫。1939年北京举行第三届中医考试，金受申应试，名列榜首。当年秋天他即开始行医，每日上午十点前在自己家挂牌接诊。后来又在和平门内北新华街京华药房的楼上分诊，那个诊所在街北路东，取名仄韵楼，有时也出诊。由于他交结广泛，医术不错，瞧病的人不少。文史专家石继昌也曾是他的病患之一，对金受申的医术非常肯定。

不过金受申并没有把小诊所和中医执业持之以恒，他基本上还是四处兼职养家，并无固定职业。他十七岁在北京市立第一中学读书时即为报刊撰稿，以稿酬弥补生活和购书之用。十九岁考入华北大学读书。二十一岁考入北京大学国学研究所研读，至二十五岁。学历相当过硬了，不过他并不受雇一家单位，而是在多间学校兼课。据说他曾在十多所中学任教，还教过四年小学，也给华北大学等高等学校讲课。1949年，他担任黑芝麻胡同私立弘仁小学的兼职校长。弘仁小学就是黑芝麻胡同小学的前身，创办人是慧果和尚与朴之涵（学校就办在圆恩寺里面，所以慧果和尚参与了小学创办）。当时金受申在北京结交广泛颇有名声，故而他们找金受申来做校长。

1949年以后，一直靠写稿兼职为生的金受申遇到了很大的生计困难，因为进入新社会他的身份跟革命沾不上边儿。他是专栏作家、兼课老师、执业中医，最后还有一个弘仁小学兼职校长的职务，他不属于任何单位或部门，哪怕是跟着旧单位过来也可以换个新身份。他是一个勤奋写作教书又疏于进体制的散淡之人，生性不受拘束，他说过："我在择业的时候，最讨厌'阶级大如山'的排衙气焰。"正如此，新社会来了，一直兼职写稿的自由职业者，工农商学兵都挂靠不上，便没了生计。

因为他与老舍有两段师生之情——一段是他上小学的方家胡同小学，老舍做过校长；另一段是他上中学的京师一中（即今天北京一中前身），老舍是国文老师——所以他一生称老舍"舒先生"。而当时老舍离美归国，1950年5月被推选为北京市文联主席。即便如此，为了把金受申调入文联，老舍也是费了很大力气。老舍不断重复的话是："金受申这个人有用，现在他处境困难，咱们调来也算是人尽其才。大伙都帮帮忙，都是动笔杆子的。"（邓友梅：《印象中的金受申》）说是人尽其才，实则给已经过了四十岁生计无着落的金受申找个饭

金受申在给人艺的艺术家们说戏

碗。应该说老舍真帮忙，终于把金受申安排在北京文联下属的《说说唱唱》(后来是《北京文艺》)杂志社做编辑。

金受申是1906年生人，1968年去世时享年六十二岁，算不上得寿。他最后的工作就是做编辑，但与单位工作人员仿佛不是一路人，开会从不说话，评等级评先进评待遇，不是说他争不争的问题，根本就是他把自己都当空气，遑论他人。似乎人们私下都认为这是老舍给的一份救济，和其他革命同志，尤其有着正经履历的人士完全不同。我想，在北京文联工作那些年他还是有些压抑的，因为他写的、研究的那些东西，与当时的新气象格格不入，说不定他还经常被要求"说说清楚""交代交代"。

令人称奇的是50年代后期商务印书馆给他再版了《樱下派之研

究》一书，他在封面的背里留下这样的题辞：

三十年前一个小顽童，

三十年后一个老顽童。

小顽童偏要装正经，

老顽童才是真正经。

三十年前不知为什么写了这本书；

三十年后，重读此书，不禁哑然失笑，

嘴里不由得大喝一声："小顽童该打屁股！"

金受申一九六〇年三月二十一日

时正在东四人民市场卖香皂

此时，他大概觉得，人活一世，也是可以缄口不言的。1960年他五十四岁，难道又丢了《北京文艺》那份工作去东四卖香皂去了，或者秉承他自由职业者风格又做了一份兼职？

在他同事眼里，他的穿戴也是很无敌亮气。一年四季，冬天穿干部服，夏天穿汗衫，从来没合体过。袖子总是长到包住手，而裤脚也总是盖到脚面，松松垮垮肥肥大大，似乎总是要把自己遮个严严实实。一只手有些残疾（邓友梅语，有人认为是痹症，即中医说的有瘀，但另一种说法是类风湿病，骨骼变形了），另一只手拄着一根大拐棍。身上总是带着酒气，这酒气一早就飘着，到了下午则更为浓重。

关于他的酒量，年轻时一定是好酒的，我们可以从他写的许多关于老北京酒馆以及饮酒习俗的文章里得知。不仅好酒，还好吃，在他文章里，各种吃食各种吃法无处不在。在他的笔下，几碟酒菜，几两黄酒，最重要的是三五好友把酒言欢，如果正赶上窗外大雪红炉正旺，那鲜灵灵的生活美意真是无以复加。

不过晚年的他几乎不怎么喝酒了，身上散发酒味，是他刻意把散酒喷洒在衣服上，而且持之以恒。他整日把自己搞得酒气熏天，目的是为了给众人一个废物酒徒的印象，让人鄙夷他就是个迷离懵懂的老废物，除了趴在桌上校对个文字，已百无一用。最好各种运动来临，不要再找他这个废物"说说清楚"了。

就是这么一位似乎被施舍得到一份职业糊口的人，带着一身酒气，像个影子一般过完了他的最后十年。

三十七个春秋，安定门前低头不见抬头见，所以在很多回忆他的文字里，总是将安定门和他联系在一起。1956年他见证了安定门箭楼被拆掉，而那正经的安定门城门楼子则是在他死后一年亦即1969年被拆除的。他先于安定门而死，似乎他们都是某种灰色旧时代的标记物，在风沙眯眼的冬季，在寒冷时节人们已经忘却大地生机的时刻，他带着沉迷一生的老北京旧梦，与这个世界作别。

好在，他把他溺爱的老北京烟火百态，以百万文字的方式留在了人间。

2019 年 8 月 11 日

本文参考：

1. 金受申：《老北京的生活》，北京出版社 1989 年 9 月出版。

2. 金受申：《北京的传说》，北京出版社 2018 年 1 月出版。

第三辑　山寺传奇

藏在胡同深处的智化寺

一 太监王振的家庙

我是偶然机缘听说东城区禄米仓胡同的智化寺，有代代传承的古代音乐，即国家非物质文化遗产——京音乐。每逢上午十点、下午三点便有演奏。这种音乐据说从燕国时期就有，后来入了明朝宫廷，又由明英宗的心腹宦官王振从宫里带进智化寺，由僧人口传心授直至今天第二十七代。这种音乐主要以笙管为主，经过五百多年的糅

智化寺里的京音乐演奏

合，集宫廷、佛教、民间多种素材，现在使用的《音乐腔谱》是康熙三十三年僧人容乾抄录的。倘真如此，今人便有机会听到当年明朝皇帝们听到的乐声，岂不有趣？

智化寺在禄米仓胡同深处。禄米仓胡同本身很乏味，从西口进去，两侧间或是单位院落，走到中间，则是胡同面貌的传统平房，南北有更细窄的小巷、更破旧凌乱的平房。总的来说，禄米仓胡同西部已基本拆除，盖了些老楼房；东部还是原貌，院落被经年累月挤占加建，成了大杂院。

这乏味的胡同让我走到快怀疑人生了——这能有什么像样的寺院啊？因为已经看见胡同东口南北穿梭的车辆，说明胡同到头了。而恰在此时，路北侧两个呆萌的石狮子头闯入眼帘，再往侧看，并不那么显眼的黑瓦灰砖山门赫然在前，山门石额书："敕赐智化寺"。在这个灰蒙蒙的冬日午后，如果不是看见石狮子，可能一下就走出胡同去了。

整个寺院从山门开始，要比胡同的道路低下去一大截，仿佛是一个

智化寺山门全貌

陷落的寺院。这是真古迹的标志。往往这些古寺院落，由于外面道路经年累月修缮铺垫，不经意间几百年过去，都会比寺院高出一大截。像阜成门内大街的白塔寺也是这样，要下数级台阶，方可入山门，而原来的看门狮子即使有须弥座垫着，也往往露出个头和半身，非常呆萌。

　　和杂芜的街巷不同，进了寺院（买票的哈，还要安检），却是别有洞天，院落修缮维护得当，气派庄严。要说是从明朝初期维持到今天，北京城保存如此尚好的寺院，真是乏善可陈了。这个寺院主体之所以躲过各种战火纷乱之劫，也没有被住户侵占挤占，是因为它早早地被政府划归北京市文物局管理了。1931年夏天，我国建筑历史研究的开拓者刘敦桢来北平调查古物，他说："闻城东有智化寺创于明正统间，虽墙垣倾颓，檐牙落地，而规范犹间有存者。"在梁思成、刘南策等人的协助下，刘敦桢做了调查和测绘，完成了《北平智化寺如来殿调查记》。依据这项成果，1961年智化寺被国务院列入首批全国重点文物保护单位，同期列入的还有颐和园、故宫、居庸关长城，可见其贵重。从此智化寺交付北京市文物管理局管理，因而躲过了对文物的损毁。

　　智化寺最初是由明英宗的心腹太监——司礼监掌印太监王振所建，始建于正统八年（1443）。当初，王振本为举人出身，但自觉进士无望便自宫入大内。他有点才学，被宣宗青睐便去东宫陪伴太子朱祁镇，得到倚重。朱祁镇九岁登基，是为英宗，年纪太小，张太后垂帘听政并拜老臣"三杨"（杨士奇、杨荣、杨溥）理政。这期间，王振尚屏息委曲，识得脸色，耿耿忠心不逾矩。但正统七年，张太后病逝，"三杨"也是老的老，亡的亡，致仕的致仕，王振开始擅作威福，相当程度上控制英宗的理政方向。他引导英宗用重典治御臣下，反对开"经筵"，提倡文治武功，建议英宗发展军事力量。譬如他竟然借英宗之谕率文武百官到朝阳门外去阅兵，并借英宗偏听偏信，广罗党羽，打击正派官员。所以在正统后期也就是英宗十六岁之后到二十四岁"土木之变"前这七八年时间，宦官王振成了明朝老二，开创了后来明朝朝廷宦官专权的先例。后朝宦官不断以他为榜样，惑乱君主，毁坏国家社稷。《明史·王振传》记载："正统七年太皇太后崩，荣已先卒，士奇以子稷论死不出，溥老病，新阁臣马愉、曹鼐势轻，振遂跋扈不可制。作大第皇城东，建智化寺，穷极土木。"又云："……振擅权七年，籍其家，得金银六十余库，玉盘百，珊瑚高六、七尺二十余株，其他珍玩无算。"

太监一旦得势都有这样的特点：思维极端且内心阴暗，狂妄、虚荣、贪婪，没真学识却要扰乱朝纲以谋私利。王振非常贪财，大肆受贿，金钱重贿便可得高官要职，正人君子便招致打压怠慢。譬如于谦，正统十一年（1446）准备进京见上，亲朋劝他给皇帝的大红人王振带上见面礼，结果这位耿直人偏偏甩着两袖清风觐见皇帝。王振便指使其党羽给他加上对皇帝不满的罪名而被关进监狱，判处死刑。可见当时京城的官场风气之败坏！后来有山西、河南两省官民进京伏阙请愿，于谦才算免了死罪。

话说正统后期由于王振揽权，在给自己建豪宅修楼宇同时，还妄想着权势永固，修个家庙为自己及家族荐福保平安。但他又非常喜欢炫耀自己有皇帝专宠，便请求英宗修"敕建"庙，以期皇恩沐浴，富贵永昌。建庙资财自己筹措，英宗恩准，他竟然土木轰隆热火朝天只用了两三个月的时间，建成了规模庞大、规格高级的智化寺，并得到英宗赐额"敕赐智化寺"。

当初寺院占地两公顷多，分中路五进院落，及东跨院后庙和西跨院方丈院。但今天只保留了中路主殿一系列建筑共四进院落，丢掉了传说中的第五进院落——万法堂，东、西跨院则为民居或学校等占用。

　　寺庙规格之高令人瞠目，一曰"屋之形"。历经五百七十五年，寺院的中路主殿构架基本没变，殿宇稳固，寺内主要建筑物的屋瓦用黑色琉璃脊兽铺砌。虽经历代修葺，梁架、斗拱、彩画等基本保持原貌，还能看出王振采纳唐宋"伽蓝七堂"规制的情形。所以我们今人看到的是一组难得一见的有着宋朝过渡到明朝风格的，或者叫明早期风格的佛寺建筑群落，这在明清风格比较普遍的京城寺院里尤为醒目。刘敦桢评价万佛阁是这样的："屋顶步架、举架及上、下昂结构，亦为宋、明间过渡之物，尤有裨于建筑史料。"二曰"乐之音"。前文已说，今天依旧演奏的"京音乐"，是王振从皇宫大内带出来的谱子。借助寺院实体，已传承一脉二十七代，僧人年年岁岁梵音延续，相信

智化门前的缘起碑，记述建庙缘起

以帝释天和大梵天胁侍佛祖的造型具有宋明过渡风格

这音色依旧古意盎然。三曰"物之美"。殿宇里面梁柱彩绘、藻井天花，经橱、经藏，佛像壁画，雕工绘画，精美绝伦。

该寺主要建筑自山门内，东西依次为钟鼓楼，中轴为智化门，第二进院落主殿为智化殿，东、西配殿为大智殿和藏殿。智化殿便是每日定时演奏古乐的殿堂，演奏者在主供三尊佛像下一字排开列坐，各执乐器演奏二十分钟左右，观众可于东、西两侧聆听。

二　三世佛像

智化殿三尊木质漆金佛像，工艺精湛，色彩虽有些脱离，但更是散发出岁月凝重的光泽。须弥座及背光亦是雕工繁复的木质结构，浑然和谐，几近完美，可窥当初的精湛工艺！只是体量较小，其与如来殿偌大的殿堂在比例上极不匹配。后来方知，原本此殿中的三世佛

智化殿三世佛像

造像在1972年被移至西山大觉寺主殿，即今天大觉寺那个有着乾隆匾额"无去来处"的大雄宝殿里高大的三世佛像，法相庄严，木质漆金，是高规格的明代造像。三尊佛像貌似一样，但从其不同手印可区分为阿弥陀佛、释迦牟尼佛与药师佛（所谓"横三世"）。为什么发生如此调换？原来，当年柬埔寨国王西哈努克落难客居中国，他是虔诚的佛教徒，向中国政府提出礼佛之意。恰好他住在达园（颐和园西路上），政府决定安排他去西山寺院办理佛事，既方便也不声张。可那时西山大觉寺本身也缺佛像。"文革"期间，北京的寺院及佛像毁坏情况严重，其中西四广济寺被严重冲击，佛像无存，后来周恩来以保护文物名义修复广济寺，于是从大觉寺运来佛像补充广济寺。这下麻烦了，西哈努克要去大觉寺礼佛，佛像去了广济寺，只得另外寻找没有损坏的佛像，于是便找到智化寺的三世佛造像，送往西山大觉寺。

这三间寺院——广济寺、大觉寺、智化寺，因为一位东南亚佛

如来殿万佛阁为一幢二层建筑

教徒亲王礼佛而进行了一次佛像乾坤大挪移，可智化寺缺了佛像怎么办？只得以现在这三尊与大殿空间不大匹配的木质佛像来填充。这三尊佛像原属本寺万法堂，万法堂已经不存在了，便将其燃灯佛、释迦牟尼佛、弥勒佛（所谓"竖三世"）造像移至智化殿。

三世佛像后面有木质隔板，转过隔板是抱厦一间。隔板的背面是一幅色彩艳丽的壁画，主题为"地藏菩萨与十府冥王"，亦是明朝文物，但不是本寺原有的，听说是1986年从东花市斜街卧佛寺引进的。当年该寺卧佛转往法源寺，而壁画转来智化寺，什么缘故不得而知。

进入第三个院落便是刘敦桢当年亲手测量的主殿 —— 如来殿的所在地。这座佛殿可以说外观富丽端庄，比例和谐，是本寺核心建筑。它是一座黑琉璃瓦庑殿顶重楼，上下两层，上层为万佛阁，下层为如来殿。如来殿的佛像更是奇特，中间为释迦牟尼佛，左右胁侍为僧侣装执杵的帝释天与执拂尘的大梵天。或许本人孤陋寡闻，本人在京城也算走过一些寺院，这类护法造像组合第一次得见。这种组合大约始于十六国晚期，盛行于北魏至西魏，延至唐宋，在西北地区河西石窟造像里也是常见的。因为河西石窟造像明显受古犍陀罗国艺术影响，帝释天、大梵天等原本印度教里过渡来的天神形象自然常见，但在北京这种明清文物占主流之地，就难得一见了。所以，这里的造像形式更具有古老风尚。

三　三方顶级藻井

藻井是用在宫殿、坛庙、寺庙建筑当中，安置在帝王宝座上方，或佛堂佛像顶部天花中央的一种"穹然高起，如伞如盖"的特殊装饰形制。智化寺本有藻井三方，均存于世，堪称国宝级文物。但今天本寺只保存下一方藻井。

如来殿二层万佛阁面阔三间，进深三间，单翘重昂七踩斗拱，上下层墙壁上遍饰佛龛，原置小佛像九千余尊，故上檐榜书"万佛阁"，但现佛像缺损很多，且最大的损失是失去了天花藻井。从如来殿西北角有楼梯可上楼，但现在楼梯被封闭 —— 有可能是因为明代木质楼梯经不起过多踩踏，所以有多媒体大屏幕在楼梯入口处，重复播放关于楼上的影像。我驻足看了三四遍放映，其中印象最深的是楼上不光有壁上佛像，还有非同凡响的木质佛造像，为三身佛：释迦牟尼佛和卢舍那佛为胁侍，中间为毗卢遮那佛，手结智拳印，三佛面目安详，自在端庄，均坐落于莲花宝座。佛前供案为明式，古朴雅致，简洁大气。八个转角处有十六力士，神态威猛姿态各异，肌肉遒劲。佛像

万佛阁二楼佛像

两侧有木质楹联，上联为："虔登梵阁遍游于华藏之天"，下联为："钦仰慈容礼拜于刹尘之佛"，这是否为王振所撰，待考。梁枋上明式青绿点金彩画，色调和谐，端庄素雅。顶部脊檩处有梵文彩画依旧完美，可是梁架裸露，说明毗卢遮那佛上方藻井被摘取而一直没有补上。

　　万佛阁藻井被视为不可多得的珍宝，是我国民间藻井艺术的最高典范和极致精品。其共有八层："第一层是以中央圆形为团龙雕刻，上刻有龙云盘绕，蟠龙衔珠，是藻井的最高一层。第二层为一圈七彩斗拱雕饰，代表八角井，用高二十公分的支条托住厦板和随瓣枋的斗拱。第三层是八块斜板，上雕升龙、降龙及卷云，过渡连接流畅华丽且劲健。第四层是在内八角内侧做卷云莲瓣雕刻，外围有八具三角形、八具菱形，雕有金岔角云、岔角夔蝠等，均为金琢墨，沥粉贴金。

万佛阁二楼佛像须弥座上的金刚力士

它的四个三角形拱科上也有雕刻。第五层是南北方向各两条通长，四周方角有条形云龙，云水雕刻，模仿上述三角形内拱科雕刻，是五彩平身刻斗拱。第六层是四周天宫楼阁木模，象征天庭世界。每侧七幢，四周二十八幢加角模四幢，共三十二幢。每侧正对藻井中央轴线处为三滴水角重檐楼阁。第七层是卷云卷水雕刻。第八层是放置藻井的佛龛。藻井全部置于殿内大柁之上，大柁之底原为三排佛龛，下部为宝装莲瓣。"（参见张磊:《明代官式建筑中的藻井艺术》）

万佛阁斗八藻井造型独特，雕刻装饰华美，是整个殿堂结构的精华，且力学设计不可思议，有相当的稳固与承重力，用巧夺天工、完美无瑕赞美也不为过。可以说当年王振一定是请了明朝最优秀的木匠艺师进行设计施工，其等级在当时皇宫之外应该没有可以出其右者，

未卖给美国人之前的万佛阁藻井

用刘敦桢原话说："云龙盘绕，结构恢奇，颇具大内规制，非梵刹所应有。"由此可见，王振当时请了英宗一道敕建旨，便目空规制，把自家庙盖得比肩皇家，单说这个藻井就不是一个寺庙应有的规制。有人说，万佛阁蟠龙藻井比紫禁城南薰殿的藻井还要大，还要精美，至少毫不逊色吧，由此也可见王振的胆魄不一般。也许正因为这种有些疯狂的性格，才令他撺掇年轻的英宗去边外御驾亲征蒙古小王子。

非常可惜，上世纪30年代初该藻井被美国人买走，现收藏于美国密苏里州堪萨斯城的纳尔逊－阿特金斯艺术博物馆。

同样的情况也发生在智化殿里，我们看到与此殿不大匹配的三尊木质佛像之上，梁架围绕的也是空荡荡一片，露出屋顶檩条和梁枋。此殿上空更为空阔，除藻井外，连大片的天花隔板也被盗卖。此藻井为平面方形，井框外边长4.35米，内边长4米，现存放于费城艺术博

智化殿并不匹配的三世佛及空荡荡的天花

物馆。

前面说到刘敦桢1931年带领学生到北平进行古建筑调查的第一站就是智化寺，他是听别人介绍这里有精美的藻井才去的。但当他到达之后藻井却不见了，所以刘先生并没有看到实物，或许只是见到照片而已——这帧照片由北平营造社陶心如所摄——所以他在1932年发表的《北平智化寺如来殿调查记》有关藻井的描述，是对照照片描述的。

在这之前一年即1930年夏天，智化寺来了两拨共三位美国人。一拨是一位，是毕业于哈佛大学并已加入哈佛燕京学社的劳伦斯·西克曼。他是个二十三岁的年轻人，受雇于纳尔逊信托基金，为位于密苏里州堪萨斯城的纳尔逊博物馆收集文物（后来此博物馆更名为纳尔逊-阿特金斯艺术博物馆）。另一拨是两位，其中一位兰登·华尔纳，

万佛阁藻井实图

智化殿藻井图

正是西克曼在哈佛的老师,曾于1923—1925年带领一支哈佛探险队深入敦煌暴力盗揭了一部分敦煌壁画。此次与他同行的是霍雷斯·杰恩,当时是费城艺术博物馆中国馆的馆长。华尔纳当时五十来岁,霍雷斯·杰恩三十出头,他们遇到西克曼,觉得非常有趣。西克曼和他们一交流,发现华尔纳也受托纳尔逊博物馆来中国搜罗文物,一主二托,受托的二位是师生关系,又都跑到同一座庙里,只得尴聊。相信最后协调的结果是西克曼、华尔纳分得万佛阁的藻井,而杰恩则拿走了智化殿的藻井。

1986年曾有人向纳尔逊博物馆询问万佛堂藻井取得的过程,对方回复是:"智化寺的老和尚先将藻井卖给了木匠铺,因为它是楠木可以做成棺材。当时受雇于博物馆的西克曼,经过木匠铺的后院时,看见藻井正在那里等着做棺材。在认识到它的艺术价值后,便将它从木匠手里买了出来。"1987年,八十岁高龄的西克曼给博物馆馆长哈默德的回信中也称是"从许多木匠手中买回来的,他们正准备用它做棺材"。信中还再次提到:"霍雷斯·杰恩为费城艺术博物馆买了一块同样的藻井。"

1987年是西克曼去世的前一年,而另两位——华尔纳和杰恩早已经去世，美国方面唯一的证词只有西克曼的这番表述。而智化寺这边，原智化寺文物保护所所长杨文书访问过曾是智化寺房客的何玉祥、何凤田老人。藻井拆卖时，他们都亲眼看见过。他们说，不是老和尚直接卖给美国人的，牵线人是居住在距智化寺仅二三百米的羊尾巴胡同（现在的大羊宜宾胡同）的纪姓古玩商。据何玉祥说，这姓纪的六十来岁，高个子，很凶，还留个小辫儿，行三，人称纪三爷。他亲口告诉何玉祥藻井是以八百还是一千块的价格从和尚那里买的，至于加价多少再卖给美国人就不知道了。拆藻井时，天下着雨，为避人耳目，是在晚上雇了杠夫先抬到纪家，然后再出手的。当年，智化寺经济相当窘迫，为了生计，卖房租屋，代管停放灵柩，七八个和尚，穷得连袈裟都买不起。而且风气也不好，当家的和尚还吸大烟。所以经过做洋人生意的中间人纪三爷从中牵线完成了整个交易。

劳伦斯·西克曼后来成为美国著名艺术史学者，也是汉学家，著有《中国的艺术和中国的建筑》一书。他从1953年开始担任纳尔逊-阿特金斯艺术博物馆馆长直至1978年退休。虽然到了八十岁时他承认，他去过智化寺几次，不过他不认为是事先看好货，再联络与洋人熟络的文物贩子，进行一场趁人之危的文物交易，他只是说从准备做棺材的木匠那里买了藻井。这样他俨然成了文物保护者，而不是一场文物交易。

好在智化寺还有第三方精美的藻井，在藏殿的转轮藏之上。转轮藏也是明代遗宝，是北京仅有的明代全木质转轮藏，全高四米多，结构紧凑，雕刻精湛，但不能转动。人们可以顺时针绕行，以示诵经一遍，类似藏传佛教转动嘛呢筒。转轮藏下为汉白玉须弥座，中为金丝楠木八面棱柱体经橱。经橱之间，有从下至上依次雕有大象、狮子等精美图案的立柱相隔。经橱的每一面有四十五个长方形抽屉用来收藏

藏殿藻井

佛经，整个转轮藏一共有三百六十个抽屉，本应内藏佛经。而其上的
藻井结构下方上圆，自下而上分为五层：第一层的木板自左右栿梁起，
向上斜出，斜板之上遍绘佛像，四边每边七尊共二十八尊，祥云环绕，
绿底勾金线。第二、三层雕、绘出流畅的卷云纹和莲花纹，红绿色彩
描金线，其上四角覆盖卷云纹，以木枋层层收分，藻井由方转圆。第
四层是斗拱层，有五层小斗拱，红底板斗拱涂绿，边线描金，至顶层
为藻井天花，绘曼陀罗图案和七字真言，依然使用红绿色并饰金。藻
井圆环下方佛像坐于莲心之上，而与之相连的转轮藏顶部呈凸起的木
雕纹饰与凹进的藻井，围护着毗卢遮那佛像，很是紧凑。而转轮藏顶
部一圈曼妙无比的木雕毗卢帽，连同转轮藏立柱上的雕刻图案，是藏
传密教的六拏具护法图，其中立柱有男童坐骑、狮王和象王。毗卢帽
周遭是我们中国人俗称的大鹏金翅鸟，就是那个印度教主神毗湿奴的
坐骑迦楼罗。按照《妙法莲华经》等佛经的说法，在佛教里迦楼罗是

护持佛的天龙八部之一，所以在这里是护法神。以迦楼罗为中心两侧有龙女、鲸鱼、缀饰云纹卷草，将佛像及藻井隐约遮挡，无限庄严且美轮美奂。因为此转轮藏与佛像及藻井似连为一体，非常紧凑，可能也是相比万佛阁、智化殿藻井的醒目敞亮更为隐蔽，躲过了一劫。

四　国宝侥幸偷生

我一直在琢磨英宗与王振这两位友爱君臣的关系。英宗年幼登基，对陪伴的太监自然依赖，而无可靠忠君近臣进言，这显然是制度之弊。结果因为这样一个胆大包天无所畏惧的宦官频出昏招，造成土木堡之变，折损大明六十六位文臣武将，他自己也搭进了性命。当时，如果不是于谦等中流砥柱死守北京城，估计大明的江山会缩减至江南了。但英宗复辟之后，依然对这位险些亡国的宦臣多有不舍，他仍称王振为"先生"，还于复辟当年即天顺元年（1457）为王振在寺内建旌忠祠，并塑像祭祀，个中复杂情感无法理喻。从英宗到正德年间，智化寺都是由朝廷指派僧官住持，这让后朝那些作恶的太监看到了典范。《明武宗实录》里记载，有一个胡作非为的太监刘瑾也想循着王振例，祈求皇帝敕谕他建庙。只因后来武宗杀了他，而没有建第二个太监私庙。相传石景山的承恩寺原本为刘瑾想建成的私庙。

话说智化寺进入清朝后，一直没有谁过于关注。照说它地处内城，人来人往，香火旺盛，附近还有禄米仓等皇家的俸米仓库，可一直到了乾隆年间，山东按察史沈廷芳在京城闲逛时发现了这间寺院。沈廷芳看到里面还有为王振修建的旌忠祠，还有造碑塑像，便很有正义感地向乾隆皇帝参了一本。朝廷亦认为："振以阉臣误国，罪不容诛。英宗复位，刻像立祠，勒碑寺中，其惑也甚。"故命"毁像及碑"

（《日下旧闻考》）。不过，朝廷的命令执行得很潦草。

　　整个寺院有六处石碑：第一、第二碑立于智化门前，是寺院的"缘起"碑。西侧碑额题"敕赐智化禅寺之记"，此碑记述了王振为报答祖宗的庇护而出资兴建寺庙礼佛，建成之后得英宗赐名等内容。东侧碑额题"敕赐智化禅寺报恩之碑"，此碑就是王振自吹自擂自己自永乐年间入宫以来，在仁宗、宣宗尤其是英宗朝屡获提拔恩宠的历史，表示不忘皇恩为天子及国家黎民百姓祈福，特建此宝刹等内容。但清朝朝廷却没有动这两座碑。第三、第四座石碑在如来殿前，确有被磨平、碑额被砸痕迹，估计这就算是"毁像及碑"了。这两方碑到底什么内容一直是疑团。如果说是英宗复辟后又给王振立起的功德碑——我认为第五座石碑即英宗谕祭王振碑，才是王振的功名碑，它立于明天顺三年（1459），原本在后院内大悲堂前，现存放于智化

如来殿前碑，所谓乾隆毁碑就是这两座

门内。但这座碑并未毁损，上面文字及王振画像依然完好。此碑为英宗谕祭王振碑，碑文并称王振有"社稷之功"，在土木堡之战是"引刀自刎"，成了烈士了。原大悲堂又称极乐殿，此殿西配房被明英宗命为旌忠祠，供有王振塑像。这个配殿和塑像都不见了，估计"毁像"是毁的这里。第六座石碑"英宗颁赐藏经碑"是天顺六年（1462），明英宗颁赐《大藏经》一部及装经用八角藏经橱一对给智化寺，便将此事记录立碑。经橱放于如来殿内，并在殿东侧放置石碑。此碑今在原处，完好。

　　整个下午，徜徉在寒冷冬日的智化寺里，仔细观赏大明朝最好工匠的精湛技艺，欣赏明朝初年的造寺风采。但愿这些宝物永续存在，更希望今人迅速复制万佛阁、智化殿两方楠木雕刻藻井，趁着原物在美国博物馆里公开展示。新旧藻井并存于世，不仅讲述的是寺院变迁的故事，也是社会动荡不安而致文物流转他乡的一段历史。

2019年1月3日

本文参考：

　　1.［清］于敏中等编纂：《日下旧闻考》第二卷，北京古籍出版社1983年5月出版。

　　2.刘敦桢：《北平智化寺如来殿调查记》，中国营造学社会刊1932年第3期。

　　3.张磊：《明代官式建筑中的藻井艺术》，《文汇报》2018年12月14日。

鼓楼拈花寺秘史

一座前朝残寺，十几年来惹得两家单位交涉争夺，最终由北京市政府卜属义物宗教管理部门从教育部下属中国人民大学手中收回，这座残寺便是位于京城鼓楼大街大石桥胡同61号的拈花寺。眼下的它，在获得出资后将重整修葺，交付僧团，再续香火，承延数百年来法相梵音，重现晨钟暮鼓之鸣，在鼓楼大街热闹市井，添上一块清净之地。

一　大功德主吴佩孚

我是从后海广化寺知道鼓楼拈花寺的。三年前的秋冬之际，我因某种因缘经常出入广化寺。那时候曾有一个场景令我难忘。无风且阳光普照的中午，在院子里会看到亲莲老法师坐在轮椅上晒太阳，她已经穿上了比较厚实的衣服。她的眼神淡静并无百岁沧桑，那是把时光与当下都留给了过去的眼睛。如果与她对视，她会饱含笑意不错眼珠地瞅着你，有人过去问候，便嘴唇翕动一下，我猜她回的是"阿弥陀佛"。

阳光里，变黄的楸树叶开始飘落，有"喵菩萨"（寺院里的猫咪）摇摆着从她脚边走过，慵懒且目中无人。寺里的猫都是从容不迫不避人的，活在自己的体系里。亲莲法师黄色的僧服，沐浴在金黄色的光线里一团祥和。这位老菩萨一生只念佛号，行净土拜佛礼忏，信念坚定。她的脸上，你看不到那种寻常的沧桑、恨意、孤寂甚至忧伤。她只是平和而新奇地盯着你看，在四目交汇时她的笑意会牵一下你的内心，从内心深处带出柔软的笑，或者说，是松弛、无忧、简单而明澈的心语。

亲莲老法师便是从拈花寺来的。她自上世纪30年代至建国初期，一直在拈花寺恪守清修。我见到她时她已经超过一百岁了。无论金色阳光怎样笼罩着那一团祥和瑞气，那也只是宁静的表象，老干虬枝，在已不属于她的时代默默显现。我知道，此生彼灭，缘起缘落，没有一分钟可以静止恒常，老菩萨正蹒跚在登莲往西的道路上。

亲莲老法师是四岁出家的。最初她生着大病，眼睛已经不能睁开，在过去年代，生死由命，自然法则不可违拗。那时，亲莲的奶奶在一旁向菩萨许愿："大慈大悲观世音菩萨，这个孩子我们不要了，带走她吧。如果菩萨给她一条命就让她跟菩萨去吧。"亲莲老法师回忆，家人说她听到此言竟然睁开了眼睛……后来她果真奇迹似的从病魔中挣脱，就顺其自然以四岁稚龄出家宣武门的三教寺。三教寺是一间集儒、释、道于一体的寺院，据亲莲师说，当时寺院第一重殿是雷公殿，供奉道教的神像，主殿供奉的是释迦牟尼佛，两边的配殿供奉的是儒家圣贤。虽然出家三教寺，但亲莲自认为就是佛门中人，更亲近释迦牟尼佛。师爷看她年龄小，经常让家里人带回去看看，但到家后无论家里人如何宠爱，亲莲总是闹着回寺院，认为那里才是自己的家。

1932年，年轻的亲莲到位于北京鼓楼大街西侧大石桥胡同拈花寺受戒，在泉朗老和尚处正式圆具。泉朗和尚是当时京城著名僧人，

拈花寺老照片

但守着的却也是一间清净寺院，带领僧人清苦生活，倒也并没有芜杂纷扰。亲莲说那时平日只吃窝头，初一十五或过节才能吃一次馒头。她受戒的时候恰逢吴佩孚成为拈花寺戒场的大功德主，每顿斋饭能吃上馒头，这便很好了。有从偏远地区来受戒的人，一顿能喝八碗小米粥。30年代初，兵败北伐军的吴佩孚回到北平，受到张学良的优待，他就以种花、养鸟、著作、研究佛法安度晚年。曾经的军阀吴佩孚成了京城闲人，他开始礼佛敬僧，主要供养的寺院就是拈花寺。

民国时期有关拈花寺的资料不多，但有一点可以肯定，在整个30年代，它的最大功德主是北洋军阀吴佩孚。亲莲老尼师回忆印证如此。军阀的事情权且不论，后人还是对吴佩孚在日本人占领北平期间所表现的爱国风骨给予肯定的。吴佩孚1939年过世，其移灵送殡轰动整个北平城，从东四什锦花园胡同吴公馆至鼓楼大街大石桥胡同拈花寺，灵车几乎走了整整一天。当时的京城百姓自发地沿街道聚集，人潮如海。殡队途中数次路祭，不断停留。当时报纸称，送殡吴佩孚是北平自民国建国后的罕见盛举。拈花寺往东有一片归属寺院的菜地，这里兴建了武圣祠，吴佩孚的灵柩便供奉于此。这块拈花寺的菜园后来改建为大石桥小学，现在的位置为大石桥胡同10号院，是一个小规模的单位院落，距离拈花寺不到三百米。吴佩孚灵柩在此停厝达七年之久。这么长时间的拖延是因为抗日战争直到1945年结束，所谓国葬无法进行。至1946年，国民党政府对吴佩孚坚守民族气节给予高度评价，下褒奖令并实行国葬，蒋介石赠"正气长存"匾额。拈花寺僧人为他暂厝守灵七年，才得以安葬吴家在玉泉山西麓西红门村的墓地。而过去寺庙暂厝是一项经营业务，针对由于某种原因暂时不能下葬的亡人，将其停灵在寺院，称"暂厝"。一个原因是请

吴佩孚墓地，在玉泉山西的一片菜地里

僧人念经超度，代为保管；另一个原因是要等待合适的机缘发送（如等待至亲亲属或者发送原籍等）。寺院负责发送前这段时间的灵柩管理，并按照保管天数收取费用作为寺院收入。吴佩孚灵柩一放七年，是基于他生前对拈花寺的供养与寺院结下的深厚因缘。

二　原名千佛寺

拈花寺这个名称是一个寓意深奥的佛寺名称，是由清雍正帝赐额，取自佛教禅宗"拈花　笑"之典故。它说的是彻悟之事，一是指对禅理有了透彻的理解，二是指彼此默契，心心相印。"世尊在灵山会上，拈花示众，是时众皆默然，唯迦叶（音 shè）尊者破颜微笑。世尊曰：'吾有正法眼藏，涅槃妙心，实相无相，微妙法门，不立文字，教外别传，付嘱摩诃迦叶。'"雍正皇帝取"拈花"二字可能是出于学佛途中的困惑，祈望能有顿悟之时，向往能有"拈花一笑"这般高层级的境界。在京城，雍正赐额的寺院还有觉生寺，即今天收集了大量铜钟的大钟寺，雍正帝有云："以无觉之觉，觉不生之生，所谓觉生也。"从这两个赐额似乎可以看出雍正皇帝的顿悟渴念。

话说拈花寺原本为一间明朝寺院，最初的名字叫千佛寺。根据寺内原有两通石碑得知，是明万历辛巳年（1581）李太后为从庐山而来的西蜀僧人偏融兴建。根据《日下旧闻考》引用《燕都游览志》提及的碑文资料得知：偏融从庐山来京师云游，经御马监太监杨用推荐给当时的司礼监，即万历皇帝的"大伴"冯保。冯保上报万历的母亲李太后，在京城优良地段买地建寺，迎请偏融主佛事。李太后以好佛著称，捐助了一大笔金钱，连潞王、公主（李太后是他们亲奶奶）也随喜出资。形容当时建好的佛像是："铸毗卢世尊，莲花宝座千佛旋绕四向，若朝者然。铸十八罗汉、二十四诸天，复塑伽蓝、天王等像。""工始于万历庚辰，浃岁而告成。辛巳秋七月既望""万历庚辰"是万历八年（1580），也就是开工一年后于万历九年（1581）阴历七月建成。正因为佛座周围的千朵莲花上有千佛旋绕这一特色，故名千佛寺。

关于"十八罗汉二十四诸天铜像"，在乾隆中期它们还在寺内。到底是谁铸像？纳兰性德在《渌水亭杂识》里对《帝京景物略》提出的"朝鲜国王所贡"有不同意见。清人纳兰性德与《帝京景物略》的作者——明朝崇祯时期人刘侗、于奕正，生活年代相差不超过几十年。按照纳兰性德的观点，应以当时拈花寺里的明万历碑记载为准，即李太后建寺铸像，而刘侗等从哪里听说是朝鲜国国王进贡铜像并无记载。可见，清康熙年间纳兰性德是亲自去过拈花寺的，且记录了碑文内容，而之前的刘侗等人未必亲自考察过。

明末四大高僧中的两位——紫柏真可、憨山德清都曾在云游北京时期参礼遍融老和尚。但那是1581年之前的事，千佛寺还没建好，遍融和尚住锡法通寺。其中紫柏法师还通过《祭法通寺遍融老师文》回忆、祭奠遍融和尚。他在遍融和尚座下学习经教，获得遍融和尚启迪匪浅，历时大约三年。而憨山法师于1571年在二十六岁时游历北京亦参礼遍融、笑岩（德宝），请示禅要。这些均说明遍融和尚是当时京城德高望重的禅宗僧人。万历九年（1581）大石桥胡同的千佛寺建好，迎请遍融和尚住持，加之有万历皇帝母亲李太后的支持，千佛寺自然成为当时京城知名寺院，有相当地位。

《帝京景物略》卷一记述千佛寺："孝定皇太后建千佛寺于万历九年。殿供毗卢舍那佛，座绕千莲，莲生千佛，分面合依，金光千朵。时朝鲜国王贡到尊天二十四身、阿罗汉一十八身，诏供寺中。……时西蜀遍融和尚，以诬受讯，讯次，师称华严佛号一声，刑具断裂，飞掷屋端。讯者惊沮，诓乃得白。乃延请住寺，法席大振。寺在德胜门北八步口。寺南一里，有小千佛寺焉。"这里描述的千佛寺景象，除朝鲜国王进贡之事无考，其他是符合事实的。但神化徧融和尚"佛号一声，刑具断裂，飞掷屋端"，则是一段比较神玄的传说了。

《帝京景物略》提及的小千佛寺，即今天的钟楼后豆腐池胡同宏恩观前身。这座道观是清光绪太监刘多生（刘诚印）大善人所修，原系元朝寺院千佛寺，为了和明朝万历修建的千佛寺区别，一直延续至刘多生改道观前称小千佛寺。紫柏真可《祭法通寺徧融老师文》云："泊万历元年（1573），北游燕京。谒暹法师于张家湾，谒礼法师于千佛寺，又访宝讲主于西方庵，末后参徧老于法通寺。"这里提到的是1573年的千佛寺（后来改称小千佛寺），万历千佛寺那时还不存在。也就是说紫柏真可去的是小千佛寺，而参礼徧融和尚是在法通寺。

原小千佛寺，后来的宏恩观山门

今天，由小千佛寺改作的宏恩观，命运与拈花寺相似，建国后改作厂房，后来又变成菜市场。前两年我从那里经过，见到一个茫然的外国人坐在观门外的台阶上，身后的山门上还可见漂亮的石刻雕花，可惜那里面便是嘈杂的菜市场。近来，不知什么缘故，宏恩观的山门外观粉刷了一下，靠西的部分改建出极为现代的建筑，由一家公司使用。再继续沿豆腐池胡同往东走也就几十米的

小千佛寺后来成了厂房和酒吧

样子，路北，便是毛泽东恩师杨昌济的故居（1918年至1920年期间）。1918年秋天，第一次走出湖南省的青年毛泽东曾暂住杨宅，因去法国勤工俭学之事未果，经杨昌济介绍，他便在当时沙滩的北大图书馆当图书管理员。近百年来，鼓楼一带变化不大，只是寺庙变破旧，胡同更拥塞，青年毛泽东应该多次经过、过目的这些景物，虽还在，只是与时间俱老了，唯有人，在一茬茬更新。

三　雍正起名拈花寺

至清雍正年，千佛寺已有一百六十年历史，呈颓败面貌，"琳宫颓敝，钟鼓寂寥"。于是在雍正十一年皇帝下令重修，赐名"拈花寺"。殿外门额"觉岸慈航"，为雍正皇帝御书；殿内门额"普明宗镜"，同样为雍正亲笔。但现在这两幅门额已不知去向。雍正皇帝还为拈花寺

亲自题写了碑文，今天石碑情况不明，不知是藏在寺内还是有关文物部门保管他处。

从《日下旧闻考》记录的碑文内容得知，雍正皇帝为起名拈花寺的确是费了些心思的。最初，他想到世祖章皇帝（顺治帝）开始重视佛教的时候，"龙象受知最深者"（佛法精熟而有成就者）为玉林通琇禅师（清初禅宗大师，被奉为国师），皇室还曾请其弟子茆溪森在京城主持道场，宣扬道法（雍正皇帝没有直说的这位茆溪森和尚就是要给顺治帝剃度出家，差点被他本师玉林通琇烧死的那一位）。雍正自己阅读两位高僧语录，感叹"高风卓识，超冠丛林"，便对两位"追封赐祭"，认为这也符合先帝的遗愿。随后，他笔锋急转，说现在佛寺很多，念佛者也不少，但禅宗却日渐式微，寻找有正知正见的宗门僧人做表率非常重要。因为这个缘故，他选择在京城西北隅已凋敝的明朝佛寺——千佛寺重新修葺一新，请玉林国师的继承者超善法师，任命其为方丈。题寺额为"拈花"。

接着，雍正在碑文中再次解释"拈花一笑"的典故，并以此高调赞美禅宗，写下了一段颇有激情和文采的文字："灵山一会，俨然未散，鬘陁优钵，遍满环区。日月星辰，山河大地，人民六畜，城郭寺尘，有情无情，即色非色，处处是拈花道场法会，刻刻是拈花时节因缘，物物是如来手中之花，尘尘刹刹有调御丈夫人天师宛尔拈出。"并称参悟之重要："则参须真参，悟须实悟，三藏十二分千七百则公案，不出此二字。字中有大海潮音，噌吰訇訇震诸人耳根；字中有大摩尼珠，晃朗照耀，夺诸人眼识。盖执指忘月，便是二铁围山；见月忘指，便是曹溪一滴也。"由此可见，雍正皇帝对玉林通琇这一脉禅宗承袭寄予厚望，希望僧人真参实悟，引领众生砥砺修行，彻悟法空。

可以看出，拈花寺从传承来说更偏重为禅宗修行道场，由皇室救建支持，距离皇城近在咫尺，地位显赫。和它位置接近的，今天后海北沿鸦儿胡同的广化寺作为净土道场，在明清时期地位远不及它。广化寺没有皇室直接的襄助，只有一通崇祯皇帝表彰某太监的碑石立于其中，与上述拈花寺由李太后出资，雍正帝敕令重建及亲撰碑文相比，不在一个层级。但今天广化寺已是京城著名寺院，道场恢宏，信众云集。而拈花寺则已殿宇颓废，挣扎于一片破败残垣中。

四　浴火重生

一俟建国，拈花寺僧人即遭遣散、还俗，1949年即由中国人民大学接手。中国人民大学的附属中学还一度在这里开办——难以想象，今日名校人大附中竟是在拈花寺创办的。后转而开建了一间印刷厂，大殿改厂房，配殿改工作间，一干就是五六十年。原本驻扎文物古迹

腾退前的拈花寺

里的单位有维护、保护文物的责任，但所谓维护、保护就是没有全部拆掉而已——估计是没有拆掉重建的资金。西配殿还被2009年的一把火烧掉，并坍塌了几间房子，所幸没有人员事故。其他殿宇房舍破败凌乱，残墙破屋岌岌可危。印刷厂不仅占着庙堂，还对外出租房屋，让其他经营户进来生产经营，发展到住进十几二十户人家生产生活，把拈花寺挤得满满当当，热热腾腾，炊烟袅袅，安全火患危机四伏。

2002年起，有关文物管理部门及宗教事务管理部门与人大印刷厂就退出拈花寺，将其移交佛教单位之事展开交涉。而拈花寺也早被立为北京市重点文物保护单位，甚至其产权在80年代就已过户给佛教协会。进入90年代，人大印刷厂已经结束生产经营，但因为是校办企业，经年累月有不少职工需要支付工资，养老看病，印刷厂便将拈花寺房屋出租商户经营及住家居住，以此出租收益补充校办印刷厂

人大印刷厂

的资金缺口。

十几年来，政府部门一直和教育部下属的中国人民大学就腾退拈花寺问题反复交涉。政府一边请求法院强制执行，令人大印刷厂拆除非文物建筑，消除安全隐患，修缮文物，一边三番五次到寺里安检隐患，让占据者也是神经紧张，消停不得。在舆论一边倒指责一座应做文明表率的著名大学对文物漠视甚至糟蹋的情况下，人大新闻发言人出面澄清抱屈，称当年人大并非"占用"而是政府划拨得来的拈花寺，而客观上，正是划拨给印刷厂还保护了寺院免遭各种破坏，如"文革"的打砸抢等。其实，公道地说，人大的确是用印刷厂保全了一座明清大寺，保全得好不好另当别论。比起那些被拆散、被铲平的庙宇殿堂，正是印刷厂几十年的占据使用，保全了这座古寺。今日拈花寺虽然残破，但也还略有风骨风姿，这么看，人大印刷厂还是有它的功德的。

2014年春，两家单位终于达成双赢，人大印刷厂以五千万要价腾退拈花寺，将其交付北京市佛教协会，这让各方长舒一口气。人大印刷厂交出拈花寺遗址后，佛教协会将筹资重建佛寺并请僧人入住，将其恢复成原本的宗教场所。

拈花寺的文物，譬如碑石、门额牌匾、佛像雕塑，今天已不知流落何方。但好在有文献对其曾有的景象、物件翔实记录，可以在复建之时有所参考，从而续上这一明清古寺的前生往事。

拈花寺的历史起起落落，跟跄跌进21世纪时多少看到一丝修复的曙光。其实，建筑本身只是土木钢筋的堆积组合而已，至多以残垣断壁承载岁月记忆，但寺院通过传递佛法真谛，使其成为某种精神的载体。我经常愿意把古寺比喻为古之智者，因为它也曾经那么有血有肉，史留芳名，历经百千年风雨洗礼，传说故事不断，被人遗忘也被

今天的拈花寺山门

人怀念。如果这智者有朝一日能满血复活，穿越古今，是不是也就如传说中浴火重生的凤凰，再度以美好与智慧重现人间？拈花寺的重建，便是这样的一次浴火重生吧。

2017年5月31日

本文参考：

1.［清］于敏中等编纂：《日下旧闻考》第二卷，北京古籍出版社1983年5月出版。

2.［明］刘侗、于奕正：《帝京景物略》，上海古籍出版社2019年1月出版。

潭柘寺往事：见花如见岁，见塔如见僧

在京城，我常去的最远的佛寺，是隐匿于潭柘山深处的潭柘寺，三十多年前这里交通不便，去一次要下很大的决心。记得十八九岁时我们是骑自行车从西郊北京大学到马鞍山山脚下，还有绵延二十里左右的山路，实在骑不动了，就招手搭去山西的运煤大车。当年这S021京昆路好像叫京大路（北京—大同），是一条重要的运煤通道，大车经常捎带去礼佛或去游览的路人，算是随喜了。大车会把我们放在鲁家滩，它再继续向山西方向开，我们则缓缓北上潭柘山。

一　先有潭柘寺后有北京城

一间古老的寺院累积了太多的陈旧往事。潭柘寺位于京西潭柘山深处，背依宝珠峰，自西晋永嘉年间建嘉福寺，开始有香火气。一千七百年来，如果说形成都城规模的北京城始建于辽金，则"先有潭柘寺后有北京城"的说法并不虚妄。更何况，这个说法里的"北京城"是狭义的聚落，并非指朱棣建造的相对于南京而言的北京城。明朝时，已有千年历史的潭柘寺的确是老资历了。不过西晋年间建造的寺院毕竟已地老天荒，自唐及至五代后唐时期，文献上的记录才更为清晰。

潭柘寺山门

　　古寺通常以僧人灵塔的方式记录历史。由塔铭可知，唐代武则天万岁通天年间（696—697），华严宗高僧华严和尚曾来潭柘寺开山建寺。潭柘寺成为当时幽州首座华严宗寺院，香火兴盛。

　　经历唐武宗灭佛，至五代后唐，禅宗高僧从实禅师来到潭柘寺，"师与其徒千人讲法，潭柘宗风大振"，才使本寺走出"武宗灭佛"的阴影，重现盛况。潭柘寺也由此成为禅宗寺院。

　　华严高僧与从实禅师的灵塔建在离寺院有一定距离的莲花峰半山腰，经年荒废，好在塔铭存世。至辽代，僧人则葬在平原村，今天已难觅踪迹。围绕寺院最近有两个塔院：下塔院主要为金元明清历代高僧灵塔，上塔院主要为清代高僧灵塔。此外散布于寺院内外还有六处清末至民国期间的僧人塔，基本保存完好，留住了一部潭柘寺僧人传承相续的历史。

二　大元公主拜痕入砖

潭柘寺曾出现过一位女性高僧，名妙严法师，在寺院下塔院里有其墓塔。盛传她是忽必烈的女儿，本名察伦。如此高贵的身份和女性柔丽的光泽难免令此说为后人津津乐道。她到底是谁？ 芳龄几许便没入深山古寺，青灯一盏，光阴漫漫。世人只道公主生得好，无上尊贵，万般娇宠，谁人知晓转身之后便是缁衣尼师，飘忽隐没山林中，终生修行得自在。她并无著述语录存世，也不知其续灯传承，只是世人口头的一段传奇。

妙严法师留在寺院里的印记有两处，一是寺院地势最高的观音堂，传说法师余生在此修行，不舍昼夜顶礼观世音大士，经年累月跪拜，"拜痕入砖"。因是五体投地的大拜佛，额及手足五体皆出痕印，

大元公主拜痕入砖

时间久了，这些砖都损坏了，唯独留下她的膝盖磨地磨出的两个坑印，有点铁杵成针的意思。这方地砖如今是寺宝文物，放置在观音殿的角落里供人瞻仰，也没有什么玻璃罩子保护，只是一个打开盖子的木匣子，里面放置跪砖，旁边有"禁止拍照""禁止燃香"的警示，却未提示"禁止触摸"。如果说这块地砖来自元朝，木匣子来自明朝万历年间，真是不折不扣的文物了。

是的，木匣子为万历皇帝母亲李太后（慈圣皇太后）专门定制。万历壬辰年（1592），她听闻京西潭柘寺里有此珍物，便将拜砖迎入皇宫，并为其特制·花梨木盒子，经常"懿览"。因她是好佛之人，自是将尼师的精进修行当作榜样。一段时间后，似乎她有了感悟，明白牢记先人精神即可，不必占据某种形物，于是又用木匣子将拜砖送回寺院。而拜砖经过这一番皇家游历，更是添了光彩。

也是在这一年，被后世称为明代四大高僧之一的紫柏真可法师来到北京，云游山寺。彼时，紫柏法师五十岁，有盛名。慈圣皇太后得知紫柏已抵京城，便命人置办斋供，准备供养高僧大德。紫柏恳辞了这一番虔诚，说"自惭贫骨难披紫，施与高人福更增"，没有接受皇家的供养安置，依旧是持钵披衲，于京城内外遍访佛寺。

某日，他在房山云居寺朝礼隋代高僧静琬和尚所刻石经时，不经意间发现了先辈高僧的遗藏，这便是佛座下先和尚所藏的佛舍利三枚。紫柏大师便将石经山雷音洞这一发现报告了朝廷，于是太后恭请佛舍利入宫供养三日，并出资造大石函，将舍利重藏于石窟。

万历壬辰年紫柏大师游历京城时，在石经山佛舍利和潭柘寺公主拜砖两件事上，都与好佛的李太后产生交集，而这两件事都是当时轰动京城的佛家大事件。

紫柏游历到潭柘寺时，恰逢太后已将拜览过的拜砖木匣子送回寺院。听闻此事，紫柏不禁慨叹赞美先世大德，写下诗句：

> 顶礼道人双足迹，身毛不觉忽俱树。
> 无始懈怠习顿除，觉天云迸精进日。
> 我想斯人初未逝，朝暮殷勤礼大士。
> 心注圣容口称名，形骸屈伸安可计。
> 积日成月月成时，积时成岁岁成劫。
> 如是积渐难尽言，水滴石穿心力至。
> 辟如千里如初步，又如合抱生毫末。
> 以踵磨砖砖渐易，砖易精进犹未止。
> 砖穿大地承足底，地穿有时人不见。
> 我独了了无所疑，因之耿耿生悲泣。
> 愿我从今顶礼后，精进为足践觉地。
> 境缘顺逆汤泼雷，又如利刀破新竹。
> 迎刃而解触热消，在在处处常自在。
> 又愿见闻此迹者，刹那懈怠皆冰释。

落款时间是壬辰岁夏五月九日，也就是1592年。后来有华亭人徐某将此诗镌刻在木匣子的底盖上，但不知徐某何等身份，何时所为。其书写地址为"一音堂"，也就是今天的"少师静室"，可见他书写时用的"一音堂"不是今天称谓。不过，《日下旧闻考》里关于"拜砖"的记录，提及了紫柏真可语录中关于妙严身份传说的描述，却未提及这首诗。也就是说乾隆年间，这首诗还未刻录在木匣子上。我特别关注抄录者的身份和抄录时间，是因为如今我们所见木匣子上增加了华亭人徐某抄录的紫柏真可诗，那么此木匣子和拜砖是否为明朝原物，又是否与乾隆皇帝所见为同一物？寺院在说明牌上没有解释。

　　乾隆曾多次进潭柘山礼佛，对于住持所谈大元公主之事，乾隆未置可否，既笑"阇梨语荒唐"，又赞住持"颇熟公案禅"。他有诗云："阇梨语荒唐，颇熟公案禅。对客称古迹，木几高架砖。云有元公主，礼佛足所穿。佛几曾度彼，与我何有焉。"乾隆是一个比较有自主思考能力同时也相当自我的人，他酸溜溜地反问佛祖是否超度了这位金石为开的元朝公主，他装作并不在意。实则他应该很在意。或许，潜意识里，他认为佛祖若只超度天下一人的话，也应该是他。

　　不过，妙严法师的墓塔是一个真实的存在，也就是说，姑且不论法师的俗家身份，在元朝，的确有一位法号妙严的法师在此地修行并圆寂。

三　忽必烈是否有出家的女儿？

　　潭柘寺下塔院，是相对年头更久远的僧人墓地，如今这里开放时间并不确定，看你运气如何了。这里离着931公交车站也就几十米距离。当地人讲原来这里根本没围墙，随便进出。在一片桫椤树和古松树交织掩映的相对开阔的塔院西南角，矗立着一座密檐式砖塔，这便是妙严法师塔。塔约十米高，六面五层，塔基为一层须弥座，每面各设两个壶门形龛，内雕狮头，两侧莲花和西番花。须弥座上为塔台，周围装饰一圈围栏，栏板上亦是砖雕的莲花、西番花等花卉，呈横卧对角式构图，自带动感，艺术精湛。塔台下有一圈仿木斗拱、椽头承托；围栏上方，则是三层巨大仰莲花瓣构成莲花座，承托六角塔身。

　　最下层塔身为楼阁式，坐北向南，正面与背面各雕刻有一双扇仿木假门，门扇上部分为卍字不到头花棂，下部分雕刻如意云头纹

妙严法师塔

饰。而令人印象深刻的是拱券式门楣，竟然雕出两位头部相对、长带飘逸、手捧供品的飞天！门楣之下，正面为牡丹花，背面为西番花，雕刻笔法精湛，花瓣翻卷似盛开，生动逼真。正面（南面）门楣上有一方塔铭：妙严大师之塔。塔身其他四面为方形假窗，内刻卍字不到头窗棂。塔身的每个转角，为半圆转角柱，从上面横梁垂挂下来一圈倒悬云头式挂落。

　　阁楼之上便是五层密檐，其垂脊、瓦垄、勾头和滴水均由砖雕完成。原来每层檐角还有塔铃垂挂，但年久风化，这些金属制品早已了无踪迹。每层塔檐下方还雕刻仿木斗拱承托。

　　密檐顶为塔刹，塔刹底座为两层仰莲，上托火焰宝珠，宝珠之上为一弯仰月，仰月上有穿有三颗宝珠式的刹顶。

　　这座墓塔造型比例堪称完美，被公认为具有典型元代建筑风格的

妙严法师塔周围有几座低矮小塔

砖雕精品，属于北京地区著名的古塔文物。

　　妙严塔周围还有几座低矮的小塔，环妙严塔而建，颇有陪伴或者守护妙严塔的意味。我想，有两种可能性，或许妙严法师是真公主，她出家必有左右跟随，这些原来的奴婢跟随出家，成为她的弟子，身后也葬于此地。另一种可能，或许不是墓塔，就是为衬托妙严塔而建，有环绕守护之意。

　　在元正史里，找不到一位有出家记录的公主的生平。传说中，妙严见父亲忽必烈征战沙场，杀戮深重，为了替父赎罪，她到潭柘寺出家，后终老于寺中。在正史里，有记录的忽必烈女儿有六位，她们是：1.赵国大长公主月烈，下嫁赵武襄王爱不花。这位公主及驸马的家族墓在河北沽源梳妆楼发现并被当地保护。2.昌国公主吾鲁真，下嫁孛花。3.昌国大长公主茶伦，下嫁帖监干。4.鲁国长公主完泽，下嫁斡罗真。5.鲁国大长公主囊家真，下嫁铁木儿蛮子。6.齐国大长公主忽都鲁坚迷失，下嫁高丽忠烈王王昛。

忽必烈是否还有未出嫁而出家的女儿？如果有，大概不会在史书里记载，毕竟，出家人脱尘离俗，与尘世父母已因缘了断。但我发现还有一种说法，有人认为昌国大长公主茶伦就是后来的妙严法师。说她最早在山西怀仁清凉寺出家，后因自己的母亲即忽必烈察必皇后去世赶回大都，后入潭柘寺修行终老。今天怀仁的清凉寺已不复存在，但还有遗迹华严塔，而附近有佛龛，供奉有妙严公主像。当然，这一切须进一步考证，推论还缺乏史料佐证。

或许妙严法师不是史书记载的六位公主中的任何一位。史书只记载成年且下嫁的女儿们，或许她未婚而出家，故未入史册。或许她只是宗室里的一位女性而讹传为公主，并非忽必烈的女儿。虽然身份难以确定，但自明朝万历年间以来既有传说，又有砖有塔等物证，说明此说并非空穴来风。

无论怎样，妙严法师出家的岁月已凝结成一方凹下去的砖石。几百年过后，梵音香火已缥缈无踪，而她的一个虔诚拜佛的动作，在一个没有胶片影像的时代，竟凝固成为永恒。

潭柘寺里的阴柔之色还在于它拥有的春花。每年春天，种植于潭柘寺主殿前的两株明代玉兰便会如期开放。它们雅号"二乔玉兰"，如粉带白，娇妍绰绰，是一种白玉兰与紫玉兰嫁接而成的产物。玉兰的嫁接技术至少自明代起成熟，这两株显然属优中之优，历四百年越发风姿绰约，花颜美艳，香气袭人，总是吸引着城里游人欣欣然前往围观。每年春天我也会前往，看着花色点燃碧空，而阳光轻抚花影摇曳，便不觉好奇：我，我们，已经是第多少代的赏花者了？如果花树有灵，它们的美颜上曾停留过多少怜惜的目光？是否已饱览各色人来人往，各种人生悲欢？而陪伴它们花开花落的本寺僧人们，历代延绵，传灯不辍。那些花树下的禅定沉思，钟声撞击中的豁然悟道，以另一种形式弥漫于古寺深处，见证着花开花落，缘起缘灭。

妙严法师为元朝人，不可能看到明朝的玉兰花，但公主芳名难免令人遐想。如同二乔玉兰，虽本花木，却借着三国美女大乔二乔的芳名，令世人难免想到人间那一抹短暂而炫目的青春之色，它们落于古寺庄严，却也清净和谐。

古塔与玉兰花，令古寺平生绚烂而真实，如佛法所言"如梦幻泡影"，在大山深外静静地阐释世间的虚幻影像 —— 美到极致便是空灵。

2019年8月7日

本文参考：

1. ［清］于敏中等编纂：《日下旧闻考》第二卷，北京古籍出版社1983年5月出版。

2. ［明］宋濂编：《元史》卷一百九《表第四·诸公主表》，中华书局1976年3月出版。

香山玉皇顶山中废寺

一　暮色中上山

香山一带有座不高的小山叫木兰坨，俗称玉皇顶，与万花山东西相望。怎么形容木兰坨呢？简单说就是：山中一废寺，四处故人墓。春和景明之日，十里开外便可遥看其柔美的绿绒新发，圆圆的山顶，像个萌哒哒的毡帽；秋霜时节则风起黄叶飘，落满山间小道。寺与墓，精神的寄托与身后的安放，如此和谐地归结一山，不知是否应了四季轮转，且生且灭乃至不生不灭的道理。

这个深秋某日，我本来计划就是冲着山中废寺去的，中途被万花山梅大师兰芳墓地羁绊了一阵，到玉皇顶山脚下时已近五点，太阳已经斜得厉害，深秋暮时，山色快速黯淡。

进了山门便有点后悔。此为东山麓，更是阴森森的暮气弥漫，空谷幽幽，林木茂密，除了几声鸟叫，就是自己的脚步声。忽然，对面一阵风似的过来一个强壮的走山男人，左手念珠右手山杖，直眉瞪眼，转眼便到了我跟前。往往这种时候我都是主动招呼，一般而言，都是走山客，没什么危险。"从上面下来哈，离顶子还远吗？"这完全是废话，对于这座山我太熟悉了，我还没有上到三分之一高度。男人还是直眉瞪眼只看路，一个偏身，让过我，一言不发，过去了。等我回过头，已无踪影。天哪，我遇到的到底是不是一个人？天色更暗了，我感觉心脏跳得满山满谷响。

壮着胆子在暮霭中继续前行，一会又听见脚步声，抻着脖子一看，笑了，是个年轻姑娘。这次是姑娘回头主动跟我招呼："姐姐，听说山上有泉水，走哪条路？"此时我们正站在一条深壑的岔道上，沿壑之脊，左边有路，右边也有路。我心中暗喜，有伴儿了，答："左边，跟我走吧，跟我能找到泉水。"

有泉眼的地方是一个叫静福寺的废寺遗址。一路，再没遇到人。我问姑娘找泉水干吗，她说要做泡菜，听说泉水泡菜好吃。我暗笑，再好吃也就是个泡菜。便在心中唤她泡菜妹。

再走一阵山路，便看到道旁的无字碑宝顶，觉得有些异样，那方无字碑怎么看着还泛着新鲜气，便跳过路边围石进去拍照。泡菜妹回头，神色很难看："姐姐，你跳到人家坟圈子里了。""是啊，不然怎么拍正一点？"我准备给她讲讲这个碑这个墓是咋回事，但一开头说到秋瑾，她表示不认识，我便闭嘴了。

路旁无字碑，相传是贵福父母墓

二　无字碑和废寺

这无字碑墓在山友间小有名气。碑是一种挺特别的石头，显新。我翻出十年前左右的照片对比，看不出两者的差别，估计百年后差别也是微乎其微。但不要以为这孝子是用心了，其实，原碑本有字，是被孝子磨平了，不想让后世人知道墓主何人。墓主是贵福的父母，他们一家是香山健锐营镶黄旗人。1906年贵福任浙江绍兴知府，1907年7月13日贵福逮捕了秋瑾，7月16日晨便将秋瑾杀害于绍兴城内古轩亭口。辛亥革命后贵福辞官回到香山老家隐居，改名赵景祺，号余生居士，他怕革命党找他家祖坟掘墓算账，便磨去了父母碑上字。自己死后葬在山下，后来他的墓也被发现了，在植物园里面。

　　过了无字碑，继续走林木茂密的之字山路，快到静福寺遗址的时候，山色开朗一些了。实际上当年静福寺是建在一座山崖顶上的。沿着蜿蜒山路上去，崖顶是豁朗的一片平地，山门一座，无梁结构，歇山顶，石券门，门额书"静福寺"。但山门前还是相对逼仄，只一小块地方，设有护栏，护栏外便是陡直的悬崖，有个七八米高。不过这样的地势倒是清奇，早先的隐居者可以在此豁朗小平地东望，看到每天第一缕晨光，山林乍晓，宜闭目打坐，纳天地之气，看光线一寸寸挪移，静享一日复一日的清宁。

　　郁闷的是，每次上来都感觉少了一些文物，没几年工夫，那些石碑、香炉座等石头构件基本被人拿干净了。不知是有人善意收藏以备将来修缮，还是贪婪的魔手将文物据为私有。这次上来，唯一剩下的山门已被不知哪位善

崖顶上的静福寺山门

十年前未修缮的山门，上面有各种涂鸦

男子善女人出资修缮了一番，新鲜的涂料彩绘散发着香味。两侧的楹联是："乾地耸高峰，皇图巩固；天门增王气，圣寿无疆。"这仍是原先的，泛着老气。

　　废寺北侧尚有残垣，跨出去就是从山顶下来的行洪道，也就是一条沟，堆积着年年月月被水冲下来的石头。不过能冲下大石头的年月应该是很久远之前了，现在的西山，累年干旱，几乎已断绝溪流。泡菜姑娘想找的泉水就在这条沟里，有两处，上面一处是几块大石头堆积，其中最大的一块三角形石头像是天然搭起来的屋顶，下面石头缝里渗出积储了一小洼水，这就是泉水了。大石头上及附近石块有些历代游客的刻字："泉声""佛""静观"等。往下走是一处人工挖的石洞，号称"锣大天泉"，洞子也叫金泉洞，里面顶部有个像烟囱似的管道通天，口径如锣那么大，一泓泉水正对着这锣大的天。我看两处泉水

都不怎么样，太静了，难免如死
水滋生各种蜉蝣。尽管每天都会
有人取水，泉水取走即涌出，但
的确和我们想象的汩汩清泉相去
甚远。

　　泡菜姑娘两处泉水都考察了
一番，最终选择上游那处相对自
然天成的水洼，开始洗她装水的
瓶子。我和她就此别过，一个人
在沟上面的废寺遗址溜达。这座
寺院离人烟很近，最近的村子就
是西营，在碧云寺之北，此山高

上游的泉水

下游的一处泉水

不过二百多米，静福寺在半山腰。而抵达寺院山门的山路虽说是古道，其宽度和平整程度令人惊奇，我看那宽度即使不能走马车也能走个小驴车。中间沟壑还有一座石头古桥，有着漂亮的弧形桥洞。看来当年的静福寺不是一般寺庙，修路修桥都是要大把银子的。还有，古桥修得如此厚实坚固，是因为几百年前的香山会有滚滚洪水一泻而下。只是几百年之后，这里已变成干巴巴的了，别说洪水，溪流也难觅。

三　缘起早夭小公主

静福寺是在上世纪60年代初被山下的公社拆掉的。最初，它是从一家道教庙演变过来的，其形成与明神宗万历皇帝那些早夭的公主皇子有关。开始大约就是修道的茅棚，而至万历末年便有了大殿。

在明朝，泛称今天从红山口到香山翠微山的小西山一带为金山，有时也叫西山，但今天所称西山的范围更大。明朝，尤其仁宣之后，这里下葬了众多夭折的皇子公主和几代皇帝的妃嫔，还有那位比较尴尬的把持了皇位七年的明代宗景泰皇帝，故有"第二明陵"之称。明代宗因为不被英宗承认，民间传说他的棺椁开始被抬往北边天寿山，因为棺木重，换了九拨子人（今天回龙观还有个"二拨子"地名留下来），抬到半道就往西折了，没入昌平十三陵，入了金山口，建景泰陵。后世考察从苹果园到杏石口到香山一带整个小西山都有明朝宗室的陵墓，如藩王墓，有些还可以考察出个所以然。而那些后宫妃嫔和早夭的皇子公主多葬在西山不知名的地点，后世考察出来的就少一些了。

但静福寺北基址旁一块刻在巨石上的石碑"摩崖碑"透露了一些历史信息。根据颐和吴老《静福寺暨最早建造年代考》（见颐和吴老新浪博客），内容如下：

仙居公主圹志

　　己未（1619年）冬，诸
善信官作□成胜事代睹

　　西山逼水为毁害，而富、
冯二公率众施财，于庚申孟春
建三跌岸，以障土□开□……

　　昌□□□府太监，信官
王□、张其、王升、察成、
王臣……（此处人名不少，
没有辑录）

　　灵丘公主府□府□□富
大用

　　仙居公主府□府□首冯忠

　　本庙山□碧云寺住持同相

　　明万历四十八年（笔者注：1620年）孟春吉日同本庙梵修住
持全真龚大川刻石

　　碑文中的什么什么"府"，不是阳宅，是阴府，指那些西山的皇
室墓地，在那些"府"看守的，正是刻碑时录下名字的太监们。民间
有"一溜边山七十二府"的说法，"一溜边山"指沿西山南麓走向沿
线，有明皇室的墓茔排列（没有葬在山上），用史书的记录是"金山
之原"。"七十二"代表的是一个约数，按人头肯定过百，甚至几百。
而"府"则指墓地，墓地附有阳宅，既可供祭奠，也可作看护之用，
看坟户日后繁衍成村，但村名不叫某村，而是道公府、西小府、四王

府、娘娘府、金王府、雍王府、申王府、刘娘府、秀府、上下石府、丰户营（坟户营）等称呼。

摩崖碑上提及的仙居公主、灵丘公主，是万历皇帝后宫李德嫔所生。仙居公主只活了五个月，万历皇帝对她甚是喜爱，孩子没活下来感觉非常愧惜。1971年植物园附近正白旗村挖防空洞时，无意之中在东角门外挖到了仙居公主坟，并出土圹志碑，此碑现存于曹雪芹纪念馆，内容如是：

> 公主讳轩姝，皇上第五女，德嫔李氏出也。以万历甲申七月二十日生，是年十二月三十日薨逝。皇情愧惜，于是追封为仙居公主，丧用成人之礼，以寓哀也。卜用明年乙酉五月初三日，葬于都城西金山之原。於戏！公主生未逾年而特膺宠渥，封有号，葬有仪，即降世弗延，而芳魂亦用慰矣。爰志于石，闷厥幽宫云。

《明实录·大明神宗显皇帝实录》有记载：

> 万历十二年七月乙未，以皇女生，赐三辅臣及讲官花币有差。万历十二年十月丙寅，以命皇第五女名，赐三辅臣及中书官银币有差。

还有记载：

> 万历十三年五月癸酉，葬仙居公主。万历十三年给邠哀王、仙居公主护坟地，贰拾伍顷柒拾叁亩。

这些记录证明这个只活了五个月的公主很受万历皇帝喜爱，却在大年三十夭折了，没有跨年就不能算一岁。仙居公主、灵丘公主、香山公主、泰顺公主都是李德嫔所生，有种说法是灵丘公主为郑贵妃所生，但李德嫔碑志否定了这一点。

李德嫔总共生了四位公主，全部早夭，自己却在宫中活到了六十一岁。她是万历十年选美获封的九嫔之一，其中另一位是后来万历皇帝"一生只爱一人"的郑贵妃。起初，李德嫔也是受宠的，在所有嫔级后宫里，唯独她生了四个女儿，其他人没有子女。但奇怪的是她终身再也没有晋升，一直是嫔位终老，不过倒是得以善终。

1951年金山南麓董四墓村考古发掘的"神宗七嫔墓"，存有七位嫔子的墓志。她们的基本情况如生卒等不入正史，而这些墓志总算留下了她们生命的痕迹。从墓志得知，李德嫔是河南开封府祥符县人，生于1567年，死于1628年，也就是万历皇帝死后她又活了八年，比起众多宫斗中的短命妃嫔，她算是颐养天年的。

仙居公主之外，还有静乐、云和、云梦、灵丘、泰顺、香山、天台等公主都葬在金山之原。云和公主是万历宠爱的郑贵妃所生，倒也没看出有高出仙居公主的特别之处。万历皇帝有十位公主，八位都早夭了。由出土圹志而知其墓位置的只有仙居公主，而这位公主正是静福寺的缘起。

摩崖碑中其他那些"□府"都是类似的早夭公主、皇子们的墓地，可见静福寺的缘起是太监们为早夭公主、皇子们的墓地护坟。从万历十三年仙居公主下葬起算，到万历四十八年刻摩崖碑，太监们远离皇宫，在西山一带渐入老年，便入山修个道观，修行养老兼而顾之。

四　从玉皇庙到静福寺

这里最先是供奉道教诸神，观名说不清，万历四十八年摩崖碑只是刻记"本庙住持全真龚大川"，内容说的是为防北沟洪水修岸坝的事。到天启元年（1621）有文华殿中书舍人、征仕郎袁志学撰《新建玉皇阁碑记》：

> 都门瞻望西山，葱茏瑞气，突兀屏开，乃香山乡木兰坨之地也。纯吾王公游览于此，欲崇奉玉皇天帝，昕夕梵修，祝延圣寿，国泰民安，以尽人臣之报。主此其一念之诚意，可钦也。此山当都门乾亥之地，夫乾为天表，亥为天门，盖上帝端拱其间，主宰山河下土。今建弥罗阁即上界之名，妥其神意，而灵祐可知。登斯山也，山腰胆腹，玉几案横，涧道盘回，旭日初上，祥光漾金，云裹帝城空中佳景，睹皇居巩固，知国祚万年，此又本山之胜概也。

此碑为断碑，已被有关部门收走。从这段文风看，山门上的楹联"乾地耸高峰，皇图巩固；天门增王气，圣寿无疆"似为袁志学的文笔。这是今天唯一的遗存，可见，静福寺山门至少为天启元年所建。

从袁志学开始，本庙有了正式的称谓，而且拔到了一个冠冕堂皇的高度，不再是看坟太监清修养老之地，而是为皇上"祝延圣寿，国泰民安，以尽人臣之报"的发心修行之地。因为他算是文华殿里起草诏书的中书舍人，其碑文满满官气，便将这个小庙架得姿态不低，开始有了声名。从碑文内容看，他特别褒奖了几位对修庙贡献最大的道人和太监。碑阴则罗列了所有供养出力之人，达二百人以上，其中有南京织染局管理掌御用监印务内官监太监会首张秉真、钦差南京守备司礼监太监会首李秀英、惜薪司总理内官监太监会首李文学，出钱出力的人以太监为主。

入清朝，本庙香火延续，历朝都有修葺。雍正年间有两碑立，都是城内香会组织进香立碑。一为"兹因阜成门和义关外海潮庵众善人等，恭诣万花山玉皇顶"的"进鲜圣会"碑，勒刻于"大清雍正岁次乙卯年壬午月谷旦日"；另一为"祭星圣会"碑，勒刻于"大清雍正十三年岁次乙卯孟春月谷旦日"。但这两通碑都是一个人刻石，即修道弟子刘来诚。

道光年间加建了一座吕祖殿，又有一通庚戌年仲秋吉日敬立的石碑描述此建造过程。到了同治年间再次有人发心修理破旧的殿宇，于是有同治十一年四月之吉立碑记录："修关圣帝君殿宇，建殿三楹，供奉圣像，庄严彩画，焕然一新。其随院门墙，亦皆修理。"

最后一通古石碑是我曾亲眼见到扑倒于地上的"大清光绪二十九年（1903）岁次癸卯桂月"立石。碑石上标题为"重整玉皇顶静福寺碑记"。从同治到光绪，原来的道教庙宇变成了佛教寺院。抄录碑文主要内容为：

　　夫尝闻释迦应迹，道贯西乾，说法利生，群贤得渡，龙天拥护于灵鹫，菩萨遍满于虚空。因给孤舍赀而成道果，祇园布金砖而就法席。现胜地苍岩竹翠，古柏奇松，周环月抱于潺潺清流，微湍于遍野。古寺历远，明代建立。今朝今有都中奎宅置地修树，整齐殿宇，恭请住持号曰庆然，在寺永远梵修，接待往来僧众、残僧病苦、古德老衲，或隐居山林而养道，或调理身心而植善根。

光绪年这通石碑十年前尚在，已扑地

此仰立碑，永垂不朽，诸后云尔。

这通石碑是我 2009 年来此地见到的，今天来已不见踪迹。光绪年起原来的道观变成了佛寺，原因是有城中奎氏名子贞者来此"置地修树，整齐殿宇"，并恭请了法号庆然的僧人住持守寺，接受往来僧众，并接纳病苦及老迈的僧人留住。碑阴记录了静福寺四至："再置地四至：西至道，东至沟，南至沟，北至李姓坟地。以上共十三段共十一亩。再寺后西山顶上，有奎子贞之夫人李佳氏、王佳氏之墓在焉。"

除了我前面提到的无字碑，其实这座山除了静福寺便是满山坟地。奎子贞夫人们的坟地所在的山顶就是玉皇顶，夫人们的坟冢不见了踪迹，现在散布着一些民国墓，其中有刘天华、刘半农两兄弟的墓茔。另外还有一位国民党的党宣干部的墓，叫"郑国材同志之墓"，立着方尖碑。当年"文革"上山打砸的人看见墓碑上刻着"同志"两字，以为是自己人，便把这国民党干部的墓地放过了，他们也没仔细看碑文内容。

这一方深奥的古山林也曾有隐居此地的世外修行人。我在锣大天泉碑上看到这样一首诗："品罢清泉闲抚琴，落霞渐失没西林。懒问清风何处去，梢头窥月亦知音。"或许就是他们中的一位留下的。

在一个暮霭锁山的深秋傍晚，我在静福寺遗迹发呆良久。空山静谷，看光线一寸寸黯然，心中梳理此荒芜之地曾经的各种心思、祈愿、脚步声、香火气，似乎听见无数命运的亡灵在喃喃低语。

一个五个月的小小生命竟然缘起了一座寺庙，延续了一众后人的喜悦与悲哀，其中的因缘不可思议。五个月的小生命尚不知世间悲喜为何物，她缘起的寺庙却成为后世多少人解脱悲喜的清净之地。如今，静福寺虽已不复存在，它存在过的地方，仍然散发着足以平息生命之苦与烦的宁静气息。

2018年1月3日

本文参考：

明代历朝编修：《明实录（附校勘记）》，中华书局2016年1月出版。

香山古道、茶棚与远方

一 茶棚与香道

茶棚，特指过去京城人去寺庙进香，路上可以喝茶停歇的地方。因为庙宇一般在深山老林，路途不便，长途跋涉，进香人难免饥渴。过去的人进山，平地顶多借助个驴车马车，上山了主要靠脚板。所以漫长香道上，那些前不着村后不着店的地方，总会有施善之人帮人一

茶棚

把，搭建个茶摊棚席，放上几把凳子，给行人落脚歇息，还提供茶水，偶尔供个馒头稀粥。认识或不认识的香客，有缘分在茶棚遇着，心知都是为了一个共同的目的——上香去，便有了暗合的善心，彼此尊重客气，道着"您虔诚"，拉开话匣子，聊聊风雨年景，道道百态人生、京城奇闻。所以这种茶棚也像是个小型的社交消息站，彼此开开眼界，聊完了，开始下一个旅程。

去京西天台山（今名天泰山）慈善寺的茶棚全部坐落在香山之西与天台山之东的一条大沟壑里。我不知道这沟叫什么名字，因为有一个陈家沟村，我一般称之为陈家沟或者香山大沟。有一次我去沟西侧半山的双泉寺拜望，没有开车，因为京城西山的山势所限，开车不便。以香山为主的一纵山脉都是自南向北的走势，山与山夹着的沟壑也是如此，呈 U 形，开口在南部，我虽住在香山东，想要到山沟西坡并不容易。如果开车只能从南部山口进山，走一条分岔的黑陈路。路远路窄不说，关键是人的心思是活泛的，万一兴致上来，翻过山岭，越走越远，留在山沟里的车子就成了累赘。所以，我一般坐597路公交车到山口的黑石头村，再步行进山，这一走便是数公里以上。

如果不从大沟的南口进山，就要从东（城市平原）向西，翻越山梁几座，进入大山深处。而过去的京城人去山里寺庙上香，哪来的自驾车，基本都是翻山越岭，走香客们经年累月用双脚踩出的山道，美其名曰香道。香道承载着历史、文化、民俗、宗教的宝贵痕迹。而在香山大沟里的香道上，有两座为所有香客服务的善心茶棚，虽时光久远，留在人心的记忆仍温暖如故。

这条山沟的西侧山叫天台山（天泰山），与东侧香山、青龙山、翠微山一脉呼应。在过去，分布于山上各个角落的寺庙不少，但大多为私庙，不开放香火，而唯一名气大、规模大且面向大众开放的寺院便是天台山上的慈善寺。如我前面简介的山势地形，百姓住在山之东麓或平原，进山上香便要先翻越香山、翠微山，下到大山沟，累了渴了，自然而然，山沟里便出现了助人为乐、解人饥渴、供人歇息的茶棚。

二　香道遗存

过去，京城百姓集体上香的时间段有两个，一个春季，一个秋季，春季尤盛。经历了天地凝冻的寒冬，春风和煦，万物新生，大家认为有必要来一次远游，伸展伸展胳膊腿是一回事，总之一年之初要让人添些希望，于生计、于子孙、于父母、于自己，都很有必要。另外，释迦牟尼本师生日在四月初八，泰山娘娘碧霞元君的生日在四月十八，故而每年进入农历四月，香山的大沟里便热闹起来。

人们朝圣上香一般是结伙成队的，这从慈善寺保存的几十块香会碑上可以看出（当然，孤家寡人的行者也有）。譬如，某个地方，某个村子，某个胡同，或者某个行业的人们会在春天立好约定：咱们四月初×去上香吧。然后各种准备，带着欢天喜地的心情出发了。

香会碑

城里人见着郊外山野的景象无不欣喜，新绿、野花、飞虫，回眸一望城市的雾霭。对那些没有嘉年华过着愁苦贫瘠日子的民众而言，有一个高尚的理由开启一次郊游远行，肯定是一件欢喜的大事。

标准的进山集合点在香山东麓的北辛庄村，这个村子善众多，我在妙峰山、慈善寺都见过他们的香会碑，乾隆、雍正、道光、光绪年间的都有，可见有悠久的上香传统。城里人出阜成门或者西直门，一路骑着毛驴奔西，来到山脚下这个北辛庄村，大家便一起抬脚起步。

上山的香道从青龙山南麓辘轳井沟开始。香山是一个大山的概念，向南绵延的山体人们也命名了不同山名，在这里叫青龙山，它的第一个标志性建筑是昌化寺附近。当然，今天的辘轳井沟改变很大，修筑了防火公路，且有较大型的现代建筑一座。

原本昌化寺建于明朝宣德年间（1426—1435），内有壁画，"阿罗汉五百尊，穿崖渡海，神通游戏"，据说是当时的"画状元"吴伟手笔。到乾隆中期，寺内壁画尚存，但不知何时，寺庙烟消云散了。今天遗址大致在西山森林公园南门进入西北处，俗称黄土坡。

古香道

　　继续前行至半山才可见石墁古道，这便是香道的遗存。途中会发现一高一矮两棵古松，这是另一处寺院——明朝洪福寺遗址。不过，这个寺院在乾隆时期《日下旧闻考》里已经不存在，只是"洪福寺松萝俱古"，一笔带过。这一高一矮二松，挨过五六百个年头，估计也没少进那些打着歪心思想将其挪走作为私用的眼睛，但终究还是立于此地，观望岁月。也就是说，《日下旧闻考》提及的"俱古"之松今日尚在。

　　下一个香道标志就是狮子窝了。此为一黄褐色断崖，上有摩崖石刻，显著镌有二个大字"狮子窝"和巨大"佛"字。其正下方石刻内容为："乾隆十六年僧人源方住狮子窝，虽有庙基，并无房舍，自本年同穆克登额开山修道，建立庙宇。功德施主，万古流芳。健锐营施主□□□。"看来是健锐营的旗人化缘重新修建的。此处地处古香道与今天防火公路交叉口附近，视野开阔，景色美丽。我可以想象僧人们

狮子窝

在此面向东方迎接晨曦的景象，的确是空山壮丽，天地阔达。

这里又出现一段很短的古道，可以翻过狮子窝的山梁，继续北行，就是福惠寺及其塔院遗址所在地。今天这里是一个军事管制区的雷达站，禁止入内。福惠寺塔院原本有三座灵塔，一大两小，藏式覆钵塔，是刘诚印等三位退休太监想着升仙后（他们是信道教的）安葬遗骨的，不知最终是不是安葬于此。至少刘诚印没有下葬在此地，他的墓地在青龙桥金山宝藏寺附近。当然，今天这里没有灵塔，只有雷达信号塔了，还剩下塔院大门一座，门额刻"狮子窝塔院"五个大字，旁有两行小字，左为"龄昌敬题"，右为"光绪壬辰冬月"，门两侧有联"三生慧石无量净，万古灵风窣堵波"。这个塔院建成于1892年，而刘真人（诚印）死于1895年，塔院建得很及时，却为何没有下葬此地，恐怕另有原因。

三　东茶棚

继源方和尚之后，太平禅院由嘉庆年间太监魏双庆和王福喜再行修复。到同治年间，庙宇再次颓圮，这次修寺主办是慈禧年间的宫廷大太监刘诚印，协力的是另两位太监张诚善、张诚五，修好后寺院再名福惠寺。清朝及民国年间香道红火的时候，这个寺院在香道上甚为醒目。从太平禅院时期起，此处便作为太监养老休憩之地，估计是嫌香客总是进来叨扰，干脆发个善心，在离寺院不远山坡下搭建了一个茶棚。

话说太平禅院时期给香客建茶棚的传统也被福惠寺传承下来，所以百姓们也称这里为福惠寺茶棚或狮子窝茶棚。今天这里遗存两株古槐，枝干粗壮，树冠硕大，想必夏天蔽日遮天好一处纳凉地。附近山

普渡桥石刻

石有石刻"普渡桥"，亦为源方和尚修，但只见字不见桥。我估计这里原来一定有水源，方可成为茶棚佳地，或者有一小山涧、小水沟之类，上有一桥名曰普渡桥，烧茶取水自是方便。但随着百年来地理变迁，这里已无任何水源迹象。另有一处崖石上刻一斗大"佛"字，但不知何人留迹，或者，就是香客们刻的。

这个茶棚除了两棵古槐遗迹，今天还立了一方大石，上刻"东茶棚"（遗址），大石的位置就是原来茶棚所在地。为何叫东茶棚？这是相对于另外一处较大茶棚 —— 满井茶棚而言。因为这俩茶棚的位置一东一西，所以此为东茶棚，而满井茶棚也称为西茶棚。

从东茶棚继续向西北行四百米，古香道再次出现。这是我寻到的最长一段完整古道，幽僻寂静树影婆娑，古意十足。走不了多远即抵达念佛桥。此桥有一雅号：宝胜仙桥，在古籍中均有记述，不过一般俗称念佛桥，而当地百姓叫它面板桥、面子桥，不知何故。桥长十余

念佛桥

米，宽两米许，券形单孔。这也是一座明朝古桥，桥北原有石碑一通，可惜碑文漫漶不清，只可辨"弘治壬子"（1492）及隐约有"小天宁寺"字样。明朝往事难以追忆。

从念佛桥盘桓而上，到达一个小山岭（俗称南大山坡），至垭口，现在已成为防火道，便是香道上的另一个标志地点：一片石。据说此地有一片青石，净无尘埃，故名一片石，但我根本没有寻到。而另一种说法是，"一片石"是这里陈家沟村的另一个叫法，说是村东一处岩石隆起寸草不生，故名一片石。我认为这是极有禅境的命名，由某高人悟得也不一定。唐代诗人刘长卿诗云："绝漠大军还，平沙独戍闲。空留一片石，万古在燕山。"但他诗里的"一片石"应该是抚宁县一片石关城，是著名的古战场，也符合"万古在燕山"的地理描述。京西这一纵山，还真不是燕山，属于太行山支脉。不过这里命名一片石，灵感或许正来自著名的一片石古战场。

四　满井茶棚

　　过一片石继续西行，便进入香山大沟里的另一个村子——满井村，此村以满井茶棚著称。原来茶棚设在村东关帝庙，庙前原有一泉，不涸不溢，故称满井。今天水井如故，仍有甘泉。相对于东茶棚，人们称此为西茶棚。清末民初时期民俗学者奉宽在《妙峰山琐记》中，称它是妙峰山进香道上的"一片石满井同集茶棚"。妙峰山更为遥远，翻过大台山还要走出谭峪大沟，过模式口三家店，渡永定河继续向西北行。由此可知，这个茶棚不仅服务近路的天台山慈善寺，也为远行客如妙峰山香客提供服务。

　　民国寺院统计文献记载："关帝庙坐落西郊五分署满井村二号，建于同治六年，属公建。本庙面积南北十七丈，东西十丈，殿房十八间。管理及使用状况为合村公建，由夏棋看管。庙内法物有泥像十二尊，瓦香炉三个，蜡扦六支，花瓶一对，花筒三对，铁磬一口，铁香鼎一个，供桌三张，五供一桌，另庙外有井一眼，槐柳树各一棵。"

　　早些年我漫步于此，一片破砖烂瓦，两面断垣岌岌可危，但在去年石景山政府将茶棚修葺一新，使之成为香道上明显的标志性建筑。今年秋天再访此地，茶棚开门迎客了，免费提供红茶、绿茶等茶水，有桌椅供歇脚。古井台子上还搭建了亭子，与关帝庙建筑一样，彩绘精美，古色古香。如果能在里面开一个香道与茶棚文化博物馆，那将更为完美。

　　从满井茶棚出发继续西南方向下行，几百米后路旁可见九株柏树环绕一眼水井，这便是鬼王坟。"鬼王"是指一位康熙年间能诵经驱鬼的高僧桂芳海岫禅师。据说这里原有鬼王和尚塔一尊，1958年被当地居民拆除，在塔基处挖了一口水井，水质异常甘洌清甜。但不用害怕，原先的和尚塔应为鬼王衣冠冢，鬼王和尚肉躯是坐化在八大处宝珠洞的。

离鬼王坟北部不远，就又回归香道，很快到达著名古桥——万善桥。此桥亦是明朝修建，现在的模样是刘诚印等人在同治年间修复的，被著名古桥专家孔庆普称为"北京最美丽的古桥"。此桥砖石结构，拱形、单孔。桥长18米许，宽3米许，跨于4.2米的山涧之上，在青石护栏外，刻有"万善桥"三字。自明至清再到民国，经过此桥的香客不计其数，而过桥后，慈善寺已不远，心情快乐，他们一定认为这是心目中的"殊胜之桥"。

我曾走过春天的万善桥，万木新绿，生机盎然，此桥并无苍暮之态，其流畅的拱形线条反而增添着灵动的活力，令人赞叹。今年夏天我再赴此桥，发现桥面及护栏都有修复，没有改变古貌，唯独最上一层护栏板外被刷上了一道红漆，实在是辣眼睛。这种给文物"上色"的做法多少破坏了古朴的美感。那么，让时间去剥落红漆吧。

过了万善桥，其北侧有一尊石龛，掩映在两株古柏之间，龛内供奉石佛一尊，即接引佛。此亦为明朝文物，竟然在这山沟里道路旁完好保存至今，一方面要赞叹山里人的淳朴民风，另一方面也因为它是香道上的宝物而得到了各方人士呵护——香客们过万善桥一定要在接引佛前拜一拜。

继续向西盘桓而上，便是双泉寺了。从英国人库帕·威廉一家1913年游历双泉寺的老照片可知，那时双泉寺尚且状况良好，也有僧人住持。后来百年间逐渐荒废，2013年灵光寺方丈常藏大和尚来此重兴道场，复建了双泉寺。

双泉寺是抵达天台山香道上的最后一个标志性建筑，香客们到达这里心心念念的慈善寺已不再遥远。他们上完香，便从寺后循山路翻过一座叫双泉山的山梁，再行进二十分钟左右的山路就可看到天台山名寺——慈善寺了。此时香客们应是彼此额手称庆，欣欣然加快脚步，抵达他们朝拜的终点。

这条古香道历经百年变迁，免不了时断时续。但循着一些标志性的古物一路寻找，还是可以把香道古迹基本完整串联起来的。而茶棚、古寺，这些当年香道上的明珠，给风尘仆仆的香客以温暖的慰藉，襄助他们完成心中的朝圣之旅，在今天，也给我们留下了怀古追踪的暖人痕迹。

2019 年 11 月 3 日

本文参考：

奉宽：《妙峰山琐记》，国立中山大学民俗丛书，首都图书馆收藏。

妙峰山香会传奇

一 万缘同善茶棚

某日，我在门头沟永定河西岸的琉璃渠村，发现村西北角有"万缘同善茶棚"遗址。茶棚有百年历史，属于原妙峰山香道茶棚之一，其规模之大、建造之精美、房屋瓦舍之气派令我一扫茅棚草屋的茶棚

万缘同善茶棚

甘博当年路过万缘同善茶棚时所拍琉璃韦驮像

概念。

在历史上妙峰山六条香道总计八十余座茶棚中，重建的不算，这或许是保存最完好、面积最大的了。它占地约两亩，坐北朝南，为一庙宇式院落。主殿面阔三间，进深两间，共六间勾连搭式。前三间为卷棚顶，后三间为硬山调大脊顶，上覆绿琉璃瓦。山门为乌木栅栏门，门外两侧墙壁上镶有精美的缠枝莲纹琉璃斗方，内嵌"万古长春"。据说，原来茶棚里供奉一尊琉璃观音，已不知去向，也有说"文革"时期已被砸毁。前些年出现在拍卖市场的一尊琉璃韦驮菩萨像，工艺上乘，琉璃饰面华丽惊艳。对照老照片，我怀疑此像正是从此地流出，被英国人取得，在海外流转。

在民间用如此大量琉璃瓦造屋造佛像极为罕见。询问村人，得知建此茶棚者，正是传统琉璃世家——山西赵氏家族。

话说打忽必烈建大都时期，有山西榆次县赵姓家族进京，入皇家琉璃作坊，烧制专供琉璃砖瓦，为京城皇家贵胄所造宫殿楼阁覆面提供上等釉彩砖瓦，延至明清。乾隆年间，隶属朝廷工部的琉璃局从城内的琉璃厂搬至永定河西岸，采九龙山坩子土，汲永定河长流水，继续制作官需建材。今天"琉璃渠"这一村名便是从"琉璃局"演化而来。赵家在村子里落户扎根，成为村内大户，迄今已至三十五代后人。

烧制琉璃砖瓦有极高的技术要求，即使算作成功的一窑，合格率最多达到百分之八十。生产过程需要技术高超经验丰富的师傅，而赵家更是掌握了最后阶段的上色配方，以固化融流度和艳丽色彩。这个配方里有毒性极强的物质——铅，赵家工匠完全依靠经验掌握，零距离配置，这严重损害了他们的身体健康。据说，接触这最后秘籍的赵家男人几乎都是短寿，而且子嗣稀薄，甚至没有儿女，只能过继同辈兄弟的儿子，继续维系秘方传承。后来改用硼砂替代了铅粉，不过他们始终认为不如原来的色彩艳丽牢固。

我想起在颐和园后山看到的五彩斑斓多宝琉璃塔，乾隆年间制，快三百年了，在夕阳余晖中光彩灿烂、夺人眼目，原来固化这种美丽的色彩是用健康和生命的代价取得的。

话说赵家在光绪年为西苑三海烧制琉璃建材时，余下来一些砖瓦，经过向工部请示，获准可以自行使用。村里老人说赵家可以使用

甘博1924年拍摄的妙峰山

这批剩余的皇家砖瓦是得到慈禧太后恩准的，我有点怀疑慈禧还管这等琐屑小事。不过看到同善茶棚正房檐下的和玺彩画的确不一般，它是皇室贵胄的专属，工匠人家使用这种规制的彩画，有逾制之虞。

百年前的赵家，在通往妙峰山的香道上开茶棚，襄助上香信众，这也是苦心做功德。而正是万缘同善茶棚的建成和启用，微调了一下妙峰山南线香道的行走路径。原本，香客们不渡浑水（永定河），而是沿三家店北上，过军庄向西到陈家庄上山。因有琉璃渠茶棚的名气，很多香客便从三家店渡口过河，至万缘同善茶棚歇脚，有车马的可以寄存车马在宽敞的大院子里。然后简装前行，再到河岸，二渡浑水。龙泉务口岸在进香时节有免费渡船专门运送香客，上岸后便是陈家庄了。虽然这条线路要两次过河，但茶棚主家乐善好施，真诚为过客服务，还可以寄存车马，且这条线路裁弯取直，反而距离短了些。所以后来走南线的香客便分流了许多走琉璃渠村，也使万缘同善茶棚声名大噪。

二   上香归来，带福还家

百多年前的仲春之季，大约每年农历四月的前半月，每天呼啦啦会从京城西北的大山下来许多头戴花朵的人，男女老幼不论贵贱都戴。当然不是鲜花，而是一种手工制绒花，别在脑袋上，人人顶着花冠，游动于大山春色中，飘逸在永定河清波上，甚是好看。这种戴花下山，称为"带福还家"，这是上了妙峰山金顶拜过娘娘的虔诚香客才能获得的资格。从老照片我看到衣衫破旧的平头百姓戴着花在笑，一些外国旅行者，譬如拍摄了大量妙峰山进香照片的西德尼·戴维·甘博和某传教士咧着嘴略带羞涩地甜笑 —— 他们头戴绒花，感

甘博与牧师戴花下山

染着中国式的信仰热忱。

　　上香归来，不分男女老幼、贫富贵贱，人人头戴鲜花，带福还家，这对于有着保守内敛文化的中国人而言，并非易事。

　　1925 年 4 月 30 日至 5 月 2 日，以北京大学顾颉刚为首，孙伏园、容庚、容肇祖、庄慕陵（庄严）等五人上妙峰山考察香会，被认为是中国民俗学田野调查的开端，妙峰山也因此被视为中国民俗学的重要发祥地。他们将此次民俗考察连同后续一些人士对妙峰山人文地理的观察，集结成册，出版《妙峰山》一书，对后续百年的中国田野调查影响甚大。迄今仍时有关于此次活动的研讨会、纪念会等，妙峰山香会现象研究始终是一个民俗学热点。但是，我总感觉知识分子们与香客之间有一层隔膜，对于情感上的深入及心灵上的感应有着矜持的界限。譬如，我没有发现知识分子头戴绒花的老照片，虽说我在他们

带福还家的香客

的笔记里看到多人购买了头花，不过有人边买边酸：听说这些头花是城里小作坊做好送到山上的，是先"送福上山"，然后他们买花又变成了"请福还家"，称之为"幻灭"（孙伏园笔记）。这一点上可见知识分子们想得更多。他们的考察名头非常雅致、学术，把这种朝山当作一本正经的民俗学学问来做，并不是与民众同乐。或许在骨子里，学问是科学的高尚的，乡里民俗难免粗鄙，有失斯文，所以他们没有留下一张考察时的行状影像，非常遗憾。再譬如，他们当年到达涧沟村时已是黑夜，于是买了火把继续爬升金顶，这时有几个广安门来的女人因为不舍得买火把便跟随他们"借光"上山。女香客均背着大包的香火，压弯了脊背，问顾教授等人是否上香去的，教授等回答：是。女香客们诧异不已，因为这些有火把的"香客"竟然手上没有一炷香！在1925年的上香队伍里，北大民俗考察团确实是孤鹤独立的观察者。

　　妙峰山为距京城西北八十里之遥的西山山脉中的一组群山，也是今天海淀、门头沟、昌平彼此交界的山林。其次高峰为妙高峰，落在门头沟区，俗称金顶，也称玉皇顶。上有三组庙宇，主庙是清嘉庆皇帝亲笔御题石额的"御赐惠济祠"，俗称娘娘庙，供奉天仙圣母碧霞元君、送生、眼光、斑疹、送子五位娘娘。正中主神为泰山顶上天仙圣母碧霞元君，亦称"妙峰山老娘娘"。主要建筑包括山门殿、正殿、地藏殿、药王殿、观音殿、月老殿、财神殿和王三奶奶殿，为儒、释、道及民间神仙的综合型庙宇，但信众主拜神还是泰山娘娘。与清末民国时期的殿宇位置及格局相比，今天已经发生了很大的变化。

过去背香上山的人

第二组庙宇在惠济祠的北坡半山，为回香阁，原为天齐庙，意思是原本在娘娘庙烧完香，再到此处烧一次。我理解"回香"可能是取佛教"回向"的意思，

张勋夫人重修回香阁老照片

是将自己所修的功德、智慧、善行回转给法界众生同享。上世纪20年代中期，张勋夫人出资重修了这座庙宇，当时民间还盛传因为贵夫人们要来烧香，要给香道修通汽车的大马路。今天我们看到的回香阁

今日玉皇顶

是2015年后改造的东岳大帝庙，据说是为了打造财神文化，除去保留"回香"功能，另立了各式武财神、文财神、地方财神二十余尊。

　　过回香阁继续拾级而上，山顶称为玉皇顶，有玉皇庙一座。玉皇顶（玉皇庙）占地一百多平方米，三间正殿供奉的是昊天金阙至尊玉皇大帝，东殿供奉的是三官——天官、地官、水官，西殿供奉的是真武大帝。玉皇庙地处妙峰山景区海拔最高处。话说，这座庙宇其实是从山下涧沟村搬迁上来的。我在涧沟村游历时，村民指给我停车场后山一片茂密松林的小山包就是原来的玉皇庙所在。村民老赵是我在阳台山认识的商户朋友，他也是涧沟村人。他告诉我上世纪70年代玉皇庙的房子是给知青住的，后来知青呼啦呼啦回城了，那些房子拆了又翻建，分给村民住。老赵有些深沉地欲言又止地说："就发生不太好的事了。"我追问啥不好的事，看他吞吞吐吐，我便直接说："就是死人了呗！"看他那意思不像是正常死人，我便没继续。他说，反正最后还是把庙请到山上，给神仙他老人家重新修建。在乡村，如果触碰神祇哪怕发生一些偶然的不祥事件，人们总会自责，把这件事和对神祇的不恭敬联系起来。

我第一次登金顶是上世纪80年代初，那时年轻而有活力，对遥远的高山之巅充满青春的奇异幻想。我和同伴是在金山上的一间破旧寺院——金山寺过的夜，大家用寺里的大柴锅煮了一锅黑乎乎的白薯——估计是锅灶没洗干净。四月天，山里寒气逼人，我们人挨人靠墙坐着聊天，挨过漫长寒夜。第二天上午，阳光无碍普照山川，年轻人一路相伴着漫山遍野的山桃花，吸足了土石山路上的暴土扬尘，最终抵达峰顶。彼时娘娘庙根本没有一间像样的房舍，只有残垣断壁及巨大的耸立的石头，还有几株孤高的松树，整个山顶被阳光围拢、强照，四月天竟也人人出着透汗。那时的我并未意识到我来到了一个有着两百年历史的华北人民的朝拜圣地！今天的庙宇是上世纪80年代后期重新复建的，寺院格局包括位置及内部布局都发生了很大变化，除前述惠济祠、回香阁重建，更是把山下村子里的玉皇庙直接搬上山，起名玉皇殿，也称玉皇顶。

三　香会盛况

从清朝至民国，每年春天的妙峰山香会绝对是京城盛事。香会最早记录于明末，最为繁盛期是清朝末年至民国中期前，戛止于日本人占据北京的1937年之后。在其盛时，每年参会香客高达数十万人，堪称华北之首。香会分春香会、秋香会，春香会在每年农历四月初一至十五，秋香会在七月二十五至八月初一。京城百姓皆以亲自进山供香为荣，尤其大门不出二门不迈的汉族女子，有裹足陋习，出行困难，

民国时期香会队伍

如果一生可以去一次妙峰山拜拜泰山娘娘，那将是无上的荣光和骄傲，足以用余生回味咀嚼那份幸福。

生于咸丰五年（1855）的富察敦崇在《燕京岁时记》一书中，记录了当时的盛景："进香之路日辟日多。近日之最称繁盛者，莫如北安合（河）。人烟辐辏，车马喧阗，夜间灯火之繁，灿如列宿。以各路之人计之，共约有数十万。以金钱计之，亦约有数十万。香火之盛，实可甲于天下矣。"富察敦崇娶奕绘与顾太清的长女为妻，喜爱文化风俗及游历，其生平时间正与妙峰山香火旺盛期暗合，故所记真实。

至于娘娘朝拜风的兴起时间，或认为明末，或认为清初。主张明末的依据是宛平县人张献所撰《妙峰山香会序》，为康熙年间编纂的《宛平县志》卷六所载，相当长一段时间被认为是碧霞元君信仰起始的重要史料。1925年容庚著《碧霞元君庙考》，亦确认这一观点。张献的《妙峰山香会序》写道："己巳春三月，里人杨明等诚卜吉，共进楮币于妙峰山天仙圣母之前，因勒石纪同事姓名，传诸不朽，而邀予

民国时期香会队伍

数言为序。强之至再，终不得辞，于是起而告之。"方志没有提到皇帝年号，加之《宛平县志》在康熙二十三（四）年间即已刊刻，有人推测"己巳"为明崇祯二年（1629）。

但即使是在1925年那次妙峰山考察时，负责考据的容庚也并未见到任何明朝遗物，他提及庙中碑偈，指出"无甚古者"，且大多为乡民小碑。今天便有学者如吴效群从考察张献的身份出发，考据《妙峰山香会序》时间，结果发现张献本人实为清朝康熙年间官吏。《宛平县志》虽成书于康熙二十三（四）年，但今天看到的版本极有可能经过了后续修订。所以"己巳"应为康熙二十八年，比崇祯二年晚出一个甲子共六十年。

无论哪种观点，妙峰山开山时间大约就在明末清初之际，为民间活动，官府介入不多。民间香火逐渐兴旺应是19世纪中期（同治、光

碧霞元君殿里的"慈光普照"匾为慈禧原匾的复制品

绪年）以后。妙峰山以其遥远山林及高耸云端的雄伟，恰逢又修建了
碧霞元君庙，令有着娘娘崇拜的信众欣然前往。同时因其险峻高拔的
山势，远距京城八十里的遥远山路，使上香之路不禁增添了神秘与艰
险的魅力。如果可以登上那遥远的高山之巅，将是何等的荣耀，泰山
娘娘又怎不感动而佑护我这一片虔诚之心？所以，去妙峰山拜娘娘
绝对是当年民间的盛事，是很多人一生的心愿。香客中有贫贱的百
姓、出门不便的妇女，甚至囚犯罪人，当然也有富贵之人，连慈禧太
后都曾上山两次，去凑凑香火热闹。

　　慈禧太后第一次上香目的明确，是为同治皇帝出痘祈求平安。那
时候她还是个不到四十岁的母亲，出一趟皇宫也是大事。有一首清宫
竹枝词道来这次香会："彩旗八宝焕珠光，浴佛新开内道场。昨夜慈
宁亲诏下，妙高峰里进头香。"从诗中的词句分析，慈禧应该是同治

十二年（1873）四月初八，用特权上了一次礼佛头香。据金勋《妙峰山志》记载，在清光绪二十五年（1899）四月，慈禧又一次到妙峰山进香，此时已是六十四岁老妪，不知所求何事。妙峰山娘娘庙正殿前檐下挂有三块匾："泰云垂荫""功侔富媪""慈光普照"，均是慈禧太后所题。当然，现在的匾额是对原件的复制，原匾早已不存在了。慈禧题匾并命人从宫中送来，想必是她感恩娘娘灵验。

　　这是一趟遥远而艰辛的路程。一般话说，妙峰山在京城西北八十里地，平地要走四十里，也就是从出西直门城门到山脚下，山路还有四十里。在当时交通条件下，这是一次远行，最快两天，或许三天四天回家也说不定。香客们一路艰辛劳顿，支撑内心的是对山顶庙里娘娘的崇拜与信仰，同时，他们认为娘娘的化身会一路帮助护持，完成朝圣之旅。而那些坐落于香道旁的茶棚，则是帮助众香客完成心中大愿的具象化善人。

四　香客与茶棚

　　茶棚是为妙峰山宗教活动而设立的服务设施，简陋的为松棚或席棚，不封闭，可以为香客遮个阴凉避个小雨，提供简单食物（粥或馒头）和茶水。香客们可在此歇息聊天，彼此交流上香心得。在茶棚遇上，那也是几百年修得一份缘。茶棚的间距差不多在六至七里地，过村庄便在村庄最显著大道旁，山路上则设在相对平坦之地——平台或山洼。后来，高级点的大茶棚会利用庙宇房舍，可以安放马车，甚至有铺位过夜。茶棚正堂一般供奉娘娘或观音，称为"娘娘驾"，也有供关帝的，还有供什么魏老爷、傻哥哥、王奶奶等民间神仙的。茶棚都是由民间的清茶会组织安排，或者是大善人大施主斥资，主旨就

碧霞元君彩绘图

是服务香客，给疲惫饥渴之人提供茶水吃食，供其纳凉歇脚，积攒功德。

当年跋山涉水的信众心心热望的就是到妙峰山的高山顶——妙高金顶碧霞元君庙（娘娘庙）来顶礼敬香。不过，这之前，涌动于群山各条曲折山径上的人们，怀着敬畏欢喜之心的人们，必须用他们体力上的拼搏，不惧艰难地攀登行走，这个旅途本身也是一种虔诚的修行。如果说妙峰山娘娘是普照众生、大慈大悲的神祇，依附于她神性福泽的另一束慈悲之光，就是众多茶棚里散发的暖暖的人间爱意。正是这些茶棚给香客们提供了现实而切实的照拂。

当年西山的百姓生计艰难，众生贫苦，有句俗话是："妙峰山的娘娘，照远不照近。"说的是当地人虽然守着娘娘却很贫苦。西山山区的百姓几乎没有耕种的土地，只是以种植杏子核桃玫瑰花等作物作为可以换取粮食的商品。妙峰山娘娘因盛名远扬，在京畿一带华北地区，包括张家口、天津、保定、石家庄等地，甚至山西、内蒙古都有信众慕名前来朝拜。山区百姓便有了最重要的挣钱来源——给香客出苦力，抬着轿子，努筋暴骨地拼命把香客抬上山，挣些苦力钱。自然，他们也可以小心翼翼地跟随香客在茶棚歇个脚，虔诚客气地感恩茶棚给予的施舍。

民国时期的茶棚

　　当地有位赫姓老人后来回忆起当年他作为少年背香客的经历。背香就是帮客人背着香袋和其他随身行囊。要知道几十里山路，很多年老体衰的老人或妇人能把自己送到庙里已经勉为其难，所以需要找人代背物品。当年的小赫从老北道上山，为一位老太太背香拜圣，每到一茶棚，甭管供的哪位神仙，取出一大把香供上，转着圈磕头作揖，帮助不能亲自朝拜的老人把虔诚心意带到。他十三岁那年，一路翻山越岭，从老爷庙出发时就发了两个馒头，到磨镰石河茶棚喝的是绿豆粥，在双龙岭茶棚又给俩馒头，过大风口时又得到俩馒头。那时茶棚凡是看到背香的孩子都给馒头吃，认为打小埋下了善根。茶棚施的白面馒头，那简直是金贵得不得了，苦孩子太高兴了，舍不得吃，把馒头揣怀里带给家里奶奶，自己就茶水吃随身带的窝窝头。六十年后赫老先生回忆当年的馒头犹如珍馐美味，幸福洋溢。老人的古朴孝亲

民国时期虔诚的香客

1924年拍到的囚徒上香照。但今天理解为有赎罪的意思，并非真的从监狱拉出来的囚徒

以及当年山民的穷苦境况令人慨叹。

那时，娘娘崇拜者三教九流都有。有钱人、富贵人家太太小姐，一般从山下雇了肩舆（比较简陋的轿子），但山道险峻，坐在上面也要有相当的胆气。譬如有些险路，轿夫是倒着抬的，可能是怕坐着的人看见万丈深渊、悬崖峭壁，吓得浑身瘫软惊了魂魄吧。普通人不雇轿夫，除了心疼钱，也是显示虔诚，一双脚板生生走来，更有甚者，十步八步扑地叩拜，虔心感动天地。有一个山峰叫磕头岭。香客们翻山越岭千辛万苦来到此地，离金顶娘娘庙距离比较近，已可遥望金顶，看到远处香火，听到礼赞的歌唱，于是心情激动，自此地出发，一路磕头不止，佛号不断。其中还有戴枷锁镣铐的罪犯，褴褛衣衫，一心求娘娘神明，开脱这一生孽缘。还有一心要跳山成仙的人，这个行为就叫"跳山求仁"，他们笃信神仙可以佑护他们脱离尘世。还有些跳山的人，自认为带着心愿又有娘娘保护，跳下去也会毫发无损，且会心愿达成。这个就难免有些愚痴了。

当然，大部分是普通的粗衣香客，如果从远道而来，像是天津、山西、内蒙古等地，已是离开家许多天了，自然风尘仆仆，面带风霜。他们除了行囊还要背着香袋，因为有"代香"的风俗。很多不能亲自上香的人由衷羡慕和礼赞这些香客，往往会请他们代为上香。背着香袋挂着山杖的香客一到茶棚，先去净手洗面（茶棚附近往往是有山泉水源的），然后先叩拜茶棚里的娘娘像或观音像，口中念念有词。凡叩首，棚主人击磬一下，清脆声回荡山谷，令倦意全消，心旷神怡。棚主人还会唱道："先参驾，大家落座喝粥（茶）。"或者："老少爷们儿都来喝，带着福儿转回家。"这是冲着那些头上戴花的下山客唱的。

早些年，在通往妙峰山金顶娘娘庙的各条山路上，还能看到百年前的茶棚残迹，有时是一排半截的墙围子，有时是扑地的功德碑，这些残留物也无人收拾，任其地老天荒。后来在公园化管理的鹫峰、阳台山，对茶棚进行了标注，譬如阳台山公园复建了响墙茶棚、朝阳院茶棚，玉仙台茶棚、妙儿洼茶棚遗址也有标识。还有些驴友会在茶棚遗址留下些石头瓦块摆个小嘛呢堆，作为他们攀山越岭的标志。譬如给赫姓老人施过馒头的磕头岭茶棚，一些残石还有几面粉刷白色的残墙就是路标，驴友称之为"白宫"。它在一条京城驴友耳熟能详的户外著名线路上，即当年的"进香老北道"。

五　四条主要香道

由于过去妙峰山朝圣活动是在每年农历四月开始，从初一到十五，在这半个月的时间里，成百上千的信众或结伴或独行于山间，百年时间，愣是踩出来多条固定的香道。

现存妙峰山灵官殿的光绪二十五年（1899）石刻文字介绍，昔日进香山道主要为四条，这些山道今天并未湮灭，而是成了众多驴友或

老北道磕头岭茶棚遗址，俗称"白宫"

少数怀古香客们继续行走的线路。它们是：

1.老北道（又称北道）。从海淀区聂各庄台头村开始上山，途经八个茶棚，依次为：老爷殿、车耳营、磨镰石河、双龙岭、花儿洞、大风口、磕头岭、贵子港。

今天，这依然是一条传统的户外山道，另有从凤凰岭自北向南插过来的路径，在大风口交会。

老北道进香平地起点是沙河，上山的起点是聂各庄台头村或者半山的车耳营村，有老爷庙茶棚、车营粥茶老会茶棚。上山后香道上依次有双水泉茶棚、磨镰石河的"天津磨镰石河馒首粥茶会"、双龙岭茶棚、大风口的"天津合郡路灯茶会"、磕头岭茶棚、贵子港（苇子港）茶棚。这其中的磨镰石河茶棚当年有十来间房间，接待百十来人过夜没问题，现有古树——一棵槐树一棵柳树标记，还可以看到房基和碾盘。向西的沟边巨石下有一山泉，继续向上三百余米有另一山

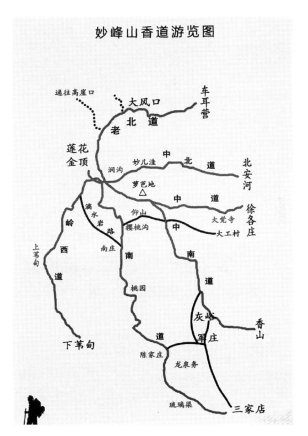

妙峰山香道示意图

泉,一般爬山人称其为"凉水泵打水处"。双龙岭茶棚,当年规模和磨镰石河茶棚差不多,也是十来间房子,如今遗址尚存。鲜花洞茶棚,当年也有七八间房子供香客歇脚,如今古道右侧有石桌、石凳可供休息。

　　大风口茶棚是规模最大的,有三十间房屋。大风口也称大峰口,是这一路香道最高最险峻之地,海拔1100多米,山高风大,善人们于是举重资在此盖房供娘娘,照拂一路风餐露宿的虔诚香客。据说1937年11月被日本人烧毁,大火烧了数天才熄灭。现在的遗址还算

双龙岭茶棚遗址

是老北道中相对保存最好的。磕头岭茶棚遗址尚存，原先此茶棚里还供王三奶奶坐像，今天驴友称此地为白宫。贵子港茶棚是老北道上最后一个茶棚，离妙峰山金顶很近了，是民国二十三年（1934）由天津人张玉亭修葺的。张玉亭是中国早期无声电影开创者，也是著名的慈善家，当年这个茶棚由他出资建成并提供茶饭。他去世后，家人便把他葬在茶棚附近，山民感念他的慈悲情怀，多年来一直保护墓地不被破坏。有石碑《重修贵子港庙宇复设茶棚记》表彰其事迹，这块碑现已作为张玉亭的墓碑。

老北道是四条香道中最为艰险、最为漫长的山路，也是信众丹心一片、虔诚笃信的修行之路。其他香道夜间行走都是靠火把或者油灯打亮，而这条香道则有人用汽灯照明，山路如蜿蜒星河，振奋人心！

2. 中北道。从海淀区的北安河乡北安河村开始上山，途经七个茶棚，依次为：清福观、响塘庙、青龙山朝阳院、金仙庵、玉仙台、瓜打石、妙儿洼。其中玉仙台和瓜打石是否同一地待考，两者距离很近。

今天，这条山道基本上圈括在阳台山公园的范围。因为当年这里曾是慈禧太后两上妙峰山走的路径，被官家修理出青石板路，号称"善来金阶"。说是当年太监总管刘诚印办理的，耗资巨大。

此中北道民国后逐渐取代中道而兴旺，1925年顾颉刚带领的北大学者考察团便是从此道上山。原因大约是清朝落幕，这条"金阶"也没了什么权威和神秘性，而北安河村属于山下比较大的村庄，作为上山起点人力、物力支持充足。故城里人一般是坐车到西直门出城，换人力车到海淀一带，再换马车驴车等代步，一路向西北来到北安河。

今天从阳台山公园登山的人也很多，一般以山顶妙儿洼为目的地，在妙儿洼平台遥望金顶，环视群峰傲立，天宇辽阔，而顺沟下到涧沟村还有十里路途。可惜当年的妙儿洼茶棚今天连一点影子都没有了，只有一些可疑的砖石残迹。从顾颉刚的记录得知，他们1925年经过此地时已只剩一座破庙，说是原先主办此茶棚的平津联合公议社担负不起了。顾颉刚记述："妙儿洼在金山顶，有一所破庙，却没有茶棚。听人说这几年大家穷了，承办这里茶棚的香会担负不起这笔费用，所以今年是停施粥茶了。这真是可以忧虑的事情。"当年顾颉刚妙峰山田野调查参与者俞宗杰记述："抵巅，有平房六七间，置有水缸，以便行人取水止渴。……西面对山高峰上的屋宇，已隐隐在望，锣鼓磬声也隆隆可闻。"可知这里的茶棚消失近百年了。

3.中道。从海淀区北安河乡徐各庄村开始上山，途经十一个茶棚，依次为：关帝庙、栗子台、寨尔峪、上平台、萝卜地、修道路灯会、松棚、三岔涧、回香亭、菩萨殿、喜神殿。这是我走过最多次的一条线路。

我第一次走中道时问当地人，请教从大觉寺身后的大山爬到山顶要多长时间。当地人看我面有难色，便轻松道：俩小时。不过他又笑着补充：我俩小时就跑到山顶了（他多牛，他说他能跑！），你就不一定了。他说得没错，我差不多用了三个半小时。这座山开始平缓，到一半以后越爬越陡，开始还有古道残砖石阶的痕迹，到后面就都是人们踩出来的羊肠小路了。

到达寨尔峪 —— 这个名字相传是因古代有逃亡者在这里占山为工抵抗官家而得。寨尔峪茶棚遗址非常明显，原本这里有十间房左右，最初建于道光年间。我见到的扑地碑中有一座是同治六年重建记事，碑文内容尚可识别：碑首是"万古长青"，其文为："重修寨尔峪茶棚碑，盖闻登仁寿宇，乐善为先，纳福禄林，喜施居首。兹缘寨尔

寨尔峪茶棚遗址

峪天仙圣母娘娘头道行宫，设立茶棚，历年已久，苍幡雨注，莲座风摧，学士警心，征人太息。已于甲子初，仰诸檀越葺齐。原山门外药王殿一间，添盖马王殿一间，财神殿一间，抱厦三间，灵官殿添盖抱厦一间，客房数间，周围群墙复邀众善捐资成美。上祝国祚延绵，下佑群生浩荡。维言不朽，维石得寿，相传永久，勒铭是记。"落款是"同治六年四月谷旦，刘桂文沐手敬书"。

据奉宽《妙峰山琐记》："头道行宫寨尔峪长清万古茶棚，南向。有同治元年四月刘桂年书'慈惠常昭'额。嘉庆十二年碑一，磨灭不可读。又道光二十二年仲春月碑一。又有同治元年七月庚申，重修京西妙峰山寨尔峪天仙圣母行宫殿宇茶舍碑，亦刘桂年书。刘桂年者为顺天大城人，咸丰十年庚申科进士，寓宣武门外西砖胡同。刘桂文者，号云坳，四川双流人，光绪三年丁丑科进士。"

原来刘桂年、刘桂文并无亲缘关系，一位嘉庆年间人士，一位光绪年间人士，不过都是进士读书种子，因这座寨尔峪茶棚而结缘。

过了寨尔峪，在海拔七百米处原来有二道行宫上的平台茶棚——当地人取这里有两块相对平坦地块，分别名"上平台"和"下平台"。现在上平台存茶棚房山墙遗址，原先有十余间房，也有说这里的茶棚叫"上平台粥茶老会"。再往北上行三里地，就是中道最陡的一段路，其海拔从七百余米一跃而为九百余米。每次爬到这里我就想起俩字："绝望"！据说当年轿夫也最怵头这段艰难险峻的路段。有些阶梯如悬梯，恨不得手脚屁股并用，轿子无法掉头（我很佩服敢坐这种轿子的人），曲折迂回，没完没了地转弯，俗称此段为"三百六十胳膊肘"，今天还是这个叫法。过去说"三百六十胳膊肘五道岭"，是说走完险路，就是五道岭。五道岭是一段抵达涧沟村的漫长但平缓舒畅的山路，天气好时可望到永定河，与"胳膊肘"形成对

上平台茶棚遗址

照。在你绝望到无以复加之时，蓦然抬头，突见大树密又多，这就到了一个相对平缓的山顶 —— 萝卜地，雅号也叫"萝苊地"。但其实它是一个很大的范围，是一组山峰及其毗连地区的总称。其中由妙儿洼南峰起逶迤南延的一串山峰是其主体，山体跨度有一公里左右，因周围众山峰分布颇像一片萝卜地而得名。这一带林木茂盛，植被覆盖率达90%，夏天野草过腰，秋天彩叶绚烂，风景迷人。

　　从"三百六十胳膊肘"登上萝卜地的一块平地叫冷风口，原有茶棚名"兴隆万代粥茶老会"。现存小砖房、篱笆围墙，恍若世外桃源。我疑惑不知是看山人还是什么人住，种有萝卜菜地，有一次见到几个人一人拎着一些萝卜过来。

　　《妙峰香道考察记》作者常华访问过这里的主人杜恩兰，他是涧沟村人，住这里给西山林场看护林木，说是小时候给贵州香客背过香。我几次上萝卜地，在这里漫步，小屋一直在，应该一直有护林员居住。萝卜地北部有凸起的山尖，驴友们叫它"萝卜地北尖"，沿着松软的土石小道上去，西南斜下方便是涧沟村，平视稍远处山峰便是金顶，可见娘娘庙的幡旗迎风飘舞。往往，我这般遥拜一番便回头向东，从鹫峰下山回城了，因为当天就算上了金顶了。早些年涧沟村只有下午四点这一趟返程班车，赶不上则必须回撤涧沟村过夜。

过去倒坐下山的香客

从萝卜地冷风口往西走七里路，翻过五道山梁，在第五冈上原有茶棚"五道冈修道路灯老会"，下山后有"松棚粥茶老会"。中道上的原最后一座茶棚，就是涧沟村的"万寿善缘缝绽老会"。

今天这条从大觉寺南徐各庄出发的山路也是驴友们经典的爬山线路，上升到萝卜地往北可俯瞰涧沟村，下沟去涧沟村再上升到金顶，便完成了中道之旅。

4. 南道。从门头沟区的妙峰山乡陈家庄开始上山，途经十个茶棚，依次为：西北涧、桃园、南庄、樱桃沟、兴隆十八盘、水泉降香会、诚献白米粥会、仰山药王殿香老会、香风岭、引香亭。

今天这条南道为行车山道，盘山公路修得等级很高。早些年也听说过有车辆或者摩托掉到山涧里的事情，近年盘山路加装了钢丝护栏及水泥护栏，如果谨慎驾驶没有任何问题。因道路平整，这里也

仰岭垭口过街楼（也叫仰岭娘娘顶过街楼），此为过去南道上的标志

是京城自行车爱好者的著名骑行线路，有远郊班车M5路每天从苹果园地铁站三趟对开。大部分人是开车或者骑车从担礼村妙峰山牌楼入山，一路到山顶，缓急自便，沿途有观景台，可随时下车观景。我也见过背双肩包挂登山杖的长者，一路优哉游哉观风景。此地春天野桃花满山谷，景色秀美；秋天路边山楂树红果招摇，登山者还会采些果子，实在有野趣。

　　一般认为南道是最早形成的香道。上世纪20年代开通了铁路，很多外省人在张家店下车，这条南道便兴旺起来。本质上它是一条进山路，其实我们今天开车上妙峰山的这条山路就是当年南道的大致路径，它最漫长，但是缓缓上升。一般认为，城里的信众到达三家店，沿永定河西北行，从陈家庄上山，或者如前文叙述，过浑水（永定河），经琉璃渠、龙泉务再渡浑水上陈家庄。而今天陈家庄老香道已全然被采石场破坏，今天的汽车道是从担礼村上山，沿途桃园村、南庄村、樱桃沟村都是分布于山路边的村庄。所以南道基本是沿着有山村的山路前行，有人烟便有歇脚的茶棚。只不过了樱桃沟村山路陡然险峻，今天开车都是不断回转拐弯，可以想象当年的情形。

　　这条香道虽然漫长，但走山涧过谷地，风景优美。这里很早就有山民开发定居，甚至有著名的京西大寺院——仰山栖隐寺。该寺始于辽朝，金朝时期金章宗时常进山行猎，上栖隐寺与万松和尚谈法论

妙峰山金顶

道。这条香道因为要经过几个村子，总是人烟不断，即使粥棚距离远一些，香客也绝不会挨饿受渴。我每年上妙峰山都是开车走这条路，一路坦途。从六环路的军庄出口下来，穿过军庄，沿山过陈家庄，沿109国道行驶到担礼村路口，出国道沿路向北，穿过妙峰山牌楼便是上山公路了。然后一路过桃园、樱桃沟、南庄。越往上行驶，越回转曲折、山势陡峭，这就是传说的"兴隆十八盘"了。

　　再次见到村庄就是金顶之下的涧沟村了。你可以把车子停在涧沟村停车场，学习先人，从村子西侧一处上山道开始，走一段古香道，到山顶约需半个小时。还可以在接近金顶的灵官殿，学习过去香客，去拜拜神灵，打个报道，大意是说："在下某某，千辛万苦诚心拜娘娘来了。"过去无论从哪条香道过来的客人都要先会集在涧沟村，抬头望去，向着最后的山峰——有着娘娘庙的金顶，进发！这一段的攀登高度有二百多米，但山路有七里地，最多一个小时左右怎么也能爬上顶了。如果继续开车，沿涧沟村北继续向上，十几分钟后就可以到达山顶。

作为传统香道，南道除了是最早、最漫长的进香之道，也是很多通过其他香道完成进香、打道回府的香客的返家之路。头上戴着绒花，满脸笑盈盈，俗称"带福回家"的人，忙完了大事不必着急，可以赏着沿途美景缓缓下山。

除了南道，今天的中道、中北道和北道都是要爬山的，而且不乏崎岖险路。譬如中道的"三百六十胳膊肘"、中北道的"三瞪眼"，都是人们对险峻路段起的外号。这三条路我都走过，我的体会是，相对于南道，它们离妙峰山的距离近了许多。尤其中道是最近的，据说也是当年行走人数最多的。它从大觉寺出发，几乎是一个直上直下的走势，上到山顶再下坡过五道岭就是涧沟村了。但今天的情况是，中道和老北道基本上只有驴友做户外穿越活动，一般的游客取中北道，即阳台山公园或者鹫峰公园的山路，最后到妙儿洼遥望金顶，开车者则是从南道直接开车抵达娘娘庙。

六　王三奶奶传奇

老北道以天津香客闻名。天津人对妙峰山的朝拜起源于一位他们心目中的神仙奶奶——王三奶奶。由此，天津人发展出妙峰山祭拜的一个分支——拜王三奶奶。他们坚信王三奶奶是神仙下凡，扶济天下贫困可怜人的。后来王三奶奶化作神仙，成了碧霞元君娘娘的下属神仙，也在金顶娘娘庙占了一席之地。

老北道从聂各庄台头村起，经关帝庙或龙泉寺，到车耳营古村，经双龙岭、磕头岭（白宫）、鲜花洞、悬空寺、贵子港（张玉亭墓），

王三奶奶殿

下到涧沟，上妙峰山金顶。此道为著名的天津道，过去天津信众基本认这条香道。由于天津人特别虔诚，不仅朝拜金顶上的泰山娘娘碧霞元君，他们还要拜一位本乡神医王三奶奶，此人宅心仁厚，医术高明，信众认为天上地上这两位神灵都是出奇的灵验。所以大量天津人不惜重资投入在最为险峻的老北道上修建了八座茶棚。也有人认为是九座，是因为把贵子港和苇子港当成两座茶棚了，实为一座的。同时，富有诗意情怀的天津人还偏好供灯，喜看光明照耀的香道如银蛇般舞动，激发着大山的活力。供灯的习俗他们坚持了二十年，祭拜完便将灯笼置于北安河的某寺庙里，留待来年。后来他们还给香道临时装置过汽灯，令不舍昼夜前行参拜的香客眼前明亮如昼。因为，有一种说法，他们的神仙王三奶奶正是黑暗里驴失前蹄，坠崖而去……

　　但王三奶奶是仙逝于中道的。中道起点自大觉寺出发，沿大觉寺南墙外徐各庄上山，这个庄子已经拆迁好几年了，但还有些房屋院落在坚守，至少在2018年还没有完全清理。徐各庄尽头就是中道上山路，这里有一松一柏两棵高大古树，它们应该属于原来的关帝庙残址。关帝庙也叫老爷庙，又叫敬善长春茶棚，反正各种功能合一吧。在残址偏东一点地方，也就是从山体上有"阳台山"石刻处拐一个弯，其东面就是相传王三奶奶墓。当地人为了扩大院落，便迁坟于大树南侧院墙之外，搭建了一间约两米见方的石棉瓦顶小房。小房内即王三奶奶墓，面朝东，墓是新的，刻碑为光绪碑，无碑额，碑身上镌刻着"王三奶奶，弟子富顺敬修，光绪壬辰三月吉立"。不过根据老照片，原墓址除了光绪碑还有一块同治碑，碑额上刻"万古流芳"，碑身正中为"王三奶奶之墓"六个大字，左边刻"创化施主建立茶棚"，右边落款为"同治十三年孟夏敬善长春众等重修"。但在新墓址处，这块碑已不见踪影。

　　从同治碑情况可知，王三奶奶死于同治十三年孟春，也就是1874年的农历四月。民间传说她坐化于妙峰山，一种说法是骑着毛驴，失足掉到山涧中；还有一种说法是她因为衣服穿少了，冻毙在香道上。从坟边的路往上走，还有一个经改造过的小石桥，称为王三奶奶桥。于是又出来第三种说法，说是当她行走到京西阳台山下大觉寺南廊下西边的小石桥边时，她觉得走累了，便在路边的一块山石上坐下休息。没想到，她这一坐下，便坐化在那里了。总之，无论哪种情形，这块墓碑告诉后人，王三奶奶是在1874年的农历四月某天倒在这条中道上的，那年她七十八岁高龄，前面三种死因都有可能，总之她应该还没有翻过萝卜地。有信众便将其遗体移至山下，葬于敬善长春茶棚东侧，这是因为敬善长春茶棚正是王三奶奶创办的，她数年坚持在这个茶棚给人施粥送水，并顺带给些个病患信众看看病。

　　严格说，王三奶奶不是一位民间医生，她的身份有两种说法。她是京东人，大概生于三河县或者香河县。她嫁给一户王姓家的三儿子，是天津人，所以人们叫她王三奶奶。还有说法说她是大户人家老妈子，历史上三河县以出女佣老妈子闻名。总之她并非懂许多医术，但是她似乎有神通，可以卜测或者用某种奇妙的方法妙手回春，所以，我感觉她是介于医和巫之间的民间神人。在医疗条件和医治水平近乎原始的时代，时不时会出现这等奇人。据我所知，通州双桥的罗有名老太太，去世于十年前，也是名满天下的传奇人物。她活了一百零四岁，虽然只会中医正骨术，但关于她救人无数的事迹传说也是神乎其神，连她的名字都是周恩来总理给起的，说你那么有名，就叫罗有名吧。你不可能听说某位西医骨科大夫获得如此盛誉。所以，这些民间高人往往正是在极度贫穷匮乏而落后的社会里更突显声誉。

王三奶奶在天津的名气最大，这有可能是因为她婆家在天津或者做佣工的大户人家是天津人。后期她云游天津和北京东部一带为人看相治病。天津人认为王三奶奶是属于天津的，在今天的天津天后宫里也供奉有王三奶奶坐像。

在人类对自然现象了解甚少的年代，当无法解释的自然现象以及夺人性命的恶疾袭来时，人们会特别依赖某类与天地鬼神相通的媒介者。当然在现代科学建立后这种观念逐渐瓦解，但在中国古代社会，巫术绝非骗术，而是不可言说不可亵渎的正经职业。《国语·楚语》载："民之精爽不携贰者，而又能齐肃衷正，其智能上下比义，其圣能光远宣朗，其明能光照之，其聪能听彻之，如是则明神降之，在男曰觋，在女曰巫。"历来民间对有某种不可思议能力的人抱有尊崇之心，所以王三奶奶罹难妙峰山后，民众普遍认为她是脱离肉身羽化成仙了，并坚信她是妙峰山所供奉的碧霞元君的姊妹，死后成了神仙。金顶娘娘庙主殿的西侧殿、天津天后宫塘沽海河入海口潮音寺的南配殿、天津西郊的药王庙等诸多庙宇里，都供奉有她的坐像。民间普遍将她作为医术高超、仁心慈爱的神仙来膜拜，以期保佑无病无灾。在天津民间的歌谣是："摸摸王奶奶的手，百病全没有"，"摸摸王奶奶的脚，百病全都消"。天津天后宫内供奉的王三奶奶雕像，信众过去都要去摸摸其双手，所以明显是亮晶晶的。

关于王三奶奶的传说故事，都说她能一眼看透病灾，预测祸事。一次某人听了不服气，想试试王三奶奶的医术。他听说槐树籽泡水有毒，便搞了好多槐树籽泡了一大盆，自己在里面洗个澡，结果浑身上下变得又黑又黄，便佯作病态去找王三奶奶。王三奶奶一见此人，大吃一惊，厉声道："你原本没病，想取笑我。赶紧回家把身上洗了，用井水泡半个时辰，否则准备装裹吧。"这个人不信，未按王三奶奶说的做，第二天就死了。还有一次，王三奶奶出行，遇见一家出殡，说是媳妇难产，一尸两命。王三奶奶一看，忙阻道："等等，先不急着埋！开开棺材让我看看。"主家不解，王三奶奶问："死者是不是个女子？""对！""她是否死于难产？""您老怎么知道的？""棺材板还滴着血呢，可能没有死。"家人一听，马上把棺材打开。王三奶奶竟然施以妙手，接出一个难产男孩，救活了孩子、大人。

据我所知，过去，罹难于中道的人最多，除了前面的王三奶奶，1899年的农历四月某日天气突变下起了暴雪，一夜之间在这条山道上冻死的人有六十余位。这一直让我感觉不可思议，因为这是最短的香道，我今天攀爬，即使慢慢爬，三四小时也差不多了，翻过山峰，涧沟村近在咫尺。所以，死在这条路上的人之所以众多可能也是因为掉以轻心，认为用时不多的路途没有太大风险，所以缺乏衣物食品准备。而最近些年，我偶尔听说的爬山事故不是来自中道，而多为北道，尤其从凤凰岭一带上山失足落崖的情况较多。去年就曾发生一起，几个月后寻到的遗骸已成白骨。

中道在进入民国之后最先衰落。有可能与1899年那次大灾难有关。到了20世纪20年代北京城由各路军阀轮流坐庄，有的当权者如基督徒冯玉祥对其他宗教态度不甚友好，加之年景不好，民间便不断传说有封剿妙峰山香会的传言。过往，华北灾荒差不多以十年为一周期，即十年左右必有大灾，不是大水就是大旱，或者蝗灾，有时数灾并举，每次大灾扫荡一遍都是哀鸿遍野饿殍横陈，民间财富跬步而积，却难逃大灾大劫。以清末民国大灾年来看，1900年、1917年、1920年、1927年、1939年、1949年均为大灾之年，且1917—1927年，十年三大灾，这个期间也是妙峰山香会逐渐衰落的过程。

前文说到，1925年农历四月由北大教授顾颉刚发起的妙峰山香会田野调查，开中国民俗学研究之先河。当时，一众长袍马褂的斯文先生混迹于三教九流众香客中，因为舍不得一枚大洋雇肩舆，他们爬山也是爬得灰头土脸汗流浃背，不过还是自带矜持，到了茶棚也不懂先叩拜娘娘再歇脚喝茶的规矩，难免被茶棚主人小视。破衣香客进棚磕头，礼赞娘娘，主人击磬应和，意思是您虔诚。知识分子大概拜得毫无章法，主人笑笑，知道游山客罢了，没有打磬。不过知识分子拜不好娘娘却不妨碍他们对民间上香活动的翔实观察。据他们记载，民国之后，王三奶奶罹难的中道已非常衰落，而中北道是最为热门的线路，如果中北道一天可以上去几百上千人，中道就只有十几人。

值得一提的是，1925年顾颉刚等人已在娘娘殿西侧看到了王三奶奶殿，他的描述是："青布的衫裤，喜鹊巢的发髻，完全是一个老妈子的形状，旁人说，这确实是一位老妈子，因修行而成神。"（见顾颉刚编：《妙峰山》）上世纪80年代修复庙宇后，还在同样位置给了王三奶奶一个殿，里面王三奶奶塑像为北方农村老妪形象，手持烟

王三奶奶殿里的塑像

袋，梳髻，尖足，旁有侍女手牵一头黑驴。楹联："居人世广结善缘
同归般若，列仙班普济苦难共证菩提。"不知今天是否还有天津人来
奉香？

　　这个变化是很难理解的：路途最短的香道却被遗弃。直到今天情
况依然，中北道已圈划在阳台山公园之内，上山香道也是人流不断，
而中道已全然变成驴友的野山路，即顾颉刚教授所称的"荆棘路"。

七　看，山在那儿

　　一百年前有记者问著名的登山家马洛里为何想要攀登珠穆朗玛
峰时，他回答："因为山就在那里！"他是冒险家，喜欢人迹罕至的山
峰，但总有些山，因为种种原因有着神一样的存在，令人神往。当
年贫困而平凡的华北人民也有他们心目中的信仰神山，这种信仰力量

无须赘述却深植民心，而妙峰山便是其中当之无愧的神山。美国学者韩书瑞也比较了平民与知识分子对待妙峰山上香的不同态度，他针对顾颉刚教授的妙峰山考察说："在妙峰山，宗教信仰是至高无上的。只有历史学家才反而会想象那些人是为了逃离市区才登上山顶的，是为了享受春天及以玫瑰芬芳而闻名的地区的味道。"（韩书瑞：《北京：公共空间和城市生活》）不过，在我看来，顾先生等人还是感受到了那些平民内心的勃勃生气的，他写道："我们智识阶级的人实在太暮气了，我们的精神和体质实在太衰老了，如再不吸收多量的强壮的血液，我们民族的前途更不知要衰颓的成什么样子了！强壮的血液在哪里？这并不难找，强壮的民族文化是一种，自己民族中的下级社会的文化保存着一点人类的新鲜气象是一种。"

的确，成千上万的人翻山越岭虔诚朝拜的确彰显了一种强壮而新鲜的气象。姑且不论民间信仰正确性与否，我们只视其为社会生活的客观存在，它体现出的巨大精神力量鼓舞和振奋着普通人的生命，这种精气神便是可贵的民族活力的财富。

如果从明末算起，妙峰山古香道存在也有三百年了，当然主要的四大香道不是一天就走出来的，但应了那句名言，世上本无路，人走多了便是路。经年累月的信众朝拜他们信仰的神祇，不惜花费可怜的积攒，不惜拼上体力万苦千辛地走来，大山上走出的条条小路是他们虔诚的印记。我经常会翻看当年的老照片，赫达·莫里逊和西德尼·戴维·甘博记录了众生朝山的影像，那些贫瘠到衣衫褴褛的民众、戴着枷锁的囚犯，几乎很难找到一张营养正常的脸。我为百年前的京津华北人民的贫穷而惊讶，也为一张张从心底开出花的笑脸而感动。在如此艰辛落魄的人生里才能体会信念的可贵，而他们相信他们憧憬的未来灿若云霞。那是一个无力的或者无法抗拒命运的时代，众生如草芥而不知明天命运为何的晦暗岁月，妙峰山金顶娘娘是抚慰他们心灵的神，让他们即使反身重回人间苦境，也可以感受自己命里隐藏的高贵品质。因为他们认为娘娘的慈悲可以惠及最低贱的生命，并与之交集，这是现世社会无法给予的可能性。我想，如果把民间的神祇崇拜简单理解为迷信并不能解其深意。多么贫贱的生命也有他心目中的盛典，和他们亲身体验到的生命的辉煌，从这一点说，无论贫贱富贵，无论喜怒哀乐，努力向前攀升，这一趟上香路，就是香客们一次次精神上的天堂虔行。

在我体力还可以的岁月里，真希望重新走一次大山中的香道，拢耳倾听清脆的打磬声是否还缭绕山谷，用呼吸用眼睛用双足感受百年前人们虔诚的力量和胸怀希望时的快乐，那是对生命愉悦的反应。无论每个人是以怎样的命运来到世间，这种对生命的爱，对人天大地万物的赞美和期待是如此妙不可言，无法用语言表达。

本文素材多年积累，成文于2019年夏天

本文参考：

1. 顾颉刚编：《妙峰山》，上海科学技术文献出版社2014年出版。

2.〔美〕韩书瑞：《北京：公共空间和城市生活》，中国人民大学出版社2019年出版。

3.〔清〕富察敦崇：《燕京岁时记》，北京出版社1961年出版。

4. 王养濂监修，李开泰、张采等撰：《北京旧志汇刊（康熙）宛平县志》，中国书店2015年1月出版。